WALTER LORD

TITANIC – WIE ES WIRKLICH WAR

Die Geschichte des Luxusliners und seiner Passagiere

Aus dem Amerikanischen
von Michael Benthack

Deutsche Erstausgabe

WILHELM HEYNE VERLAG
MÜNCHEN

HEYNE ALLGEMEINE REIHE
Nr. 01/10658

Titel der Originalausgabe
THE NIGHT LIVES ON

Besuchen Sie uns im Internet:
http://www.heyne.de

Umwelthinweis:
Dieses Buch wurde auf
chlor- und säurefreiem Papier gedruckt.

Redaktion: Werner Heilmann

Copyright © 1986, 1987 by Walter Lord
Copyright © 1998 der deutschen Ausgabe by
Wilhelm Heyne Verlag GmbH & Co. KG, München
Printed in Germany 1998
Umschlagillustration: Archiv für Kunst und Geschichte, Berlin
Umschlaggestaltung: Atelier Ingrid Schütz, München,
unter Verwendung eines Farbdrucks aus LE PETIT JOURNAL,
28. 4. 1912
Satz: Buch-Werkstatt GmbH, Bad Aibling
Druck und Bindung: Ebner Ulm

ISBN 3-453-15057-0

Für J. Frank Supplee IV

INHALT

1. Eine unendliche Geschichte 8
2. Was steckt in einem Namen? 19
3. Eine Legende von Anfang an 25
4. Waren die Schiffe für Kapitän Smith
   zu groß geworden? 33
5. »Unser kleiner Kreis« 43
6. »Alles hatte sich gegen uns verschworen« . . 55
7. Der Riß 72
8. »Ich war sehr nachgiebig, als ich
   das unterschrieb« 82
9. Was geschah mit den Goodwins? 92
10. Schüsse im Dunkel 111
11. Der Klang von Musik 118
12. »Sie ist verschwunden« 132
13. »Der elektrische Funke« 137
14. »Eine gewisse Trägheit« 146
15. Urteile im nachhinein 173
16. Warum wurde Craganour disqualifiziert? . . 193
17. Das Meer gibt sein Geheimnis preis 209

Nachlese der Zeugenaussagen 231
Danksagung und ausgewählte Quellen 245

Historischer Plan der *Titanic* (Rückseite
innen) aus der Zeitschrift *The Shipbuilder*,
Sommer 1911 254

Die Karte auf S. 45 und die Schautafel
auf S. 95 wurden von
Paul J. Pugliese erstellt

1. Kapitel

Eine unendliche Geschichte

20 Minuten vor Mitternacht, am 14. April 1912, kollidierte die *Titanic*, das große neue Linienschiff der britischen White Star Line, auf ihrer Jungfernfahrt von Southampton nach New York im ruhigen, dunklen Wasser des Nordatlantik mit einem Eisberg. Zwar streifte das Schiff den Eisberg nur so leicht, daß viele an Bord es kaum bemerkten, doch war die Berührung so verhängnisvoll, daß das Schiff sofort dem Untergang geweiht war.

Um Mitternacht wußte Kapitän Edward J. Smith, daß der schlimmstmögliche Fall eingetreten war; er gab den Befehl, die Rettungsboote zu besetzen und abzufieren. Es waren niederschmetternd wenig Rettungsboote; sie reichten lediglich für ein Drittel der Besatzungsmitglieder und Passagiere. Natürlich hieß die Parole: »Frauen und Kinder zuerst.«

Um 0 Uhr 15 setzte die *Titanic* den ersten Notruf ab. Um 0 Uhr 45 zischten die ersten Leuchtraketen in die Nacht, weil man am Horizont, verlockend nah, Lichter gesehen hatte. Aber sie kamen nicht näher.

Auf der *Titanic* holten die Pikkolos – Jungen im Alter zwischen 14 und 15 Jahren – Brotlaibe als Proviant für die Rettungsboote auf das Bootsdeck. Von dort wurden die Boote nacheinander zu Wasser gelassen. Tief unten im Bauch des Schiffes sorgten die Ingenieure dafür, daß die Lichter nicht verlöschten; weit oben auf dem Bootsdeck spielte die Schiffskapelle heitere Melodien. Der Schiffsbug wies bereits unübersehbar nach unten.

Um 1 Uhr 10 legte das Rettungsboot Nr. 1 ab, während die Fluten gegen die Bullaugen direkt unterhalb des

Schiffsnamens plätscherten. Als dreißig Minuten später das faltbare Rettungsboot C davonruderte, war der Name schon in den Fluten versunken, und das Vorderdeck stand unter Wasser. Die Lichter waren immer noch nicht erloschen, die Bordkapelle spielte immer noch.

Um 2 Uhr 05 hatte man das letzte Boot abgefiert. 1600 Menschen saßen jetzt auf den geneigten Decks fest. Richard N. Williams II, ein neunzehnjähriger Passagier der Ersten Klasse schlenderte in den Hauptgang auf dem A-Deck und sah ruhig zu, wie das Wasser die prachtvolle Treppe hinaufkroch. Neben ihm, an der mit Holz getäfelten Wand, hing eine elegant gerahmte Schautafel; die Stecknadeln, die das tägliche Vorankommen der *Titanic* auf dem Atlantik markierten, saßen an ihrem Platz. Die Lichter brannten zwar immer noch, hatten nun aber einen rötlichen Schimmer. Vermutlich spielte die Kapelle weiter, doch das weiß niemand genau.

Um 2 Uhr 17 reckte die *Titanic* langsam, beinahe majestätisch das Heck in den Himmel. Die Lichter blinkten ein letztes Mal, dann gingen sie für immer aus. Kurz darauf erhob sich ein donnerndes Getöse, und alle beweglichen Gegenstände im Schiff rissen sich los und stürzten in die Tiefe. Der mächtige Schiffsleib sackte nach unten, als gebe er sich endgültig geschlagen. Um 2 Uhr 20 Uhr kam der Ozeandampfer wieder in normale Lage, und dann versank er im Meer. Über 1500 Menschen fanden bei dieser größten Katastrophe in der Geschichte der Schiffahrt den Tod.

Verständlicherweise machte der Untergang der *Titanic* seinerzeit große Schlagzeilen. Am Morgen nachdem die *Carpathia*, die der *Titanic* zu Hilfe geeilt war, mit den 705 Überlebenden an Bord New York erreichte, widmete die *New York Times* der Geschichte die ersten 12 Seiten. Ein Brief, der in der Handschriftenabteilung der amerikanischen Library of Congress in Washington, D. C., aufbewahrt wird, vermittelt allerdings einen viel lebendigeren

Eindruck vom allgemeinen Schock und von der Trauer, als ihn auch noch so viele Zeitungsseiten geben könnten. Der Brief stammt von dem jungen Marineoffizier Alexander Macomb und ist an seine Mutter adressiert. Datiert ist er auf den 16. April 1912, und Macomb beschreibt darin, was er sah, als er nach einem unterhaltsamen Abend im Theater auf die Straße trat.

> Gestern abend gegen 23 Uhr traf die schreckliche Nachricht über die *Titanic* in New York ein. Auf dem Broadway spielten sich schreckliche Szenen ab. Die Menschen strömten gerade aus den Theatern, und die Cafés füllten sich, als die Zeitungsjungen immer wieder ausriefen: »Extrablatt! Extrablatt! *Titanic* mit 1800 Menschen an Bord gesunken!« Du kannst Dir nicht vorstellen, was für eine Wirkung diese Worte auf die Menge hatten. Niemand konnte fassen, was geschehen war. Und als es den Leuten langsam zu Bewußtsein kam, hätte die Aufregung fast ausgereicht, in den Theatern eine Panik auszulösen. Frauen fielen in Ohnmacht und weinten, in Scharen sprangen die Menschen in Abendgarderobe in die bereitstehenden Droschken und Taxis, um schnellstens zum Hauptgebäude der White Star Line zu kommen, wo sie die ganze Nacht über auf die neuesten Nachrichten warteten ...

Damals war eine solche Reaktion nur zu verständlich, doch seit 1912 hat sich die Welt tiefgreifend verändert.

Inzwischen überquert man die Ozeane kaum noch auf Ozeanriesen, und nach den beiden Weltkriegen reagieren wir auf Meldungen über Tote und Verletzte gefühlloser. Verglichen mit den möglichen Folgen eines Atomkrieges erscheint die Zahl der »verlorenen Seelen« bei einem Schiffsunglück – irgendeines Schiffsunglücks – beinahe idyllisch. Betrachtet man die heutige Welt, so könnte man annehmen, daß die *Titanic* ihre Faszination für die Menschen verloren hat. Ein Fehlschluß. Das Schiff und sein Schicksal sind aktueller denn je.

Die Entdeckung des Wracks im September 1985 löste eine Woge der Erregung aus, die in scharfem Kontrast zu dem stummen grauen Geisterschiff stand, das dort so friedlich auf dem Meeresboden lag. Meine eigene Verbindung zur *Titanic* ist bestenfalls flüchtig – und zur Bergungsmannschaft, die das Schiffswrack fand, besteht gar keine. Dennoch erhielt ich in den folgenden zehn Tagen nicht weniger als 32 Anfragen für Interviews im Radio, im Fernsehen und in den Zeitungen.

In der Öffentlichkeit besteht offensichtlich ein grenzenloses Interesse am Schicksal der *Titanic*. So erhält in den USA inzwischen jeder Überlebende einen Nachruf in der *New York Times*. Typisch ist der Fall der neunzigjährigen Ethel Beane, die 1983 in Rochester im Bundesstaat New York starb. Sie hatte ein untadeliges, aber völlig ereignisloses Leben geführt. 71 Jahre lang hatte sie kein einziges Mal von ihren Erlebnissen auf der *Titanic* erzählt. Trotzdem bekamen sie jetzt Neuigkeitswert – einfach weil Ethel Beane zu den Überlebenden zählte.

Sobald eine Story das Zauberetikett »Titanic« trägt, kann sie gar nicht uninteressant sein. Mitte der achtziger Jahre berichtete die Londoner Tageszeitung *The Times*, ein Geschäftsmann aus Los Angeles wolle für 1,5 Milliarden Dollar drei Nachbildungen der *Titanic* bauen. Jedes Schiff sollte 600 Passagiere an Bord nehmen können, zum Preis von 1000 Dollar pro Tag. Eine absurde Idee? Mag sein. Dennoch brachte die *Times* die Geschichte auf der Titelseite. Die Redaktion wußte, daß sich mit der *Titanic* immer Schlagzeilen machen lassen.

Im Laufe der Zeit ist die *Titanic* zu einem dauerhaften Lieblingssujet auf der Bühne und auf der Leinwand geworden. Die *Titanic* war der Schauplatz fünf größerer Kinofilme, in vielen anderen spielte sie einen wichtigen

Part. 1976 war die *Titanic* Thema einer Oper, die gemeinsam von der Deutschen Oper Berlin und der Kunsthochschule der Universität von Kalifornien aufgeführt wurde. 1983 wurde die *Titanic* während des Internationalen Theaterfestivals in London während einer aufwendigen Show aus der Themse »gehoben«.

Unterdessen spielte sie eine entscheidende Rolle in *Upstairs, Downstairs*, der unvergeßlichen Fernsehserie über die Familie Bellamy. Als »Lady Marjorie Bellamy« mit dem Schiff unterging, gesellte sie sich »Edward« und »Edith« aus Noel Cowards Komödie *Cavalcade* als den bis dahin berühmtesten aller fiktiven Opfern der Katastrophe bei. 1998 hat die *Titanic*-Begeisterung einen neuen Höhepunkt erreicht.

Inzwischen dürften Jack und Rosie aus dem Film *Titanic* von James Cameron, dem erfolgreichsten Film aller Zeiten, am bekanntesten sein.

Die *Titanic* ist mehr als nur ein Schiffswrack, sie ist zu ein Symbol geworden. Joseph Goebbels mißbrauchte sie, um die Dekadenz und Feigheit der Engländer zu beschreiben. Nach dem Krieg vermittelte die *Titanic* in Deutschland zwar eine andere Botschaft, der Symbolwert aber blieb erhalten. Diesmal zogen die Mythenproduzenten eine Parallele zwischen der damaligen Schiffskatastrophe und der Entscheidung, Pershing-Raketen auf deutschem Boden zu installieren. Beide Fälle galten als Paradebeispiele dafür, wie die moderne Technik außer Kontrolle geraten kann. Eine einzige Fehleinschätzung – ein vorübergehendes Nachlassen der Urteilsfähigkeit – kann dazu führen, daß es zu entsetzlichen Zerstörungen kommt.

So überrascht es auch nicht, daß viele politische Karikaturisten die *Titanic* zu einem bevorzugten Motiv erkoren haben. Ihr Schicksal läßt sich mit allen Parteien verknüpfen: Seit 1976 hat man die *Titanic* herangezogen, um die politischen Schwierigkeiten der amerikanischen Präsidenten Ford, Carter und Reagan darzustellen. In Karikaturen britischer Zeitungen und Zeitschriften hat man das Schiff und den Eisberg mit der Amtszeit von Margaret Thatcher in Verbindung gebracht. Im April 1975 zierte der Luxusliner als Sinnbild von »Englands Herrlichkeit«, wie er kurz vor dem Untergang das Heck in den Himmel hebt, sogar das Titelbild des Satiremagazins *Punch*.

Die bis heute anhaltende Faszination hat zu einem rasanten Anstieg der Preise für *Titanic*-Sammlerstücke geführt. Bücher und Broschüren, die in den fünfziger Jahren weniger als einen Dollar kosteten, erzielen heute regelmäßig Preise zwischen 45 und 50 Dollar. Auf einer Auktion Mitte der achtziger Jahre wurde eine Kopie der gedruckten Passagierliste der *Titanic* aus dem Jahr 1912 – mit handschriftlichen Anmerkungen darüber, wo die Passagiere heute wohnen und was aus ihnen geworden ist – für 5000 Dollar versteigert, obwohl niemand wußte, wer die Liste angefertigt hatte oder warum.

Da heute das Angebot an Original-Gegenständen nachläßt, ist eine florierende Industrie entstanden, die neue »Reliquien« herstellt. Billigläden machen ein gutes, schnelles Geschäft mit dem Verkauf von »Titanic«-Gürtelschnallen, -Schlüsselbunden und -T-Shirts. Eine angesehene New Yorker Wohltätigkeitsorganisation hat Nachdrucke des Briefpapiers des Schiffes verwendet, um ihre Aussendungen attraktiver zu gestalten. Es gibt sogar »Titanic«-Buttons zum Anheften, herausgegeben von der *Titanic Historical Society*. Diese erweist der Öffentlichkeit allerdings einen weitaus größeren Dienst, wenn sie jene raren Veröffentlichungen, die für den ernsthaft Interessierten von unschätzbarem Wert sind, neu herausbringt.

Worin liegt nun die Faszination, die von diesem vor langer Zeit gesunkenen Ozeandampfer ausgeht? Warum weckt die *Titanic* immer noch das Interesse so vieler Menschen? Vor allem ist der Untergang der *Titanic* die wohl sensationellste Nachrichtenstory der Neuzeit: Das größte

Schiff der Welt, von dem es hieß, es sei unsinkbar, rammt auf seiner Jungfernfahrt einen Eisberg, sinkt und reißt einige der bekanntesten Persönlichkeiten der Zeit mit in die Tiefe.

Hinzu kommen die vielen »Wenn doch nur«-Überlegungen: Wenn die *Titanic* den eingehenden Eisberg-Warnungen nur mehr Beachtung geschenkt hätte ..., wenn die letzte Warnung nur früher die Kommandobrücke erreicht hätte ..., wenn der Funker nur nicht einen letzten Versuch, das Schiff zu erreichen, unterbrochen hätte ... wenn die *Titanic* das Eis nur ein paar Sekunden früher oder ein paar Sekunden später gesichtet hätte ..., wenn es nur genügend Rettungsboote an Bord gegeben hätte ..., wenn nur die wasserdichten Schotts ein Deck höher gereicht hätten ..., wenn nur das am Horizont erkennbare Schiff gekommen wäre ..., wenn nur, wenn doch nur ...

Die Geschichte bietet jedem etwas. Schiffahrtsbegeisterte sehen im Untergang der *Titanic* die größte Schiffskatastrophe schlechthin. Moralisten leiten aus ihr die Berechtigung ihrer Predigten ab, die von allzu großem Selbstvertrauen oder großer Selbstaufopferung künden. Mystiker können den Zeichen und bösen Omen nicht widerstehen. Das reicht von Morgan Robertsons prophetischem Roman *Futility* (dt. Titanic – Eine Liebesgeschichte auf hoher See) aus dem Jahr 1898 bis zum merkwürdig ahnungsvollen Brief Archie Butts, des Beraters des damaligen amerikanischen Präsidenten, in dem er seiner Schwägerin versichert: »Sollte das Schiff untergehen, wirst du meine Angelegenheiten in einem tipptopp Zustand vorfinden.«

Das Geschehen rund um die *Titanic* ist zudem ein Traum für jeden Liebhaber banaler Fakten. Wie hieß der Hund von John Jacob Astor? (Kitty) Wer war der Kapellmeister des Schiffsorchesters? (Wallace Hartley) Welcher Schornstein war eine Attrappe? (Der vierte.)

Vor allem aber zieht die *Titanic* die Sozialgeschichtler

in ihren Bann. Das Schiff ist ein erlesener Mikrokosmos der edwardianischen Gesellschaft und erhellt auf ideale Weise die damaligen Unterschiede zwischen den gesellschaftlichen Schichten. Diese Unterschiede blieben auch während des Untergangs des Schiffes unangetastet. So meinte ein prominenter Passagier später, man hätte mehr Männer der Ersten Klasse retten können, wenn die Passagiere des Zwischendecks nicht soviel Raum in den von ihm so bezeichneten »Erster-Klasse-Booten« eingenommen hätten. Daß die Rettungsboote, wo immer sie sich auch auf dem Schiff befanden, für alle Personen an Bord bereitstehen mußten, war ihm offensichtlich entfallen.

Ohnehin waren zu wenig Boote an Bord, und das führte zum Konflikt zwischen zwei grundlegenden Verhaltensregeln der edwardianischen Gesellschaft. Sollte der übliche Vorrang der Mitglieder der höheren Klassen oder die Anordnung »Frauen und Kinder zuerst« gelten? Zwar trug letztere den Sieg davon, aber in jener Nacht kollidierten die beiden Auffassungen.

Nach der Katastrophe ist über diese Frage viel nachgedacht worden. Schließlich machte die angesehene Fachzeitschrift *Nautical Magazine* den kühnen Vorschlag, man solle für alle Passagiere, egal welcher Klasse, Rettungsboote zur Verfügung stellen. Dasselbe müsse auch für Funkausrüstungen gelten, sogar auf den Schiffen, die Auswanderer und Tagelöhner transportierten. »Einfache Arbeiter sind auch Menschen und haben als solche eine Seele, familiäre Bindungen und so weiter.«

Die *Titanic* vermittelt zudem einen faszinierenden Einblick in das Leben der Oberschichten während der Belle Epoque. So verzeichnete die Schadensanzeige, die Mrs. Charlotte Cardeza aus Philadelphia einreichte, 14 Schrankkoffer, 4 kleinere Koffer, 3 Truhen und eine Arzneikiste. Unter anderem enthielten die Koffer 70 Kleider, 10 Pelzmäntel, 38 große Federgarnituren, 22 Hutnadeln zur Befestigung derselben, 91 Paar Schuhe und zahlreiche

Kleinigkeiten für das tägliche Amüsement, wie zum Beispiel eine Schweizer Spieluhr in Gestalt eines Vogels.

Der Mann von Welt reiste mit ähnlich schwerem Gepäck. Billy Carter, auch er Mitglied der feinen Gesellschaft Philadelphias, verlor so nicht nur sein 35 PS starkes Automobil der Marke Renault, sondern auch 60 Hemden, 15 Paar Schuhe, zwei Fracks und 24 Poloschläger. Selbst weniger bemittelte Männer reisten mit einem Übermaß an Gepäck. Aber auch Archie Butt, der militärische Berater des amerikanischen Präsidenten Taft, der sich auf einer Reise befand, die weniger als sechs Tage dauerte, brauchte zum Transport seiner Garderobe sieben Schrankkoffer.

Dennoch erklärt dies alles nicht in hinreichendem Maße, warum die *Titanic* damals die Öffentlichkeit so sehr in ihren Bann schlug. Die einzigartige Anziehungskraft blieb zwar bis heute bestehen, doch führte das Schiff in den ersten 40 Jahren nach der Katastrophe mehr oder weniger eine Art Schattendasein. In den Jahren 1913 bis 1955 erschien kein einziges Buch zum Thema. Dann kam das Buch *A Night to Remember* (dt. Titanic-Katastrophe) heraus. Es stieß auf eine gewisse Resonanz, jedoch niemand vermochte zu erklären, warum die *Titanic* auch weiterhin einen so großen Reiz ausübte, der sogar noch zuzunehmen schien.

Vielleicht profitierte die *Titanic* teilweise vom neuerlichen Interesse an großen Ozeandampfern. Seit es diese nicht mehr gibt, haben die Menschen sie neu entdeckt. Eine geruhsame Seereise ist eben viel kultivierter als die Überquerung eines Weltmeeres in der Enge eines Düsenflugzeugs.

Ausschlaggebender ist aber wohl, daß man sich in den USA – und in Europa – auf einer Art »Nostalgietripp« befindet. Die *Titanic* ist zum Symbol einer Ruhe und Kultiviertheit geworden, die wir irgendwie verloren haben. Das heutige Leben ist hektisch, die Preise steigen, die Qualität einzelner Produkte läßt nach, allerorten kommt es zu Gewalt. Anno 1912 hingegen führte man offenbar ein ungeheuer angenehmes Leben. Es schien Zeichen einer glücklicheren Zeit zu sein, daß ein Pfund Lammschulter nur 16 Cents kostete.

In gewisser Hinsicht machen wir uns etwas vor. Das Hemd, für das man 1912 nur 23 Cents bezahlte, wurde oft von einem Kind genäht, das für seine Arbeit 3,54 Dollar pro Woche erhielt. Harold Bride, der Zweite Funker auf der *Titanic*, verdiente 20 Dollar im Monat. Hätte er den Ozean stilvoll überqueren wollen, wäre dafür sein Lohn von 18 Jahren draufgegangen.

Auch ging es in der »guten alten Zeit« recht gewalttätig zu. Zwar schützte man das Weiße Haus mit hohen Mauern, aber 1912 wurde der damalige Präsident Theodore Roosevelt während des Wahlkampfs für seine dritte Amtszeit trotzdem bei einem Anschlag schwer verletzt. Auch wenn er der wohl beliebteste Mann der USA war, rettete ihn das nicht vor einem politischen Attentat.

Überdies herrschte in der damaligen Gesellschaft große soziale Ungerechtigkeit. Um den Kampf für das Wahlrecht der Frauen ins Bewußtsein der Öffentlichkeit zu rücken, warf sich Emily Davison 1913 während des Derbys vor das Pferd des englischen Königs und kam ums Leben.

In einer Hinsicht unterschied sich diese Epoche jedoch tatsächlich von unserer Zeit. Mag sein, daß die Menschen darüber stritten, wie die Ungerechtigkeit der Welt zu beseitigen wäre, aber immerhin waren sie überzeugt, daß man die Probleme meistern konnte. 1912 hatten die Leute Vertrauen in sich und die Zukunft. Heute ist nichts mehr sicher, und je unsicherer wir werden, desto stärker sehnen wir uns nach einer glücklicheren Ära, in der es angeblich auf alles eine Antwort gab. Die *Titanic* ist das Symbol einer Epoche, genauer gesagt, für ihr Ende. Je schlimmer die heutigen Verhältnisse sind, desto häufiger denken wir an dieses Schiff und all das, was mit ihm unterging.

Doch wie man die Faszination auch erklärt, der Hunger nach neuen Informationen scheint grenzenlos – besser: die Zahl der eifrigen Forscher, die diese Auskünfte bereitwillig liefern, nimmt immens zu. Viele Interessierte haben sich spezielle Nischen geschaffen. So meint ein Mann in Wisconsin, daß die *Titanic* mit einem zu kleinen Ruder ausgestattet gewesen sei. Zur Untermauerung seiner These präsentierte er interessante Vergleichszahlen der *Mauretania* und anderer Passagierschiffe. Ein Journalist aus Toronto, der heute im Ruhestand lebt, hat sich darauf spezialisiert zu untersuchen, wie man die *Titanic* gegen Wassereinbruch schützte. Er verweist darauf, daß sich die besten Pumpen in den beiden Maschinenräumen befanden, also dort, wo niemand sie brauchte – eine weitere ironische Fußnote der Geschichte. Ein Junge aus North Carolina geht gewissenhaft seinem Hobby nach und versucht herauszufinden, in welchen Kabinen die Passagiere untergebracht waren. Ein niederländischer Hobbyforscher, den der Fünfte Offizier Lowe fasziniert, hat sich als wahrer Sherlock Holmes erwiesen und die Familienangehörigen Lowes ausfindig gemacht.

Auf besonders fruchtbaren Boden fallen die Nachforschungen aber bei den bekannten Persönlichkeiten, die auf der *Titanic* reisten. Eine in den achtziger Jahren erschienene Biographie erforscht das Leben des Zweiten Offiziers Lightoller, zu dessen abwechslungsreicher und abenteuerlustiger Laufbahn vier Schiffbrüche und eine heldenhafte Rolle während der Kesselschlacht von Dünkirchen 1940 gehört. Eine im Privatdruck erschienene Arbeit zeichnet die Geschichte von Lolo und Momon Navratil nach, den sogenannten »*Titanic*-Waisen«. Der Vater hatte die Kinder gekidnappt und nahm sie unter falschen Namen mit nach Amerika, wo er ein neues Leben beginnen wollte. Nachdem er sie im letzten Rettungsboot untergebracht hatte, trat er einen Schritt zurück und ging mit dem Schiff unter. Da die Kinder sehr klein waren und nicht wußten, wie sie hießen, blieb ihre Identität mehrere Tage rätselhaft.

Die Themen der Untersuchungen reichen von Vorahnungen hinsichtlich der Katastrophe bis zur Entdeckung des Grabs der *Titanic* 73 Jahre später. Nichts wird übersehen. Ein Buch untersucht das Unglück sogar aus dem Blickwinkel des Eisbergs.

Man könnte meinen, daß das Thema nunmehr erschöpft sei. Weit gefehlt. Zahlreiche Rätsel bleiben; im Folgenden sollen einige der faszinierendsten von ihnen erforscht werden ...

2. Kapitel

Was steckt in einem Namen?

»Ich taufe dieses Schiff auf den Namen ›Titanic‹. Möge Gott es segnen ... und alle, die auf ihm fahren.« Mit diesen Worten wirft eine hoheitsvoll wirkende Dame eine Champagnerflasche gegen den Bug eines großen Schiffes im Dock.

Langsam gleitet der Schiffskörper unter den Jubelrufen Tausender Zuschauer ins Wasser.

Das ist die Eröffnungsszene des Films *Die Letzte Nacht der Titanic* (1958), und es ist ganz natürlich, daß man sie nicht auf ihren historischen Wahrheitsgehalt prüft. Daß die Dame nie identifiziert wurde, übersieht man geflissentlich. Selbst das Drehbuch des Films bleibt vage und spricht lediglich von »Einer Dame«.

Wer war diese Frau? Wer hat die *Titanic* getauft? Die Anwort lautet: niemand. Verblüffenderweise verzichtete die White Star Line auf eine spektakuläre Feier, wie sie normalerweise den Stapellauf eines großen Passagierschiffs begleitet. »Die wird gebaut und dann ins Wasser gestoßen«, erklärte ein Werftarbeiter einem neugierigen Besucher damals.

Nun, das entspricht nicht ganz der Wahrheit. Der Wurf der mit Bändern geschmückten Champagnerflasche an den Bug fehlte zwar, aber der 31. Mai 1911 war alles andere als ein gewöhnlicher Tag bei Harland & Wolff, der weitläufigen Belfaster Werft, auf der die *Titanic* gebaut worden war. Schon um 7 Uhr 30 strömten die Menschen zusammen; soeben war der Schnelldampfer *Duke of Argyll* mit den vielen Zeitungsreportern und Ehrengästen aus England eingetroffen. Es versprach ein schöner Tag zu werden – kein Wölkchen am Himmel. Deshalb ließen die Strohhüte der Männer und die hellen Kleider der Damen das große Ereignis noch festlicher erscheinen.

Um 11 Uhr rollten außerfahrplanmäßige Straßenbahnen, brechend voll mit Schaulustigen, die Corporation Street hinunter und gelangten ins Hafenviertel. Für diejenigen, die sich einen günstigen Aussichtspunkt ein paar Schillinge kosten lassen wollten, hatte die Hafenbehörde einen Abschnitt des Albert-Kais gesperrt. Bald drängten sich die Menschen dicht an dicht. Um 11.15 Uhr legte der Eisenbahndampfer *Slieve Bearnagh* mit weiteren zahlenden Kunden am Queen's-Bridge-Pier ab und schloß sich der Flotte der Begleitschiffe an, die sich bereits im Fluß Lagan versammelt hatten.

Die Erbauer der *Titanic* aber – die 14000 Arbeiter der Belfaster Werft Harland & Wolf – begaben sich lieber zum Spencer Basin. Hier bestanden die Zuschauertribünen zwar nur Kohlehaufen und Holzstapeln, aber dafür hatte man einen guten Blick. Außerdem gab's ihn gratis – keine unwichtige Überlegung für einen Arbeiter, dem man für eine 49-Stunden-Woche 2 Pfund Sterling zahlte. Die Belegschaft hatte einen Tag freibekommen, doch auf bezahlten Urlaub mußte sie verzichten, wie auch zu Weihnachten.

Aber daran dachte jetzt niemand. Stolz sein war alles.

»Ein Meisterwerk irischer Intelligenz und irischen Fleißes«, sollte die *Irish News and Belfast Morning News* am folgenden Tag schreiben. Und so richteten sich jetzt alle Blicke auf Helling Nummer 3: Dort stand die *Titanic*, sie hatte einen letzten Anstrich mit glänzender schwarzer Farbe bekommen. Über dem riesigen Montagegerüst, das das Schiff auf seiner ganzen Länge umschloß, flatterten die britische und die amerikanische Nationalflagge und eine Reihe Signalflaggen, die »Viel Glück« wünschten.

Kurz vor zwölf empfing Lord Pirrie, der alternde Vorstandsvorsitzende von Harland & Wolff im Hauptgebäude der Werft in der Queens Road die ersten Ehrengäste. Angeführt wurde die Gruppe der Eigentümer natürlich von Joseph Bruce Ismay, Mitglied im Vorstand und Direktor der White Star Line. Sein Vater, Thomas Ismay, war eine überragende Figur gewesen – der Mann, der die Reederei aus dem Nichts aufgebaut hatte. Das erklärte vielleicht, warum er auf manche Leute einen selbstherrlichen und übermäßig selbstbewußten Eindruck machte.

In zahlenmäßiger Hinsicht dominierte die Familie Ismay die Gruppe der Eigentümer, in einer anderen jedoch nicht: Die wahrhaft beherrschende Gestalt in der Gruppe war der bedeutende amerikanische Financier J. Pierpont Morgan, dessen durchdringender Blick einem das Fürchten lehren konnte. 1902 hatte Morgan die International Mercantile Marine Company gegründet, einen riesigen Schiffbaukonzern, der inzwischen die White Star Line kontrollierte. Die *Titanic* fuhr unter britischer Flagge, aber die Besitzverhältnisse waren ungefähr so britisch wie im Fall von U.S. Steel, einem weiteren Morgan-Trust.

Pünktlich um zwölf führte Lord Pirrie seine Gäste aus dem Verwaltungsgebäude zu den nur wenige Meter entfernten Zuschauertribünen. Man hatte sie hastig gezimmert und zur Feier des Tages mit Fahnentuch geschmückt. Die Eigentümer betraten hintereinander die kleine Empore an der Backbordseite am Bug der *Titanic*.

Andere Gäste gingen zu den Presseleuten – mittlerweile hatten sich 90 Reporter versammelt – auf der Haupttribüne direkt vor dem Bug des Ozeanriesen.

Nachdem die Gäste Platz genommen hatten, inspizierte Pirrie ein letztes Mal die Vorrichtungen für den Stapellauf. Zur Feier des Tages hatte er sich eine Seglermütze aufgesetzt. Heute fand nicht nur der Stapellauf des größten Schiffs der Welt statt, er und Lady Pirrie feierten auch beide ihren Geburtstag.

Um 12 Uhr 05 hißte man am Achtersteven der *Titanic* eine rote Signalflagge: die Warnung an die Flotte der Schlepper und der Boote mit den Schaulustigen, den Weg frei zu machen. Um 12 Uhr 10 Uhr wurde eine Leuchtrakete abgefeuert. In fünf Minuten war es soweit. Das Dröhnen der Hämmer, mit denen man noch letzte Arbeiten verrichtete, verklang, und das Stimmengewirr auf den Tribünen verstummte. Die Menschenmengen im abgesperrten Gebiet auf dem Albert-Kai, am Spencer Basin, auf den Schiffen im Hafen und auf den Piers und Kais schwiegen. Dann verstrichen die letzten Minuten vor dem Stapellauf.

Um 12 Uhr 14 Uhr stieg eine weitere Leuchtrakete in die Luft, aber einige Sekunden schien die *Titanic* regungslos auf der Schräge zu verharren. Die Arbeiter auf Deck spürten zuerst die leichte Bewegung und brachen in Jubelrufe aus, in die alle Leute an Land mit einstimmten. Jetzt sahen auch sie, daß das Schiff zum Leben erwachte. Das Tuten der Schiffssirenen verstärkte noch den Lärm, die Stützhölzer knackten, die Ankerketten rasselten; sie sollten die Fahrt des Schiffes verlangsamen, sobald es im Wasser lag. Allmählich wurde das Schiff schneller. Sanft glitt es über die mit 3 Tonnen Schmierseife, 15 Tonnen Talg und 5 Tonnen Talg-Trangemisch eingefettete geneigte Ebene.

Um 12 Uhr 15.02 – nur 62 Sekunden nach der ersten Bewegung – lag die *Titanic* stolz auf dem Wasser.

Während eine Schlepperflotte die *Titanic* zum Liegeplatz bugsierte, wo die Innenausbauten vorgenommen werden sollten, gab Lord Pirrie auf dem Werftgelände für die Gruppe um Ismay und Mr. Morgan ein kleines intimes Mittagessen. Man hatte sich etwas ganz Besonderes ausgedacht: Um 2 Uhr 30 brachte man die Gäste eilends zum Schwesterschiff der *Titanic*, der *Olympic*, die gerade ihre Probefahrt erfolgreich abgeschlossen hatte und im Belfast Lough lag. Sie sollte die Ehrengäste zurück nach England bringen und ihnen einen Vorgeschmack auf das Leben auf dem neuen Ozeanriesen geben, dessen Stapellauf sie soeben miterlebt hatten – allerdings mit dem Hinweis darauf: Die *Titanic* würde noch prächtiger sein.

Unterdessen vergnügten sich die Würdenträger, die beim Stapellauf dabeigewesen waren, bei einem Gala-Diner im Grand Central Hotel in Belfast. Neben den Beamten der Hafenbehörde und ein paar Heizern gehörten zu dieser Gruppe die Ingenieure, Schiffbauarchitekten und technischen Fachleute, deren Know-how den bedeutenden Wirtschaftskapitänen der edwardianischen Epoche erst ermöglicht hatte, ihre groß dimensionierten Pläne und Unternehmungen zu verwirklichen. Die Techniker waren ebenso unterbezahlt wie überarbeitet, und deshalb war es kein schlechtes Geschäft, wenn Harland & Wolff ihre Belegschaft mit einem gelegentlichen Dinner mit *Filet de boeuf* und einem 1888er Château Larose zufriedenstimmen konnte, wie es an diesem Tag geschah.

Schließlich waren da noch die Presseleute. Auch ihnen spendierte man ein besonderes Mittagessen im Grand Central Hotel. Gastgeber war hier die White Star Line. Als Vertreter der Reederei dankte Mr. J. Shelley den Journalisten für ihre Unterstützung, wobei er nicht vergaß, darauf hinzuweisen, daß der Schiffbau mehr Gutes für die angelsächsische Rasse getan habe als alle die Regierungen Europas zusammen.

»Hört, hört!« rief ein Reporter, worauf der bekannte Marineautor Frank T. Bullen in blumigen Worten die Zurückhaltung von Harland & Wolff rühmte, die auf alle zeremoniellen Kinkerlitzchen, wie zum Beispiel Musikkapellen und Flaggengewinke, verzichtet habe. Dies sei »die britische Art«, bemerkte er zustimmend.

Die Veranstaltung endete damit, daß das gesamte Pressecorps an Lord Pirrie auf der *Titanic* ein Telegramm schickte, in dem man ihm und Lady Pirrie alles Gute zum Geburtstag wünschte und dem Paar zu den erfolgreichen Probefahrten auf der *Olympic* und zum Stapellauf der *Titanic* gratulierte.

Es gab nur einen Mißklang. Dem Chefredakteur der *Irish News and Belfast Morning News* – scheinbar ein Mythenforscher –, war nicht begreiflich, warum man das Schiff auf den Namen *Titanic* getauft hatte. In einem Leitartikel, der am nächsten Morgen erschien, wies er darauf hin, daß es sich bei den Titanen um ein Göttergeschlecht gehandelt habe, das solange gegen den großen Zeus Krieg führte, bis es schließlich unterging: »Zeus schlug die starken und kühnen Titanen mit Blitz und Donner, so daß sie fortan in der Vorhölle im tiefsten Winkel des Tartarus hausten.« Deshalb komme es ihm merkwürdig vor, dieses große Schiff nach einem Geschlecht zu benennen, »das die vergeblichen Bemühungen bloßer Stärke symbolisiert und den Bräuchen der ›zivilisierteren‹ Ordnung Widerstand leistete, die Zeus, ihr siegreicher Gegner, erreicht hatte«.

Ein wenig lahm endete der Artikel mit dem Eingeständnis, daß man die *Titanic* wohl im Geist des Widerspruchs getauft habe, daß sie den letzten Triumph der Ordnung und der heutigen Zivilisation repräsentiere und daß ihre Baumeister und Besitzer in Wahrheit für ein nachkommendes Geschlecht mythologischer Riesen stehen würden, das in der Lage wäre, weiser als ihre titanischen Vorväter zu handeln. Anders ausgedrückt: Die Eigentümer und Erbauer wüßten schon, was am besten wäre, und hätten sicher einen guten Grund für die Wahl dieses anscheinend unangebrachten Namens gehabt.

3. Kapitel

Eine Legende von Anfang an

Der Bau der *Titanic* hat fast ebensoviele Legenden hervorgebracht wie ihr Untergang. Nicht lange nachdem das Buch *A Night to Remember* (dt. Die Titanic-Katastrophe) erschien, trafen aus Irland zahlreiche Briefe ein, die mich über den »wirklichen« Grund für den Untergang des Schiffes aufklärten. Die Schwierigkeiten, so hieß es, ließen sich auf die offizielle Registriernummer – 3909 04 – zurückführen –, die die Hafenbehörde von Ulster dem Schiff verliehen hatte. Hält man diese Zahl vor einen Spiegel, so ergibt sie NO POPE – kein Papst. Das stimmt schon, vorausgesetzt, man verändert die »4« ein wenig.

Aber schon ein kurzer Blick in die Akten widerlegt diese Theorie. Harland & Wolff verlieh der *Titanic* die Nummer »401«, und die offizielle Nummer im Handelsregister lautete »131 428«. Hält man diese Zahl vor den Spiegel, besagt sie überhaupt nichts.

Auch folgt man immer noch der Legende, man habe die *Titanic* in den Werbeanzeigen als »unsinkbar« angepriesen. Die Presse, fasziniert von dem ironischen Hintersinn, hat die Geschichte dennoch fortan getreu wiederholt. Tatsächlich erscheint in der Werbung der White Star Line eine solche Behauptung an keiner Stelle, weder hinsichtlich der *Titanic* noch bezüglich des Schwesterschiffes *Olympic*. In allen Werbekampagnen wird beinahe durchgehend der schlichte Slogan »Der größte und schönste Schnelldampfer der Welt« verwendet.

Dieser Nimbus-Verlust hat inzwischen die unverbesserlichen *Titanic*-Forscher dazu veranlaßt, noch sehr viel weiter zu gehen. »Ich kann keine Anhaltspunkte dafür erkennen, daß die *Titanic* seinerzeit als praktisch unsinkbar galt; das hat man erst behauptet, nachdem sie gesunken war«, schrieb der Journalist Philip Howard in der Londoner *Times* 1981. »Im Rückblick betrachtet, haben wir diesen Mythos geschaffen, weil sich so eine schlagkräftigere Metapher ergibt.«

Er hätte ein wenig genauer hinsehen sollen. Denn am 1. Juni 1911 brachte die *Irish News and Belfast Morning News* neben ihrem Bericht über den Stapellauf der *Titanic* einen Artikel unter der Überschrift BESCHREIBUNG DER TITANIC. Unter anderem enthielt der Artikel eine detaillierte Darstellung der 16 wasserdichten Abteilungen und der elektrisch gesteuerten Verbindungstore. »Im Falle eines Unglücks, oder zu jedem Zeitpunkt, zu dem man es für geboten hält, ist der Kapitän in der Lage, durch die Betätigung eines elektischen Schalters sogleich alle Tore zu schließen, was das Schiff praktisch unsinkbar macht.«

Im gleichen Monat schildert auch die angesehene Zeitschrift *Shipbuilder* diese Wunderschotte und erklärt, wie man sie schließen könne, nämlich indem man auf der Kommandobrücke einfach einen Schalthebel umlegt, so daß das Schiff »praktisch unsinkbar« wird.

Auch Kapitän Smith war davon überzeugt. Nachdem er 1906 die sehr viel kleinere *Adriatic* auf ihrer Jungfernreise kommandiert hatte, erklärte er:

> Ich kann mir keine Situation vorstellen, in der heutzutage ein Schiff sinken könnte. Und ich kann mir keine noch so große Katastrophe vorstellen, die diesem Schiff zustoßen könnte und es zum Sinken brächte. Moderne Schiffskonstruktionen haben dergleichen unmöglich gemacht.

Der Begriff »Unsinkbarkeit« der *Titanic* entstammte also nicht der Feder eines cleveren Werbetexters, er beschrieb auch keinen Mythos, den man im nachhinein erfand, um der ganzen Geschichte mehr Spannung zu verleihen. Vielmehr akzeptierten damals alle Experten diese Auffassung, die das größte Unheil weder vor noch nach dem Unglück, sondern in den Stunden der qualvollen Unsicherheit stiftete, während sich die Tragödie vollzog.

»Wir haben größtes Vertrauen in die *Titanic* und halten das Schiff für praktisch unsinkbar«, erklärte Philip A. S. Franklin, Vizepräsident der White Star Line in New York, als am 15. April gegen 8 Uhr die ersten alarmierenden Meldungen hereinkamen.

Gegen Mittag verkündete er vor der Presse, daß die *Titanic* ohne Zweifel zwei oder drei Tage schwimmfähig bleiben könne. Andere Experten teilten diese Meinung. Kapitän Johnson vom amerikanischen Passagierschiff *St. Paul* erklärte, die *Titanic* könne gar nicht sinken, weil die 15 Schotte sie auf unbegrenzte Zeit schwimmfähig hielten. Tatsächlich lag sie inzwischen seit über zwölf Stunden auf dem Meeresgrund.

»Ich möchte folgendes zu Protokoll geben«, sagte Franklin später vor dem Untersuchungsausschuß des US-Senats. »Den ganzen Tag über hielten wir das Schiff für unsinkbar, und deshalb haben wir zu keinem Zeitpunkt mit einem erheblichen Verlust an Menschenleben gerechnet.«

Wie »unsinkbar« war die *Titanic* nun wirklich? War sie nach allen Regeln der modernen Ingenieurskunst erbaut worden? War sie so stabil, wie man sie hatte bauen können? Entsprach sie zumindest dem, was man heute den »neuesten Stand der Technik« nennt?

Die Antwort lautet »nein«. Die *Titanic* stellte weder den triumphalen Höhepunkt einer sicheren Bauweise dar, noch repräsentierte sie das beste, was man auf dem damaligen Stand der Technik erreichen konnte. Vielmehr stand sie am Ende einer gegenläufigen Entwicklung, während der im Laufe von 50 Jahren eine Sicherheitsvorkehrung nach der anderen aus Gründen der wirtschaftlichen Konkurrenz geopfert wurde.

1858 war ein Schiff gebaut worden, das tatsächlich nahezu unsinkbar war: Die *Great Eastern* war ein riesiges

Passagierschiff, 19000 Bruttoregistertonnen schwer und 213 Meter lang. Wirtschaftlich war das Schiff ein Reinfall. Es war schwer zu manövrieren, verfügte über zu wenig PS, war kostspielig und von Pech verfolgt. In einem Punkt ragt es jedoch heraus: Bei seinem Bau hatte man alle nur erdenklichen Standards der Sicherheitstechnik einbezogen.

Die *Great Eastern* war sozusagen zwei Schiffe. Etwa fünfzig Zentimeter innerhalb des äußeren Stahlhülle befand sich ein vollständig abgetrennter innerer Rumpf; beide waren durch ein Netzwerk von Streben miteinander verbunden. Wie die *Titanic* war auch die *Great Eastern* in 15 Querschotts und 16 wasserdichte Kammern unterteilt. Aber auf der *Great Eastern* reichten die Schotte höher und hatten keine Tore. Um von einer Abteilung in die nächste zu gelangen, mußte man auf das Schottendeck gehen, es überqueren und auf der anderen Seite hinuntersteigen. Das Schottendeck war ebenfalls wasserdicht und besaß nur eine geringe Zahl von Luken und Deckfenstern. Und schließlich verfügte die *Great Eastern* über zwei Längsschotts, die sich entlang der Kessel- und Maschinenräume erstreckten. Mit diesem honigwabenartigen Geflecht aus Stahlplatten und -decks verfügte das Schiff über zirka 40 bis 50 getrennte wasserdichte Zellen.

Die Feuerprobe kam in der Nacht des 27. August 1862, zwei Jahre nachdem das Schiff seinen Liniendienst auf dem Atlantik aufgenommen hatte. Die *Great Eastern* fuhr mit 820 Passagieren nach New York und lag vor Mountauk Point, Long Island, als sie an einem auf den Karten nicht eingezeichneten Felsen entlangschrammte, der die stählerne Außenhaut auf 25 Meter Länge und 2,70 Meter Breite aufschlitzte. Angesichts der Größe ist das Loch mit dem Schaden vergleichbar, der die *Titanic* versenkte.

Aber die *Great Eastern* ging nicht unter. Sie bekam zwar Schlagseite nach Steuerbord, aber die Innenhaut hielt, und die Maschinenräume blieben trocken. Am nächsten Morgen lief sie zwar mit Müh und Not, aber aus eigener Kraft – in den Hafen von New York ein.

Sein Überleben verdankt das Schiff der genialen Ingenieurskunst seines Erbauers Isambard Kindom Brunel – und der Aufbruchsstimmung der Zeit. Der Maschinenbauingenieur Brunel war der Held der westlichen Welt. Kein Wunder. Denn zwanzig Jahre vor dem Bau der *Great Eastern* konnte man den Atlantik – abgesehen von Segelschiffen – nur auf einem Postdampfer überqueren. Eine solche Fahrt war langsam, beengt und unsicher, und sie dauerte bis zu 30 Tagen. Dann tauchten, scheinbar über Nacht, die grotesk wirkenden »schwimmenden Teekessel« auf. Die Kolben der Dampfmaschinen zischten und stampften, die hohen Schornsteine spien Ruß und Funken, die Schaufelräder droschen auf die Wellen ein – die Reisezeit verringerte sich auf weniger als zehn Tage. Die Männer, die diese Wunderwerke erschufen – die Ingenieure, die die Dampfkraft für ihre Zwecke gezähmt hatten – wurden in allen Punkten bezüglich Konstruktion und Bau der neuen Schiffe konsultiert. Wenn Brunel wollte, daß sein »Meeresdrachen« in jeder Hinsicht – Größe, Geschwindigkeit, Stärke und Sicherheit – das beste war, dann sollte sein Wille geschehen, egal, was es kostete.

Doch die Ingenieure sollten nicht lange das letzte Wort behalten. Die Geschwindigkeit und die Verläßlichkeit der neuen Dampfschiffe führten zu einem ungeheuren Anstieg der Atlantiküberquerungen. Die wachsende Zahl der Auswanderer und ein zunehmender Postverkehr steigerten noch den Profit der Reedereien. Es ging um viel Geld, und bereits 1873 kämpften elf größere Linien um ihren Anteil. Unternehmer und Finanziers schalteten sich ein: Plötzlich war das perfekteste Schiff nicht mehr dasjenige, das am besten das Können des Schiffskonstrukteurs zum Ausdruck brachte, sondern dasjenige, mit dem sich am meisten Geld verdienen ließ.

Die Passagiere forderten Aufmerksamkeit; die Stewards konnten sie mühelosnr bedienen, wenn man in die wasserdichten Schotte Tore schnitt. Das prachtvolle Treppenhaus machte eine breite Öffnung auf jeder Etage erforderlich, so daß man es unterließ, ein wasserdichtes Deck zu bauen.

Die üppige Pracht des Speisesaals ließ natürlich keinen Raum für Schotte, die das Bild gestört hätten. Die Heizer konnten ihre Arbeit effektiver verrichten, wenn man auf Längsschotte verzichtete und wenn die Kohlebunker sich quer durchs Schiff zogen. Ein doppelter Rumpf hätte wertvollen Raum für Passagiere und Ladung beansprucht; ein doppelter Schiffsboden mußte ausreichen.

So wurden die Sicherheitsvorkehrungen, die die *Great Eastern* auszeichneten, nach und nach dem Interesse geopfert, ein konkurrenzfähigeres Schiff in Dienst zu stellen. Natürlich gab es Ausnahmen – die *Mauretania* und die *Lusitania* mußten die Vorschriften der Admiralität erfüllen –, aber die *Olympic* und die *Titanic* entsprachen dem typischen Bild. Als die »unsinkbare« *Titanic* 1912 fertiggestellt wurde, entsprach sie der *Great Eastern* lediglich in einer Hinsicht: Auch sie verfügte über 15 wasserdichte Querschotte.

Doch selbst diese Zahl ist irreführend. Die Schotte der *Great Eastern* reichten bis 27 Meter über die Wasserlinie, die der *Titanic* nur 9 Meter. Selbst das vielgepriesene System der wasserdichten Tore, die man von der Kommandobrücke aus schließen konnte, »indem man einfach nur einen Schalthebel umlegte«, hielt nicht, was es versprach. Nur 12 Tore tief unten im Schiff ließen sich auf diese Weise betätigen. Die übrigen (20 bis 30) mußte man per Hand schließen. In der Nacht der Kollision wurden einige geschlossen, andere nicht. Manche wurden sogar geschlossen und dann erneut geöffnet, damit man die Pumpen leichter in Gang setzen konnte.

Warum also hielten die Eigner ein derart verwundbares Schiff für praktisch unsinkbar? Zum Teil lag das daran, daß die *Titanic* tatsächlich schwimmfähig blieb, wenn zwei Abteilungen vollgelaufen waren. Außerdem konnte man sich bei der White Star Line nicht vorstellen, daß etwas Schlimmeres passierte als eine Kollision an der Stelle, wo zwei Kammern zusammentrafen. Aber es gab auch noch einen anderen Grund, warum sich die Eigentümer in falscher, selbstzufriedener Sicherheit wähnten: Das Schiff machte einen sicheren *Eindruck*. Der riesige Schiffsleib, die stufenförmigen Decks, die sich eins über dem anderen erhoben, die 29 Kessel, die luxuriösen Innenausstattungen – das alles schien von »Dauer und Haltbarkeit« zu künden. Ein sicheres Aussehen wurde mit echter Sicherheit verwechselt.

Die *Titanic* bot tatsächlich ein prachtvolles Bild, als sie am 2. April 1912 Belfast verließ und Kurs auf Southampton nahm. Von dort sollte sie im Linienverkehr auf der Nordatlantikstrecke eingesetzt werden. Sie hatte 46328 Bruttoregistertonnen und war damit das größte Schiff der Welt. Zwar war sie nur geringfügig größer als ihr Schwesterschiff *Olympic*, aber 50 Prozent größer als irgendein anderes Passagierschiff, das die Meere befuhr. Es wurden immer mehr Schiffe von solch enormen Ausmaßen gebaut, und so bot der riesige Schiffsleib unweigerlich Anlaß zu weiteren Legenden: Auf der *Titanic* gebe es einen Golfplatz ..., sie habe eine kleine Herde Milchkühe an Bord, damit man nicht auf frische Milch verzichten müsse ..., sie wäre eine halbe Meile lang. Tatsächlich konnte die *Titanic* mit nichts davon aufwarten, denn in Wahrheit war sie fast identisch mit der bereits ein Jahr zuvor fertiggestellten *Olympic*. Das Problem der White Star Line lag darin, daß man dem neuen Passagierschiff etwas zusätzlichen Glanz verleihen mußte, weil beide Schiffe im Grunde die gleiche Konstruktion aufwiesen.

Die Reederei fand eine brillante Lösung: Sie baute zwei neue Annehmlichkeiten ein, die nur eine geringfügige Änderung der Konstruktion erforderten. Zum einen wurden auf dem B-Deck 28 Luxussuiten eingerichtet, die prachtvoller waren als alle Kabinen auf der *Olympic* und die man mit großen Fenstern (nicht Bullaugen) ausstattete, die direkt aufs Meer hinausgingen. Die meisten Zimmer waren untereinander verbunden und ließen sich in Kabinen jeglicher Größe umwandeln. Jede war sorgsam im Stil einer anderen Epoche eingerichtet – Louis XVI, Flämisch, Empire und so weiter. Zwei Suiten verfügten sogar über ein abgetrenntes Promenadendeck im Fachwerkstil der englischen Tudorzeit.

Die zweite Neuerung war noch atemberaubender. Um den Fahrgästen der Ersten Klasse eine fabelhafte Attraktion zu bieten, trennte man einen Teil des Promenadendecks der Zweiten Klasse ab und richtete ein französisches »Straßencafé« nebst französischen Kellnern ein. Inzwischen langweilte die getäfelte Pracht den erfahrenen Atlantikreisenden – noch ein reichverzierter Salon hätte ihn kaum beeindruckt. Aber daß man auch noch dieses helle, luftige Café mit seinem kontinentalen Chic installiert hatte (insbesondere auf einem seriösen britischen Schiff), war eine Sensation.

Als krönenden Abschluß erhielt die vordere Hälfte des Promenadendecks eine Verglasung, die den Passagieren der Ersten Klasse bei schlechtem Wetter Schutz bot und die im übrigen bewies, daß die *Titanic* dem Schwesterschiff *Olympic* um eine Nasenlänge voraus war.

Das Café Parisien und die neuen »speziellen Suiten« erregten große Aufmerksamkeit, als sich die *Titanic* am 10. April auf ihre Jungfernfahrt vorbereitete. Insbesondere die abgewandelten Innenausbauten machten die *Titanic* zum luxuriösesten Schiff auf dem Atlantik – zumindest bis zum nächsten Jahr. Dann wollten die Deutschen nämlich ein riesiges Passagierschiff, das in Hamburg bereits Formen annahm, in den nicht enden wollenden Kampf um die Vorherrschaft auf den Weltmeeren schicken.

4. Kapitel

Waren die Schiffe für Kapitän Smith zu groß geworden?

Ich entsinne mich, daß am Tag der Abfahrt ganz England in fröhlicher Festtagsstimmung war und daß Arbeiter und Angestellte freibekommen hatten. In jeder Stadt, in jedem Dorf flatterten Fahnen im Wind. Die unvermeidlichen Reden wurden gehalten. Das herrliche kriegerische Lied: »Britannien regiert die Meere«, war die beeindruckende Titelmelodie des Tages ...

Mit diesen Worten beschreibt Reverend Wilfred G. Burley in einer kleinen Broschüre, die 37 Jahre später von der »Missionary Society of St. Paul the Apostle« herausgegeben wurde, die Jungfernfahrt der *Titanic* am 10. April 1912. Dieses vertraute Bild haben zahllose Autoren durch die Jahre hindurch überliefert.

In Wahrheit machte die Wite Star Line von der Abreise der *Titanic* sehr wenig Aufhebens – keine Musikkapellen, keine Reden, kein Flaggenschwenken. Das einzig Ungewöhnliche waren die riesigen Menschenmengen. Southampton war eine Stadt mit einer bedeutenden Seefahrttradition, und es schien, als ob der ganze Ort zusehen wollte, wie der größte Passagierdampfer der Welt zu seiner Jungfernreise aufbricht. Immerhin waren die Leute gut informiert. Sie betrachteten das Geschehen mit geradezu fachmännischem Blick und schienen es überhaupt nicht gewohnt, zu singen oder zu jubeln.

Allerdings hatte die Abfahrt auch ihre aufregenden Seiten. Während die *Titanic* pünktlich um 12 Uhr mittags ablegte, kamen sieben Mitglieder der »schwarzen Gang« – so nannte man die Trimmer und Heizer – die Pier heruntergerannt, in der Hoffnung, noch an Bord zu kommen. Sie waren an Land gegangen, um noch ein Bier zu trinken, und hatten sich in der Zeit verschätzt. Nun standen sie vor einer offenen Gangway der *Titanic* und redeten auf den diensthabenden Offizier ein. Natürlich wollte er nichts mit ihnen zu tun haben – sie hatten sich verspätet, und damit basta. Enttäuscht machten die Männer kehrt, verfluchten ihr verflixtes Pech und verschwanden in der Menschenmenge.

Langsam verbreitete sich der Abstand zwischen der *Titanic* und dem Dock: Endlich ging's los. Assistiert von sechs Schleppern, entfernte sich das Schiff langsam von seinem Liegeplatz und gelangte in die Fahrrinne des Flusses Test. Hier bugsierte man den Ozeanriesen nach links, dann wurde er ins freie Fahrwasser und schließlich hinaus in die offene See manövriert.

Als die *Titanic* – nun aus eigener Kraft – den Fluß hinunterfuhr, kam sie auf gleiche Höhe mit zwei kleineren Dampfern, die links von ihr an einem Kai vertäut waren: die *Oceanic* der White Star Line und die *New York* der American Line. Schon seit Wochen lähmte ein Streik der walisischen Bergleute einen großen Teil der britischen Schiffahrt. Daß die Schiffe – die *New York* lag außen – Seite an Seite verholt waren, machte den ohnehin schon schmalen Wasserweg noch enger.

Mit einer Geschwindigkeit von sechs Knoten setzte die *Titanic* ihren Weg fort. Als sie an der *New York* vorbeiglitt, hörte man mehrere scharfe, knallende Laute, wie Pistolenschüsse: Alle sechs Leinen, die die *New York* mit der *Oceanic* verbanden, rissen – eine nach der anderen. Jetzt trieb der amerikanische Passagierdampfer, wie von einer unerbittlichen Kraft gezogen, auf die riesige *Titanic* zu. Als sich das Heck der *New York* bis auf einen Meter an die Backbordseite der *Titanic* zubewegt hatte, schien einen Moment lang ein Zusammenstoß unausweichlich.

Geistesgegenwart rettete die Situation. Der Schlepper *Vulcan* – einer aus der kleinen Begleitflotte der *Titanic* – jagte zur Gefahrenstelle. Kapitän Gale ließ eine Leine am

Heck der *New York* befestigen und mit einiger Mühe gelang es der *Vulcan*, die Abdrift der *New York* zu verlangsamen. Gleichzeitig ließ Kapitän Smith auf der Kommandobrücke der *Titanic* die Backbordmaschine auf Touren bringen, wodurch er einen Strudel im Kielwasser erzeugte, mit dessen Hilfe die *New York* freikam. Aber die Gefahr war noch nicht vorüber: Auf dem amerikanischen Passagierschiff standen die Kessel nicht unter Dampf. Hilflos trieb es auf dem Wasser, glitt schräg in den schmalen Wasserkorridor und verfehlte die *Titanic* und die *Oceanic* nur um Zentimeter. Es grenzte an ein Wunder, daß die Schiffe einer Kollision entgingen und daß es schließlich gelang, die *New York* aus der Gefahrenzone herauszuschleppen und an einem anderen Liegeplatz zu vertäuen. Endlich war die Fahrrinne frei, und die *Titanic* näherte sich der offenen See.

Die *Southampton Times and Hampshire Gazette*, die über den Vorfall berichtete, konnte ihn sich überhaupt nicht erklären. Die Vorbeifahrt der *Titanic* habe dazu geführt, daß sich die *New York* »aus dem einen oder anderen Grund« losgerissen habe, schrieb das Blatt nur. Eines wußte man allerdings ganz genau: Der Beinahezusammenstoß war nicht auf fehlerhaftes Navigieren zurückzuführen: »Vom Augenblick an, da die *Titanic* ihren Liegeplatz verließ, hatte Kapitän Smith das Schiff völlig unter Kontrolle, und es glitt nicht nur majestätisch, sondern auch ruhig und gelassen aus dem Hafen. Wenn überhaupt, fuhr die *Titanic* langsamer, als man es normalerweise bei der *Olympic* beobachtet hatte, und drehte den Bug mit größter Leichtigkeit in Richtung offene See.«

Es verstand sich von selbst, daß man Kapitän Smith zu Hilfe eilte. Schließlich befand er sich auf dem Höhepunkt seiner brillanten Laufbahn. 1869 war er zur See gegangen, hatte als Schiffsjunge auf einem Schnellsegler angefangen und sich dann langsam hochgearbeitet. 1880 hatte er als Vierter Offizier auf der alten *Celtic* der White Star Line angeheuert. 1887 fuhr er als Kapitän auf der *Republic*. Seitdem waren nicht weniger als 17 Schiffe der White Star Line unter seinem Kommando gestanden.

In dieser Zeit vervollkommnete er die Eigenschaften, die die Kapitäne auf den Transatlantikrouten zu Männern von einem ganz besonderen Schlag machten. Smith war ein glänzender Seemann. Er hielt eiserne Disziplin, war aber fair und beliebt bei der Besatzung. Auch war er ein großartiger Gastgeber, der seinen Repräsentationspflichten nachkam und allmählich eine treue »Stammkundschaft« unter den Passagieren aufgebaut hatte.

Hier ist vielleicht eine persönliche Anmerkung des Autors erhellend. Um die Jahrhundertwende wurde meine Mutter, hin- und hergerissen in einer Herzensangelegenheit, von ihrem Vater gedrängt, ins Ausland zu reisen, damit sie »sich einmal über einige Dinge Klarheit verschaffte«. Wohin sie fuhr, wie lange sie blieb oder welches Schiff sie nahm, war ihm gleich – solange sie nur mit Kapitän Smith fuhr. Auf seinen Geschäftsreisen war er gelegentlich selbst mit ihm gefahren, und für den Mann legte er seine Hand ins Feuer.

Deshalb reiste meine Mutter mit der *Baltic,* dem Schiff, auf dem Smith seinerzeit als Kapitän diente. Noch bevor das Ambrose-Feuerschiff außer Sicht geraten war, hatte sie ihre Probleme gelöst. Und so machte sie einfach eine Fahrt übers Meer und zurück – immer noch auf der *Baltic,* immer noch mit Kapitän Smith.

Smith war ein stattlicher, kräftiger Mann mit grauem Vollbart und wirkte wie ein etwas selbstherrlicher Offizier, der seine Befehle von der Brücke gern herunterbrüllte. In Wahrheit war er wortkarg, ruhig, hob selten die Stimme und lächelte oft. Seine Wirkung auf andere beruhte auf Zurückhaltung und Besonnenheit. Nachdem er 1907 die *Adiatic* auf ihrer Jungfernreise in die USA kommandiert hatte, erklärte er vor Presseleuten in New York:

Wenn man mich fragt, wie ich die Zeit, die ich vierzig Jahre auf See verbracht habe, charakterisieren könne, würde ich antworten: »Ereignislos«.
Ich war in kein Unglück verwickelt, das der Rede wert gewesen wäre. Weder habe ich Schiffbruch erlitten noch bin ich je havariert, und ich bin auch nie in eine brenzlige Situation geraten, die in eine Katastrophe irgendeiner Art zu münden drohte.

Diese Einschätzung zahlte sich aus, und nicht zuletzt deswegen lag es nahe, sich für Kapitän Smith zu entscheiden, als es um die Frage ging, wer die mächtige, 1911 in Dienst gestellte *Olympic* kommandieren sollte. Das Schiff war zwar fast doppelt so groß wie die Schiffe, die Smith bis dahin geführt hatte, aber es war vermutlich bloßer Zufall, daß sich beinahe sofort eine merkwürdige Panne ereignete.

Die *Olympic* ging auf Jungfernreise und traf am 21. Juni in New York ein. Als das Schiff den North River zum Pier 59 hinaufglitt, den man eigens seinetwegen verlängert hatte, wurde es mit dem üblichen Tuten der Dampfsirenen der Schiffe und dem Dippen der Flaggen begrüßt. Zwölf Schlepper übernahmen die *Olympic* und bugsierten sie zum Liegeplatz, wobei ihnen die Maschinen der *Olympic* gelegentlich Hilfe leisteten. Der Schlepper *O. L. Hallenbeck* hielt sich bereits nahe dem Heck des Liners bereit, als er, ausgelöst durch einen Rückwärtsschub der Steuerbordschraube der *Olympic*, in deren Sog geriet und ein Teil des Hecks, das Ruder und die Ruderwelle des Schleppers abgerissen wurden.

Wer hatte den Befehl gegeben, die Steuerbordmaschine rückwärts laufen zu lassen? Die *Olympic* hatte zwar einen Lotsen an Bord, aber die Verantwortung für das Schiff trägt stets der Kapitän: Kapitän Smith bildete da keine Ausnahme. Über den Vorfall gibt es nur spärliche Informationen. In der Presse kommentierte man ihn, als handelte es sich um eine recht lustige Geschichte – die *Times* bezeichnete die Kollision als »spielerische Berührung«. Nur der Eigentümer des Schleppers schien verärgert. Er verklagte die White Star Line auf 1000 Dollar Schadenersatz, damals eine beträchtliche Summe. Die Reederei antwortete mit einer Gegenklage. Schließlich wurden beide Verfahren wegen mangels an Beweisen eingestellt. Niemand erkannte den Zwischenfall als das, was er in Wirklichkeit war: eine beunruhigende Lektion, die zeigte, wie schwierig es ist, einen Schnelldampfer von einer bis dahin unbekannten Größe zu steuern. Die riesigen Ausmaße der *Olympic* reichten aus, selbst einen überaus erfahrenen Seemann zu einem blutigen Anfänger zu machen.

Drei Monate später machte ein weiterer Zwischenfall diese Schwierigkeit absolut klar. Kurz nach zwölf Uhr mittags, am 20. September 1911, als die *Olympic* zum fünftenmal nach New York auslief, traf sie in der schmalen Fahrrinne eines tückischen Gewässers namens Spithead vor der Isle of Wight mit dem Kreuzer *Hawke* der Royal Navy zusammen. Die *Olympic* hatte die siebenfache Tonnage der *Hawke* und war fast dreimal so lang.

Die beiden Schiffe fuhren ungefähr in dieselbe Richtung, auf Kursen, die sich zunächst kreuzten, dann parallel zueinander verliefen, wobei die *Hawke* sich an der Steuerbordseite der *Olympic* befand. Die Schiffe waren knapp 200 Meter voneinander entfernt, beide machten eine Fahrt von etwa 15 Knoten, wobei die *Hawke* zunächst die *Olympic* überholte, dann jedoch zurückfiel, als der Passagierdampfer seine Geschwindigkeit erhöhte.

Plötzlich drehte die *Hawke* ohne Vorwarnung hart nach Backbord und steuerte geradewegs auf die Steuerbordseite der *Olympic* zu. Das Ganze dauerte nur ein paar Sekunden. Um 12 Uhr 46 hörte man ein Krachen, so laut wie ein Donnerschlag: Der Kreuzer hatte den Rumpf des Linienschiffs gerammt. Zum Glück kam niemand zu Schaden, aber die *Hawke* hatte es übel am Bug erwischt, und die

Olympic zog sich am Heck ein doppeltes Leck zu, wobei zwei Schottkammern volliefen und die Steuerbordschraube beschädigt wurde. Nachdem man die Passagiere durch Begleitschiffe von Bord geholt hatte, fuhr die angeschlagene *Olympic* zurück, zuerst nach Southampton und dann nach Belfast. Die Reparaturen nahmen sechs Wochen in Anspruch.

Der Schurke in diesem Stück war natürlich die *Hawke*. Als Zeitungsreporter die Passagiere der *Olympic* interviewten, erklärten sie fast einhellig, das Kriegsschiff habe plötzlich und ohne ersichtlichen Grund gewendet und »ihr« Schiff gerammt. Einige Passagiere äußerten sogar, der Kapitän der *Hawke* müsse »verrückt« gewesen sein. Nach Kapitän Smith befragt, antworteten alle, er sei »der beste auf dem ganzen Altantik«.

Schließlich kam es zu einem Prozeß, in dem die britische Admiralität mit einer verblüffenden Verteidigungsstrategie aufwartete. Mit ihr ging man weit über das Übliche hinaus, wie zum Beispiel die Klärung der Fragen, wer Vorfahrt hatte und ob sich die Schiffe auf »parallelen« oder sich »kreuzenden« Kursen befunden hätten. Unterstützt von Fachleuten, die mit kleinen Schiffsmodellen in Wassertanks experimentierten, vertrat die Admiralität die Auffassung, daß die *Hawke* keineswegs der Agressor, sondern vielmehr das unschuldige Opfer gewesen sei. Hydrodynamische Kräfte, über die die *Hawke* keine Kontrolle gehabt habe, hätten sie hilflos zur Flanke der *Olympic* hingezogen. Bewege sich der Rumpf eines Schiffes vorwärts, so die Experten, verdränge es an jeder Seite sehr viel Wasser. Dieses verdrängte Wasser ströme dann zum Heck zurück und gerate ins Kielwasser des Schiffes. Dadurch zöge oder sauge es jeden kleineren, zufällig in der Nähe schwimmenden Gegenstand an. Die Anziehungskraft steigere sich mit der Größe, der Geschwindigkeit sowie der Nähe des größeren sich bewegenden Schiffskörpers. Wenn man die Geschwindigkeit einbeziehe, mit der die *Olympic* mit ihren 45000 BRT an der *Hawke* mit ihren 7500 Tonnen vorbeigefahren wäre, sei das Passagierschiff viel zu nahe gewesen. Die Richter hörten zu und ließen sich überzeugen. Die *Hawke* wurde freigesprochen, und die *Olympic* bekam die Schuld an dem Zusammenstoß.

»Äußerst unbefriedigend« kommentierte das *Nautical Magazine*, das allgemein akzeptierte Sprachrohr des Offizierscorps der britischen Handelsflotte. Besonders empört reagierte das Blatt darauf, daß sich die Experten zum Beweis für das Wirken der hydrodynamischen Kräfte der Schiffs*modelle* bedient hatten. Wollte man etwa behaupten, daß die Bewegungen von diesen Spielzeugen in einem Planschbecken irgend etwas hinsichtlich des Verhaltens zweier Schiffe bewiesen, die »Tausende Tonnen« wogen und auf wirklicher See fuhren? »Letztlich wird der *Praktiker* auf See diese Modellexperimente als unnütz ablehnen; nur dazu geeignet, die Überlegungen der Anwälte der Admiralität zu demonstrieren.«

Die White Star Line war offenbar der gleichen Ansicht. Allerdings war Kapitän Smith ohnehin aus den Schwierigkeiten heraus, denn zum Zeitpunkt des Zwischenfalls steuerte der Navigationsoffizier die *Olympic*. Trotzdem trägt immer der Kapitän die Verantwortung für sein Schiff. Wenn die Eigner mit seiner Leistung nicht zufrieden gewesen wären, dann hätten sie ihrem Mißfallen auf vielerlei Weise Ausdruck geben können.

Statt dessen wurde Kapitän Smith befördert. Anfang 1912 wurde ihm das Kommando der neuen und sogar noch prächtigeren *Titanic*, des Flaggschiffs der Reederei, übertragen. Er sollte das Schiff auf seiner Jungfernreise in die Vereinigten Staaten und wieder zurück kommandieren, danach würde er in den Ruhestand gehen. Da er inzwischen 59 Jahre alt war, wollte man ihm für seine jahrelangen treuen Dienste danken.

Der Zwischenfall am Abfahrtstag und der Beinahezusammenstoß der *Titanic* mit der *New York* hatten gezeigt, daß auch Kapitän Smith die Beweisführung des Gerichts im Verfahren *Olympic* zurückgewiesen hatte. Immerhin waren die beiden Vorfälle beinahe identisch: der gleiche Kapitän, der gleiche Navigationsoffizier, das gleiche Zusammenspiel zweier Schiffsrümpfe, das gleiche Ergebnis. Wenn Kapitän Smith geglaubt hätte, daß an der »Sog«-Theorie etwas Wahres dran sei, wäre ihm ein solches Mißgeschick sicher kein weiteres Mal unterlaufen.

Dieser zweite Vorfall überzeugte die seefahrende Welt, daß die »Sog«-Theorie stichhaltig war. Natürlich spielten die Wissenschaftler, die mit ihren Modellen experimentierten, nicht nur mit Badewannenspielzeugen, »wobei sie in schönen Erinnerungen an ihre Kindheit schwelgten«, wie sich das *Nautical Magazine* ziemlich unhöflich ausdrückte. Vermutlich hatte auch Kapitän Smith begriffen, worum es ging. Trotzdem blieb eine bohrende Frage bestehen: Was mußte er sonst noch über diese neuen Ozeanriesen lernen, die sich ganz anders auf See verhielten als die Schiffe, an die er gewöhnt war?

Vor 1911 wies das größte Schiff, das er je kommandiert hatte, lediglich die Hälfte der Tonnage der *Olympic* und der *Titanic* auf. In seiner bisherigen Laufbahn waren die Schiffe meist weniger als 160 Meter lang gewesen; die *Olympic* und die *Titanic* jedoch hatten eine Länge von fast 270 Metern. War ihm der Unterschied wirklich bewußt? Erkannte er, wie lange es dauerte, ein Schiff von 46000 Bruttoregistertonnen bei einer Fahrt von 22 Knoten (Seemeilen pro Stunde = 40,74 km/h) zum Stehen zu bringen? Ahnte er, wie viele Sekunden es dauerte, bis eines dieser neuen Riesenschiffe auf das Ruder reagierte? Wußte er, wie groß der Wendekreis war?

Die Werftprobefahrten der *Titanic* hätten darüber Aufschluß geben können, aber sie dauerten nur einen halben Tag und fanden im Belfast-Lough statt. In dieser Zeit machte das Schiff nie volle Fahrt. Zunächst brachte es mehrere Stunden damit zu, Kurven zu fahren und Wendemanöver auszuführen, dann fuhr es vier Stunden lang auf gerader Strecke den Lough hinauf und herunter. Nur einen Test führte man durch, um herauszufinden, wie schnell das Schiff stoppen konnte. Bei einer Geschwindigkeit von 18 Knoten, und wenn man die Leistung beider Maschinen auf Rückwärtsfahrt umsteuerte, betrug diese Zeitspanne 3 Minuten und 15 Sekunden, die Entfernung 900 Meter. 12 Tage später sollten der *Titanic* auch nicht entfernt soviel Raum und Zeit zur Verfügung stehen.

Im Licht der Abenddämmerung kehrte die *Titanic* nach Belfast zurück. Alle Techniker von Harland & Wolf wurden an Land abgesetzt – mit Ausnahme der acht Glückspilze, die man auf die Jungfernreise mitnahm, weil sie bei den Testfahrten mitgeholfen hatten. Jetzt nahm das Schiff Kurs auf Southampton, denn von dort sollte es im Liniendienst eingesetzt werden. Verglichen zum Beispiel mit den Probefahrten des Passagierdampfers *United States*, die sechs Wochen dauerten, wirkten die Testfahrten der *Titanic* erstaunlich kurz und flüchtig.

Auch Kapitän Smith meinte offenbar, daß noch nicht alles getan sei. Als die *Titanic* nach einem kurzen Zwischenstopp in Cherbourg am frühen Morgen des 11. April nach Queenstown weiter fuhr, tat er etwas Überraschendes. Schon bald gab es sicher viel Rummel an Bord, außerdem mußte er noch hundert irische Auswanderer an Bord nehmen, und dann kam noch die Belastung hinzu, daß er bei dieser Atlantiküberquerung die Fahrzeit einzuhalten hatte. Doch bis dahin blieb ihm noch etwas Zeit, um ein paar Dinge zu erledigen. Zum Beispiel mußten die Kompasse getestet und eingestellt werden. Auf diese Weise machte er sich, während die *Titanic* begann, eine Reihe langgestreckter S-förmiger Kurven auszuführen, mit der Aufgabe vertraut, die sein neues Kommando für ihn bedeutete.

5. KAPITEL

»Unser kleiner Kreis«

Während die *Titanic* Kurs auf die offene See nahm und die grünen Hügel Irlands allmählich im Licht der Abenddämmerung hinter dem Schiff verschwanden, folgten die Passagiere der Ersten Klasse einer Art Ritual, mit dem sie eine Reise über den Atlantik jedesmal begonnen: Sie studierten die Passagierliste und suchten nach alten Freunden oder bekannten Namen, die man sich vielleicht merken sollte. Später dann wurde die Liste, hübsch gedruckt und in Form eines Büchleins, von den Stewards oder den »Knöpfchen«, wie man die Pikkolos nannte, unter den Türen der Luxuskabinen durchgeschoben.

Die Passagierliste ist heute eine ebenso faszinierende Lektüre wie damals, am Abend der Jungfernreise. Alle großen Namen finden sich dort – als ob ihre Träger die Hauptdarsteller einer Theateraufführung am Broadway wären: Natürlich waren die Astors dabei, außerdem die Wideners, die Thayers und andere herausragende Persönlichkeiten der besseren Gesellschaft. Die Namen hätten 1912 ausgereicht, jeden wichtigen gesellschaftlichen Anlaß zu schmücken; das Besondere auf der *Titanic* war jedoch, daß Prominente aus so vielen verschiedenen Bereichen der Gesellschaft mitfuhren: der Maler Frank Millet; der Zeitungsherausgeber und Journalist W. T. Stead; der Schriftsteller Jaques Futrelle; der Theaterproduzent Henry B. Harris; der militärische Berater des amerikanischen Präsidenten Taft; der alternde Philanthrop Isidor Straus und seine Frau Ida. Außerdem waren 31 Zofen und Diener aufgeführt (aber nicht namentlich) – für den Fall, daß das Heer der Stewards und Kabinenmädchen nicht ausreiche, alle Wünsche der Herrschaften zu erfüllen.

Die Liste ist auch deswegen noch heute faszinierend, weil sie einige Ungenauigkeiten und Auslassungen aufweist. Zum Beispiel führt sie mindestens einen Mann auf, der überhaupt nicht an Bord war. Frank Carlson, ein Amerikaner, hatte sich in Frankreich aufgehalten, und wollte eigentlich auf der *Titanic* nach Hause fahren. Er war im eigenen Wagen nach Cherbourg gekommen und erlitt unglücklicherweise (oder zu seinem Glück) eine Autopanne. Als die Reparaturen schließlich durchgeführt waren, hatte das Schiff bereits abgelegt. Doch blieb der Name auf der Passagierliste stehen und später auch auf der Liste der Vermißten, da Carlson sich natürlich nicht meldete, als die Liste mit den Überlebenden zusammengestellt wurde. Sechzig Jahre später bemühte sich seine Familie immer noch, den Irrtum zu korrigieren.

Andere Personen befanden sich zwar nicht auf der Passagierliste, doch waren sie mit Sicherheit an Bord der *Titanic*. So reiste Mrs. Henry B. Cassebeer als Passagier der Zweiten Klasse. Die unbegüterte, aber weitgereiste junge Witwe wußte, daß die teuren Kabinen in der Nebensaison häufig freiblieben und suchte deshalb erst einmal das Büro des Zahlmeisters auf. Zum Preis von ein paar englischen Pfund, die unter dem Tresen ihren Besitzer wechselten, stieg sie aus der Zweiten Klasse auf und bezog eine der Luxussuiten auf dem Schiff.

Sie hatte noch leicht gerötete Wangen nach ihrem kleinen Erfolg, als sie kurz darauf den Leitenden Zahlmeister McElroy traf und neckisch meinte, daß er ihr doch einen Platz am Kapitänstisch reservieren könne. »Da habe ich eine bessere Idee«, antwortete McElroy galant. »Ich reserviere Ihnen einen Stuhl an *meinem* Tisch!«

Sir Cosmo und Lady Duff Gordon sind zwei weitere Namen, die auf der Passagierliste fehlen, doch befand sich das Ehepaar zweifelsfrei auf der *Titanic*. Allerdings reiste es aus irgendeinem Grund unter dem Namen »Mr. und Mrs. Morgan« – ein merkwürdiger Entschluß, da Lady Duff Gordon zu den wichtigsten Modeschöpferinnen der feinen Gesellschaft zählte und von der Publizität lebte.

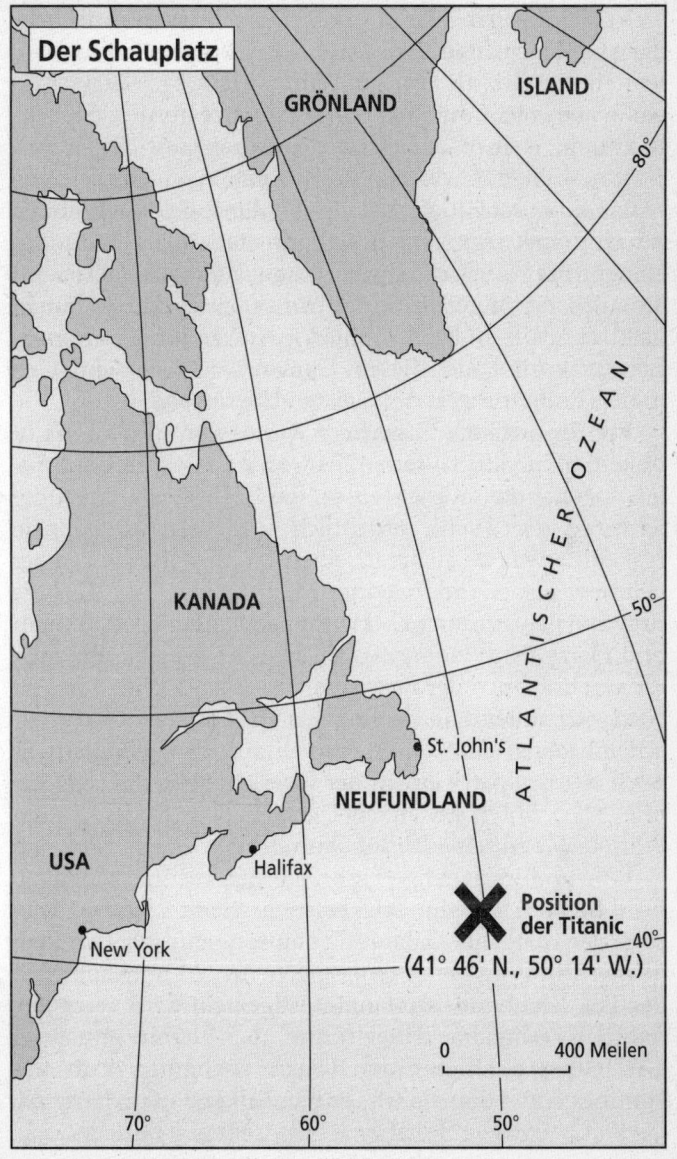

Verständlicher war da schon die Entscheidung, die George Rosenshine und Maybelle Thorne getroffen hatten: Sie standen als »Mr. und Mrs. G. Thorne« auf der Liste, waren nicht miteinander verheiratet, reisten aber gemeinsam, weil in der edwardianischen Zeit der äußere Schein wichtiger war als die Realität. Auch im Fall von »Miss E. Rosenbaum« spielte der Eindruck nach außen hin eine Rolle. Als Modedesignerin erschien es ihr einfach besser fürs Geschäft, ihrem Namen einen angelsächsischen Klang zu geben. Somit war sie zwar korrekt aufgelistet, aber alle an Bord kannten sie nur unter dem Namen Edith Russell. Unter diesem Namen taucht sie denn auch in den Erinnerungen der meisten Überlebenden auf.

Für drei weitere Passagiere war es von größter Wichtigkeit, inkognito zu reisen. Es waren professionelle Spieler, sogenannte »Kartenläuse«, die hofften, auf der Jungfernreise der *Titanic* ordentlich abräumen zu können. Natürlich war es sicherer, einen falschen Namen anzunehmen: also wurde George (Boy) Bradley als »George Brayton« aufgeführt, C. H. Romaine als »C. Rolmane« und Harry (Kid) Homer als »E. Haven«. Es gibt Hinweise darauf, daß auch der bekannte Berufsspieler Jay Yates an Bord war, unter dem Decknamen »J. H. Rogers«. Zwar erscheint keiner der beiden Namen auf der Passagierliste, doch wurde später einem der Überlebenden auf dem bereits nach unten geneigten Deck ein von Rogers unterschriebener Abschiedsbrief überreicht.

Eine undurchsichtige Figur, die sich bestimmt nicht an Bord befand, war der Trickbetrüger Alvin Clarance Thomas, der später als »Titanic-Thompson« und 1929 als Zeuge des Mords an dem Berufsspieler Arnold Rothstein eine gewisse Berühmtheit erlangte. Allgemein wird vermutet, daß der Deckname daher rührte, daß Thompson seinen Geschäften auch auf der *Titanic* nachging, doch das stimmt nicht – damals war er nämlich erst neun Jahre alt. Dennoch war sein Spitzname eine treffende Bezeichnung, und zwar wegen der katastrophalen Verluste, die entstehen können, wenn viel auf dem Spiel steht.

Es läßt sich darüber streiten, ob dieser oder jener Passagier an Bord war, aber mit Sicherheit befanden sich, wie gesagt, einige »Kartenläuse« auf der *Titanic*. Mehr noch: Sie fuhren auf allen Schnelldampfern mit, die seinerzeit den Atlantik durchpflügten. Die Mischung aus reichen, gelangweilten Passagieren, mühelos geschlossenen Bordbekanntschaften und der Atmosphäre des Rauchsalons lieferte das ideale Ambiente für die »Sportsleute«, wie man die Spieler höflicher auch nannte.

Erstaunlich ist, daß die Reedereien nicht mehr zum Schutz der gewöhnlichen Passagiere unternahmen. Für die meisten Purser und Stewards waren die altgedienten Glücksspieler in den Rauchsalons vertraute Gesichter: Bestach man diese Männer, damit sie den Mund hielten? Sicherlich wurden hin und wieder Bestechungsgelder gezahlt, aber die wahre Ursache für die Duldung waren die Dampfschiffahrtsgesellschaften selbst. Denn die lehnten es ab, irgendwelche Maßnahmen zu ergreifen, die erkennen ließen, daß sie für die Verluste ihrer Gäste beim Glücksspiel verantwortlich wären. Außerdem waren nicht alle Glücksspiele mit hohem Einsatz betrügerisch; es bestand stets die Gefahr, jemanden zu Unrecht zu beschuldigen. Deshalb fanden es die Reedereien besser, sich aus der ganzen Sache herauszuhalten.

Auf der *Titanic* fand sich nur eine zurückhaltende Warnung. Es handelte sich um einen sehr mild formulierten kurzen Hinweis, abgedruckt neben der ersten Seite der Passagierliste:

BESONDERE BEKANNTMACHUNG

Die Geschäftsleitung ist darauf aufmerksam gemacht worden, daß gewisse Personen, von denen man annimmt, daß es sich bei ihnen um professionelle Glücksspieler handelt, gewohnheitsmäßig auf Dampfschiffen den Atlantik überqueren. Dies bringt die Geschäftsleitung ihren Fahrgästen hiermit zur Kenntnis. Auch wenn sie nicht in geringsten die persönliche Handlungsfreiheit der Fahrgäste der White Star Line einschränken will, so möchte sie ihre Passagiere doch um Unterstützung bei der Abwehr des Glücksspiels bitten, da es einem bestimmten Personenkreis besondere Möglichkeiten bietet, sich in ungesetzlicher Weise an anderen zu bereichern.

Außer den falschen Namen findet man auf der Passagierliste der *Titanic* auch eine nicht geringe Zahl von Druckfehlern – zwar nicht beabsichtigt, jedoch nicht weniger irreführend für jeden, der darin blättert. Bei »H. Björnström« beispielsweise handelte es sich in Wahrheit um H. Björnström Steffanson, einen reichen jungen Geschäftsmann aus Schweden, dessen Vater anscheinend die halbe holzverarbeitende Industrie in Schweden gehörte. Steffanson diente als Leutnant der Reserve in der schwedischen Armee, aber sein vornehmliches Interesse galt der Börse an der Wall Street. Er reiste zum drittenmal in zwei Jahren nach New York, und inzwischen war er nicht mehr weit davon entfernt, selber ein kleines Vermögen zu machen.

Auf der Passagierliste fand sich auch eine Mrs. Churchill »Cardell«, deren Nachname richtig buchstabiert »Candee« lautete. Seinerzeit galten die Damen der feinen Gesellschaft als hilflose Geschöpfe, die von aufmerksamen und besorgten Männern beschützt werden mußten, doch Helen Churchill Candee war bereits mit ihrem Buch *Wie Frauen ihren eigenen Lebensunterhalt verdienen* in den Schlagzeilen gewesen. Das Buch war 1900 erschienen und enthielt eine große Zahl anregender, flotter Ratschläge. Und da Mrs. Candee zu beinahe jedem Thema etwas zu sagen hatte, ließ sie bald weitere Bücher folgen: Einen

Wildwestroman mit dem Titel *Eine Liebesgeschichte in Oklahoma*, einen Kunstband mit dem Titel *Stile und Epochen der Innenarchitektur*, sowie ein Werk über die Geschichte der Tapisserie, das sie gerade beendet hatte und das im Herbst auf den Markt kommen sollte.

Helen Candee war jedoch nicht an Bord der *Titanic*, um ihre literarische Karriere zu fördern, sondern vielmehr auf Grund eines persönlichen Unglücksfalls. Da ihr Sohn bei einem Flugzeugabsturz verletzt worden war – 1912 ein Novum, das auch ihrer Person einen gewissen Glanz verlieh –, wollte sie an sein Krankenbett eilen.

Bis dahin mußte sie das Beste aus der Überfahrt machen. Es war Nebensaison, und in der Ersten Klasse reisten 87 Männer ohne weibliche Begleitung. Schon bald hatten mehrere Herren die gutaussehende, alleinreisende Dame entdeckt, die man meist auf ihrem Liegestuhl vorne auf dem Promenadendeck beim Lesen vorfand. Mrs. Candee ihrerseits mietete stets zwei Deckchairs – »einen für mich und den anderen für Besucher oder zum Schutz meiner Person«. Um dieses freibleibenden Stuhl wetteiferten bald nicht weniger als sechs höchst zuvorkommende Herren.

Von diesen kannte sie lediglich Colonel Archie Gracie flüchtig. Cracie betrieb militärhistorische Studien und hatte soeben eine detaillierte Geschichte der Schlachten des amerikanischen Bürgerkriegs mit dem Titel *Die Wahrheit über Chickamauga* beendet. Nun wollte er den Atlantik überqueren und anschließend umgehend nach England zurückkehren, um das Buch erst einmal zu vergessen. Zwei andere aus dieser Gruppe waren Mrs. Candee von gemeinsamen Freunden empfohlen worden: Hugh Woolner, Sohn eines bekannten englischen Bildhauers, und Edward A. Kent, ein Architekt aus Buffalo mit guten Verbindungen. Die übrigen waren ihr fremd, Leute, denen sie in ihren Gedanken nur soviel Platz einräumen wollte, wie man es gemeinhin mit Bordbekanntschaften zu tun pflegte. Zu denen gehörte Clinch Smith, ein aus Long Island stammender Angehöriger der oberen Zehntausend, der Polopferde züchtete und vorwiegend in Paris lebte, Björnström Steffanson, ein fescher schwedischer Reserveoffizier, und E. P. Colley, ein rundlicher Ire, der viel lachte, aber wenig sagte.

Sie alle fanden Mrs. Candee bezaubernd, und sie wiederum »fühlte sich ganz außerordentlich geschmeichelt, in solch angenehmer Gesellschaft verkehren zu dürfen«. Als sie eines Tages nach dem Mittagessen aufs Deck kam, standen die Herren schon neben den beiden Stühlen und warteten. »Wir sind gekommen, um Ihnen die Zeit zu vertreiben«, platzte einer von ihnen heraus. »Wir alle hatten denselben Gedanken, nämlich daß Sie auf keinen Fall ohne Begleitung bleiben dürfen.« Und so bildeten sie dann eines dieser Grüppchen, die sich manchmal während einer Atlantiküberquerung zusammenfinden, wenn die »Chemie« stimmt. Sie blieben geradezu unzertrennlich ... zumindest bis zum letzten Abend auf See. Colonel Cracie fand dafür die Bezeichnung »unser kleiner Kreis«.

Langsam glitten die Tage dahin, und es schien, als ob die Gruppe bereits ein nahtloses Ganzes bildete. Die Sonne strahlte, und die See war ruhig. Während früherer Überquerungen hatte Colonel Gracie immer großen Wert darauf gelegt, in Form zu bleiben, doch diesmal fand er den »kleinen Kreis« so vergnüglich, daß er es ganz vergaß, zu trainieren.

Am Sonntag, dem 14. April, entschied er, daß er sich endlich wieder irgendeiner Art der Leibesertüchtigung widmen müsse. Er sprang aus dem Bett, denn er wollte sich vor dem Frühstück mit Fred Wright, dem Squash-Lehrer und Profispieler an Bord, noch ein bißchen aufwärmen. Anschließend ein paar Runden im Schwimmbad und danach ein ausgiebiges Frühstück. Später wollte er den Gottesdienst besuchen, den Kapitän Smith abhielt, und dann zu den anderen stoßen, die am »Prayer for Those at Sea« teilnahmen.

Am frühen Nachmittag wurde es plötzlich empfindlich kalt. Die meisten Passagiere blieben unter Deck, schrieben Briefe oder holten die vernachlässigte Lektüre nach. Gracie beendete Mary Johnsons *Old Dominion* und brachte das Buch in die Bordbibliothek zurück. Danach lauerte er Isidor Straus auf, dem er ein Exemplar von *Die Wahrheit über Chickamauga* aufgedrängt hatte. Das Buch enthielt auf 462 Seiten mühselig zusammengetragene Einzelheiten, doch Mr. Straus war berühmt für sein Taktgefühl und versicherte dem Colonel, er habe es mit »größtem Interesse« gelesen.

Obwohl es kalt war, beschlossen Mrs. Candee und Hugh Woolner, das Schiff zu erkunden. Auf der Backbordseite des Bootsdecks stand eine Tür offen, und als sie klappernde Laute hörten, warfen sie einen Blick in den Raum. »Kommen Sie rein, kommen Sie doch rein. Probieren Sie mal Ihre Kräfte aus!« rief ihnen jemand fröhlich mit englischem Akzent zu. Das war T. W. McCawley, den Turnlehrer, ein durchtrainierter, elastischer kleiner Mann in weißer Turnkleidung, der ihnen unbedingt sein Reich zeigen wollte. In der nächsten Stunde radelten sie auf dem Trimmrad, ritten auf den elektrischen Pferden und probierten sogar das »Kamel« aus – was gut für die Leber sei, wie McCawley meinte.

Als es dann merklich noch kälter wurde, beschlossen sie, nach unten in den Salon zu gehen und dort ihren Tee einzunehmen. Sie ließen sich in einem der grünen, mit Samt überzogenen Sofas vor einem der glühenden Kamine nieder. Helen Candee erinnerte das Ganze an einen frostigen Nachmittag, wenn man nach einem Ausritt über Feld und Flur heimkommt. Als die Stewards mit dampfenden Teekannen und Tellern kamen, auf denen sich Toastscheiben mit Butter stapelten, durchströmte sie plötzlich ein Gefühl absoluten Wohlbehagens und völliger Zufriedenheit – was seit dem Flugzeugabsturz ihres Sohnes eine Seltenheit geworden war.

Ihre Träumereien wurden durch die Ankündigung unterbrochen, man möge sich nun zum Abendessen umkleiden. In der nächsten Stunde blieben die Räume der Ersten Klasse fast menschenleer; »unser kleiner Kreis« und die übrigen Passagiere mühten sich hinter den geschlossenen Türen ihrer Kabinen mit Hunderten von Kragenknöpfen und Tausenden von Haarnadeln. Jeder Steward, jedes Kabinenmädchen – jeder Diener, jede Zofe – wurde um Hilfe gebeten.

Das Abendessen war der gesellschaftliche Höhepunkt des Tages. Die Prominenz dinierte im *A-la-Carte*-Restaurant, aber auch der große Speisesaal auf dem D-Deck bot schon einigen Glanz und Glamour. Die Szene hätte auch aus dem Ritz in London oder dem Sherry's in New York stammen können – die Männer erschienen im Frack (bis auf einige Mutige, die Smoking bevorzugten), und die Damen wirkten strahlend, trugen Kleider aus hellfarbener Seide und enganliegendem Tüll. Heute abend sah sogar die verarmte Mrs. Cassebeer großartig aus, sie glänzte förmlich in dem einzigen Abendkleid, das sie besaß.

Es ist zwar nicht überliefert, was Mrs. Candee anhatte, aber man darf wohl vermuten, daß ihre sechs treu ergebenen Kavaliere sie hinreißend fanden. Nach dem *Filet Mignon Lili* nahmen sie in der angrenzenden Halle Platz, wo sie ihren Kaffee trinken und dem allabendlichen Konzert der Bordkapelle lauschen wollten.

Das Schiffsorchester hat in der Erinnerung einen solchen Heiligenschein angenommen, daß es beinahe einer Gotteslästerung gleichkommt, an den musikalischen Darbietungen Kritik zu üben. Trotzdem fanden einige Mitglieder des »kleinen Kreises«, daß die Bordkapelle Wagner mehr recht als schlecht spielte; andere meinten, nur die Geige sei schwach. Ob das nun stimmt oder nicht – Walter Hartley und seine Musiker erfreuten sich großer

Beliebtheit bei den Passagieren und erfüllten gern alle Hörerwünsche. Heute abend spielten sie etwas Puccini für Mrs. Candee und ein bißchen Dvořák für Hugh Woolner.

Colonel Gracie, der sowieso keines der Stücke kannte, nutzte das Konzert, um zwischen den engstehenden kleinen Tischen ein wenig umherzugehen. Unermüdlich »sammelte« er berühmte Persönlichkeiten, wobei er im Gespräch gern fallenließ, daß er Mitglied des Union Clubs wäre und die renommierte St. Paul's-School absolviert hätte. Man kann sich wohl vorstellen, daß manche Passagiere leicht zusammenzuckten, als er sich ihnen näherte, aber man ließ den freundlichen, höflichen und gutwilligen Mann gewähren.

Doch hatte er an diesem Abend weniger »Opfer« als sonst, denn die Passagiere mit den wirklich großen Namen speisten im *A-la-Carte*-Restaurant oben auf dem B-Deck, wo die Wideners für Kapitän Smith ein kleines Dinner veranstalten. Trotzdem gab es noch viele andere interessante Tische, und die Damen hatten, wie er fand, noch nie reizender ausgesehen. Etwa um 21 Uhr 30 beschloß er, den Abend zu beenden und sich zurückzuziehen. Zwar war es noch früh, aber es war ein langer Tag gewesen – einschließlich der anstrengenden Squashpartie, der Runden im Schwimmbad und des Turnens im Gymnastikraum. Außerdem hatte er schon einen Platz in der Squashhalle für das nächste Match morgen früh geordert.

Um 23 Uhr trennten sich auch die übrigen, die in der Empfangshalle geblieben waren, und zum Schluß spielte das Orchester die Barcarole aus »Hoffmanns Erzählungen«. Bald darauf lag der im Stil der Zeit Jacobs I. eingerichtete Raum wie ausgestorben da, nur an einem Tisch saßen noch Gäste. Mrs. Candee und der »kleine Kreis« amüsierten sich königlich, wie immer. Aber da auch sie bald die Leere um sich herum spürten, beschlossen sie, ein gemütliches Plätzchen aufzusuchen.

Irgend jemand schlug das Café Parisien vor, das ganz

nach achtern auf dem B-Deck lag. Das Café war das Schmuckstück des Schiffs, elegant, aber intim, und dort war sicher noch etwas los. Aber auch hier saß nur noch ein Grüppchen beisammen, dessen Vorsitz Archie Butt hatte, der militärische Berater des amerikanischen Präsidenten Taft.

Außerdem war es recht frisch in dem Café. Mrs. Candee legte sich den Schal enger um, aber das half auch nicht viel. Sie bestellten heiße Getränke, und sogleich brachte ein Steward Grog, heißen Scotch mit Zitrone und (für Björnström Steffanson) eine heiße Limonade. Da auch diese »Rettungsmaßnahmen« kaum etwas ausrichteten, ging Mrs. Candee um 23 Uhr 20 widerstrebend nach unten in ihre Kabine, wo es wenigstens einen elektrischen Heizofen gab.

Nachdem auch Colley sich verabschiedet hatte, begaben sich die vier übrigen Mitglieder des »Kreises« in den Rauchsalon, der direkt darüber auf dem A-Deck lag. Das war der Raum, in den sich die Herren zurückzogen, dort trafen sich meistens die Nachtschwärmer, und dort war es bestimmt gemütlich und warm. Irgend jemand zog ein Kartenspiel heraus, und das Quartett begann eine ziemlich leichtsinnige Partie Bridge. An einigen Nachbartischen in der Nähe spielte man ebenfalls Bridge, darunter war auch eine Spielrunde, die George Brayton und zwei seiner »Sportskameraden« organisiert hatten. Der vierte Mann war Howard Case, der Londoner Geschäftsführer der Vacuum Oil Company. Case sollte das nächste Opfer der »Kartenläuse« sein.

Einige andere Passagiere saßen in Grüppchen zusammen und unterhielten sich. Ein alleinreisender Herr – Spencer Silverthorne aus St. Louis – machte es sich in einem großen Ledersessel bequem und las in Owen Wisters *Der Virginier*. Inzwischen war es 23 Uhr 40, und das gedämpfte Stimmengewirr vermischte sich mit dem steten Klopfen der Maschinen tief unten im Schiff.

Plötzlich eine Unterbrechung. In einem Brief, den er einige Tage später einem Freund schrieb, erinnert sich Hugh Woolner: »Auf einmal hörte ich einen Schlag und ein deutliches Knirschen, das weit vorne am Bug begann und sich rasch am Schiff und tief unter uns entlangzog.«

Es war kein heftiger Schlag, doch er hatte ausgereicht, daß der Drink des Spielers Harry Romaine überschwappte. Alle sprangen auf. Einige Neugierige – darunter Woolner und Steffanson – stießen die Schwingtür auf, liefen nach achtern und gelangten auf das offene Promenadendeck. Steffansons Augen gewöhnten sich nur langsam an die jähe Dunkelheit, aber er hörte gleich, wie einer der anderen rief: »Wir haben einen Eisberg gerammt – da ist er!«

6. Kapitel

»Alles hatte sich gegen uns verschworen«

Die Männer auf der Kommandobrücke waren genauso überrascht wie die Herren im Rauchsalon. Wie konnte es passieren, daß die *Titanic* so plötzlich und unerwartet mit einem Eisberg kollidierte? Der Zweite Offizier Lightoller befand sich zu der Zeit nicht auf der Brücke, aber er war der ranghöchste Offizier, der überlebte, und als er vor dem Untersuchungsausschuß (einer Art Seegerichtshof) aussagte, fand er eine geradezu mystisch anmutende Erklärung:

> Natürlich kennen wir heute die außergewöhnliche Kombination der Umstände, die damals existierte und die sich wohl in den nächsten hundert Jahren nicht wiederholen wird. Daß alle diese Umstände in dieser besonderen Nacht zusammenkamen, beweist ganz klar, daß sich alles gegen uns verschworen hatte.

Um nähere Auskünfte gebeten, wies Lightoller darauf hin, daß es eine mondlose Nacht gewesen sei, ohne Wind, ohne Seegang. Die Richter schien das nicht sonderlich zu beeindrucken, aber bis heute hat sich die Vorstellung gehalten, daß das Unglück zu der Sorte gehörte, bei der eine Wahrscheinlichkeit von eins zu einer Million besteht, und daß der Passagierdampfer in Wirklichkeit hilflos der Macht des Schicksal zum Opfer fiel.

Aber stimmt das? Um eine Antwort auf diese Frage zu erhalten, müssen wir uns dem Nachmittag des 12. April zuwenden, als die *Titanic* – sie war gerade aus Queenstown ausgelaufen – westwärts über eine ruhige, sonnige See dampfte. Ungefähr zur Zeit des Sonnenuntergangs traf ein Funkspruch vom französischen Linienschiff *La Touraine* ein, in dem vor Eis voraus gewarnt wurde. Kapitän Smith übermittelte den Schiffsstandort an den Vierten Offizier Boxhall, der ihn im Kartenraum in eine Seekarte eintrug; da die Position jedoch über tausend Meilen entfernt war und weit nördlich der Route der *Titanic* lag, bestand kein Anlaß zur Sorge.

Am 13. April gingen keine Funkmeldungen ein, aber am späten Abend begegnete die *Titanic* dem Linienschiff der *Furness Withy*-Reederei, der *Rappahannock*, die aus Halifax kam und sich auf dem Weg nach Osten nach London befand. Kurz zuvor war sie in schweres Packeis geraten, das Ruder hatte sich verzogen und der Bug war eingedellt. Als die beiden Schiffe jetzt in Signaldistanz aneinander vorbeifuhren, warnte die *Rappahannock* die *Titanic* per Morselampe vor der vorausliegenden Gefahr. Das große Passagierschiff der White Star, dessen Decks in hellem Licht erstrahlten, blinkte zurück, zum Zeichen, daß man verstanden hatte, und fuhr weiter unter Volldampf in die Nacht.

Sonntag 14. April. Über Funk kam ein ganzer Haufen neuer Warnmeldungen. Um 9 Uhr (*Titanic*-Bordzeit) meldete der Cunard Liner *Caronia*: »Große und kleine Eisber-

ge und treibende Eisfelder bei 42° N, von 49° bis 51° W.«
Um 11 Uhr 40 meldete auch das holländische Linienschiff *Noordam* »viel Eis« auf ungefähr derselben Position, und um 13 Uhr 42 funkte der White Star Liner *Baltic* »Eisberge und große Mengen Treibeis bei 41° 51′ N, 49° 9′ W« – ungefähr 250 Meilen voraus.

Um 13 Uhr 45 traf eine weitere Eiswarnung ein – die vierte an diesem Tag. Das deutsche Linienschiff *Amerika* meldete zwei große Eisberge auf 41° 27′ N, 50° 8′ W. Die Nachricht der *Amerika* war an das Hydrographische Amt der USA in Washington addressiert, aber das lag außerhalb ihrer Reichweite.

Deshalb bat man die *Titanic* – wie es damals üblich war – den Funkspruch weiterzuleiten. Die *Titanic* tat's und fügte so ihre Stimme dem Chor der Warnungen hinzu.

Bis 19 Uhr 30 trafen keine weiteren Warnungen mehr ein. Dann kam erneut eine Nachricht an, diesmal meldete sich die *Californian* von der Leyland Line auf Position 42° 3′ N, 49° 9′ W: »Drei große Eisberge fünf Meilen südwärts von uns.« Das Eisfeld lag jetzt nur noch 50 Meilen voraus.

Schließlich, um 21 Uhr 40 meldete sich die *Mesaba* von der Atlantic Line: »Haben auf Br. 42° N bis 41° N bis 41° 25′ N, Länge 40° W bis 50° 30′ W große Mengen Packeis und eine große Zahl Eisberge gesichtet, auch Treibeis.« Die *Titanic* befand sich bereits in dem Rechteck, das von dieser Warnung umrissen wurde.

Zusammengefaßt wiesen diese sechs Warnungen darauf hin, daß sich etwa 78 Meilen direkt oberhalb der Route der *Titanic* ein riesiges Treibeisfeld erstreckte.

Doch die Nachrichten wurden eben nicht »zusammengefaßt«. Wenn die Erinnerungen der vier überlebenden Offiziere nicht trügen, blieben die meisten Funksprüche auf der Brücke ganz unbeachtet. Der Vierte Offizier Boxhall, dem der Kapitän besonders gern die Aufgabe übertrug, Positionen auf der Seekarte einzutragen, konnte sich nur entsinnen, die Sichtung der *La Touraine* vom 12. April markiert zu haben.

Über die sechs Eisberg-Meldungen, die am 14., dem Tag der Kollision, eingingen, gibt es sichere Informationen nur hinsichtlich der ersten beiden. Die Sichtung der *Caronia* von 9 Uhr hatte Boxhall offenbar zur Kenntnis genommen. Der Dritte Offizier Pitnam erinnerte sich, daß Boxhall das Wort »Eis« auf ein Blatt Papier kritzelte, darunter die Sichtung der *Caronia* vermerkte und den Zettel schließlich in eines der Fächer über den Tischen im Kartenraum schob. Andere Offiziere wußten noch, daß sie dieselbe Sichtung auf der Seekarte gesehen hatten – das mußte ebenfalls Boxhall erledigt haben. Um 12 Uhr 45 Uhr zeigte Kapitän Smith schließlich dem Zweiten Offizier Lightoller, dem zu diesem Zeitpunkt ranghöchsten Offizier auf der Brücke, den vollständigen Funkspruch der *Caronia*.

Etwa eine Stunde später hielt Kapitän Smith auch die Warnung der *Baltic* in Händen, doch gibt es keine Anhaltspunkte dafür, daß er sie einem der Männer auf der Brücke vorlegte. Statt dessen nahm er die Meldung mit, als er sich gegen 13 Uhr 30 zum Mittagessen nach unten begab. Auf dem Promenadendeck traf er Bruce Ismay, der sich vor dem Lunch noch etwas die Beine vertreten wollte. Nach einer kurzen Begrüßung reichte der Kapitän dem geschäftsführenden Direktor der Reederei die Nachricht der *Baltic*, die ihn vielleicht interessieren könnte. Ismay warf einen Blick auf den Zettel, steckte ihn in die Tasche und ging zum Mittagessen nach unten.

Die Nachricht hatte Ismay auch noch am späten Nachmittag bei sich, als er Mrs. Thayer und Mrs. Ryerson, zwei der prominentesten Damen an Bord, begegnete. Ismay, der andere gern daran erinnerte, wen sie vor sich hatten, verlor keine Zeit; er zückte die Nachricht der *Baltic* über Eisberge voraus und las sie den Damen vor.

Als er am Abend kurz vor dem Dinner aus dem Rauchsalon kam, traf er wieder Kapitän Smith. Der fragte, ob er die Meldung noch bei sich habe, und erklärte, er wolle sie seinen Offizieren zur Kenntnis geben. Ismay zog die Nachricht hervor und gab sie ihm ohne weitere Erklärungen zurück. Dann gingen die beiden Männer hinunter zum *A-la-Carte*-Restaurant. Ismay speiste dann mit dem alten Schiffsarzt Dr. O'Laughlin, und Smith schloß sich der kleinen Gesellschaft an, die die Wideners ihm zu Ehren gaben. Es gibt keine Hinweise darauf, daß irgend jemand auf der Brücke Notiz von der Nachricht der *Baltic* nahm; die ganze Angelegenheit schien von rein theoretischem Interesse zu sein.

An die vier anderen Eisberg-Meldungen, die am 14. eingingen – von der *Noordam*, der *Amerika*, der *Californian* und der *Mesaba* – konnte sich keiner der überlebenden Offiziere erinnern. Zwar nahm Kapitän Smith den Warnspruch der *Noordam* entgegen, doch was er damit machte, wußte keiner. Den Funkspruch der *Californian* nahm der Zweite Funker Harold Bride entgegen, der aussagte, daß er die Nachricht zwar mit auf die Brücke genommen, jedoch nicht mehr wisse, wem er sie gegeben habe.

Die Warnungen der *Amerika* und der *Mesaba* empfing der Erste Funker John Phillips, aber was mit ihnen passierte, ist bis heute ungeklärt.

Fast jeder *Titanic*-Interessierte kennt die berühmte Szene, in der ein müder Jack Phillips die Warnmeldung der *Mesaba* unter einen Briefbeschwerer schiebt und beginnt, den Stapel der privaten Funksprüche zu senden. Doch gibt es kaum Indizien dafür, die diese Geschichte untermauern. Lightoller sagte zwar aus, daß Phillips ihm diese Version berichtete, als sie sich nach dem Untergang an eines der Klappboote klammerten, aber niemand auf dem Notboot konnte sich an eine solche Unterhaltung erinnern. Auch Lightoller erwähnte die Geschichte nicht während der Anhörungen, obwohl sie von größter Bedeutung war und der White-Star-Reederei geholfen hätte. Er erwähnte den Vorfall auch nicht gegenüber dem Vierten

Offizier Boxhall, als sie auf der *Carpathia* waren und gemeinsam die Katastrophe in allen Einzelheiten durchgingen. Von der Nachricht der *Mesaba* erfuhr Boxhall erst nach seiner Ankunft in New York. Erstmals tauchte die Geschichte in Lightollers Memoiren auf, 25 Jahre später, und man sollte ihnen deshalb die dichterische Freiheit zubilligen, die man den Erinnerungen alter Seebären normalerweise zugesteht.

Der Funkspruch der *Mesaba* bleibt ein Rätsel. Möglicherweise vergaß ihn Philipps wirklich unter dem Briefbeschwerer, aber es kann genauso gut sein, daß er die Nachricht irgendwann, nachdem Lightoller keinen Dienst mehr hatte, zur Kommandobrücke weiterleitete, wo man der Nachricht die gleiche Aufmerksamkeit schenkte wie den Warnungen der *Noordam*, der *Amerika* und der *California* – nämlich überhaupt keine.

Was war schiefgelaufen? Zunächst einmal gab es zwischen der Funkbude und der Brücken offenbar einige Koordinationsstörungen. Bestenfalls war das Verfahren, nach dem die hereinkommenden Meldungen gehandhabt wurden, unklar. Jeder Funkspruch, der die Navigation des Schiffs betraf, sollte direkt auf die Brücke weitergeleitet werden, aber Phillips und Bride waren keine Seeleute und konnten mit dem Durcheinander von Längengraden und Breitengraden nichts anfangen. Wie sie mit einem Funkspruch umgingen, hing eher davon ab, an wen er adressiert war, weniger davon, worum es darin ging.

War die Meldung an Kapitän Smith gerichtet, brachte sie einer der Funker zum Kapitän und übergab sie ihm persönlich. Ging der Funkspruch lediglich an das Schiff, wurde er meist durch einen Boten irgendeinem der diensthabenden Offiziere auf der Brücke gebracht. Wenn die Nachricht lediglich zwecks Weiterleitung gesendet worden war, wie zum Beispiel die Warnung der *Amerika* an das Hydrographische Amt in Washington, gab es offenbar überhaupt kein Standardverfahren.

Einige Funksprüche wurden durch zufälliges Abhören aufgefangen. Wie man mit ihnen verfuhr, war dem Belieben des Funkers überlassen. Die Warnung der *Californian* war beispielsweise an das Linienschiff *Antillian* addressiert. Bride fing den Funkspruch zufällig auf, notierte ihn sich und brachte die Meldung dann eigenhändig zur Brücke – doch konnte er sich nicht mehr erinnern, wem er sie übergab.

Zudem hatte man anscheinend kein ganz eindeutiges Verfahren für den Umgang mit den Funksprüchen vereinbart, sobald sie auf der Brücke angelangt waren. Nach Aussage des Dritten Offiziers Pitman hatte jeder Kapitän ein anderes System, aber welches System auf der *Titanic* angewendet wurde, konnte er nur schwer erklären. Von den drei persönlich an Kapitän Smith addressierten Nachrichten wurde ihm die von der *Caronia* zugestellt, die der *Noordam* ging verloren, und die der *Baltic* blieb den ganzen Tag in der Tasche von Bruce Ismay. Von den übrigen ist nicht überliefert, daß die Offiziere auf der Brücke sie überhaupt zu Gesicht bekamen.

Die Folge: Einige wichtige Informationen wurden überhaupt nicht beachtet. Zwar glaubten alle überlebenden Offiziere der *Titanic*, daß sich das Eisfeld nördlich der Fahrtroute erstreckte, aber die Warnungen der *Amerika* und der *Mesaba* bewiesen eindeutig, daß es auch südlich der Route lag. Außerdem entging den Offizieren offenbar, in was für einer Gefahr sie sich befanden. So meinte der Dritte Offizier Pitman, sie hätten es lediglich mit ein paar Eisbergen zu tun; auch Lightoller machte sich Sorgen wegen »kleiner Eisfelder und kleiner Eisberge«. Niemand auf der Brücke stellte sich ein großes, mit Eisbergen durchsetztes Eisfeld vor, das langsam quer durch die Fahrtroute des Schiffs trieb. Die Nachrichten, die unbeachtet blieben, hätten allen Männern auf der Brücke nachdrücklich Aufschluß darüber geben können.

Vor allem aber entging ihnen der kumulative Effekt

der Warnungen – Warnung um Warnung, den ganzen Tag lang. Die Folge war, daß eine gewisse Selbstzufriedenheit, vielleicht sogar eine etwas arrogante Lässigkeit auf der Brücke herrschte.

Diese Nonchalance ist wohl das Ärgerlichste an der ganzen Sache. Der vierte Offizier Boxhall warf nicht einmal einen Blick auf die Meldung, die man ihm gab. Der Dritte Offizier sah zwar den Zettel mit dem Eintrag »Eis« über dem Tisch im Kartenraum, aber er fand die Nachricht uninteressant – »Ich habe nur einen flüchtigen Blick darauf geworfen.« Der Fünfte Offizier gönnte ihr ebenfalls einen »flüchtigen« Blick, als er sah, daß die *Titanic* diese Position während *seiner* Wache nicht erreichen würde, strich er den Zettel aus seinen Gedanken. Und der Zweite Offizier Lightoller bekam den Zettel überhaupt nicht zu Gesicht, als er an jenem letzten Sonntagabend seinen Dienst antrat, weil er »nicht nachschaute«, wie er sagte.

Am merkwürdigsten aber war das Gespräch, das zwischen Lightoller und dem Sechsten Offizier Moody stattfand, als sie zwischen 20 und 22 Uhr gemeinsam Wache hatten. Gleich zu Beginn fragte Lightoller Moody, wann die Titanic in das Eisgebiet kommen werde. Moody antwortete: »Gegen 23 Uhr.« Lightoller rechnete nach und kam zu dem Ergebnis, daß sie eher gegen 21 Uhr 30 mit Eis rechnen müßten. Das teilte er Moody aber nicht mit, sondern behielt lediglich den Fehler des Sechsten Offiziers im Gedächtnis, als ob der ein Schuljunge wäre, der einen kleinen Rechenfehler begangen hatte, dessentwegen man aber kein großes Aufhebens machen müßte.

Später sagte Lightoller aus, Moodys Berechnung habe möglicherweise auf irgendwelchen anderen Eismeldungen beruht, die er selbst nicht zu Gesicht bekommen habe; aber auch das erklärt nicht, warum er geschwiegen hat. Es hilft auch nicht weiter, wenn man sagt, der Zusammenstoß habe sich erst um 23 Uhr 40 ereignet – also weit nach dem Zeitpunkt, an dem auch Moody mit Eis rechnete. Vielmehr illustriert der Vorfall hervorragend die Selbstgefälligkeit, die auf der ganzen Brücke geherrscht haben muß.

Dennoch boten sich noch viele Gelegenheiten, die Katastrophe abzuwenden. Denn allen Offizieren auf der Brücke – von Kapitän Smith bis zum rangüntersten Offizier Moody –, war bewußt, daß die *Titanic* irgendwann vor Mitternacht auf Eis treffen könnte. Und eben dieser Gedanke ging dem Kapitän durch den Kopf, als er kurz vor 21 Uhr die Gruppe um die Wideners verließ und sich Lightoller auf der Brücke zugesellte.

Ein merkwürdig lakonisches Gespräch. Während die beiden Männer in die schwarze, wolkenlose Nacht spähten, bemerkte Kapitän Smith, daß es kalt sei. »Ja, es ist sehr kalt, Sir – um den Gefrierpunkt.« Lightoller schilderte Smith die Sicherheitsmaßnahmen, die er angeordnet hatte: eine Warnung an den Schiffszimmermann, aufzupassen, daß das Frischwasser nicht gefror ..., eine andere an den Maschinenraum, ein Auge auf die Dampfwinden zu werfen.

Kapitän Smith kam erneut auf das Wetter zu sprechen: »Wir haben wenig Wind.«

»Ja, es ist tatsächlich absolut windstill.«

»Ja, eine totale Flaute.«

Dann sprach man über das Eis. Lightoller bemerkte, es sei schade, daß der Wind nachgelassen habe, jetzt, da sie ein Gefahrengebiet durchqueren. Nachts könne man Eis sehr viel leichter erkennen, wenn der Wind ein wenig Brandung verursache. Aber selbst wenn der Eisberg »seine dunkle Seite« zeigte, hätten sie noch genug Zeit, auf eine solche Warnung zu reagieren. Um 21 Uhr 25 war das Thema erschöpft, und der Kapitän ging schlafen: »Sollte es irgendwelche Zweifel geben, lassen Sie es mich sofort wissen – ich bin in meiner Kammer.«

Kein Wort darüber, daß es vielleicht besser wäre, die

Fahrt zu drosseln. Warum erwähnte keiner der beiden Männer diese naheliegendste aller Vorsichtsmaßnahmen?

Die gängige Antwort lautet: Weil Kapitän Smith die *Titanic* für unsinkbar hielt. Aber selbst wenn das Schiff unsinkbar gewesen wäre, hätte er wohl kaum einen Eisberg rammen wollen.

Sein Schiff fuhr sogar mit voller Geschwindigkeit weiter, denn er war überzeugt, daß man in der sternenklaren Nacht jeden Eisberg rechtzeitig erkennen und ihm ausweichen konnte. Als ihm dieser Gedanke kam, hatte er nicht das Gefühl, unbedacht zu handeln. Vielmehr machte er nur das, was alle Kapitäne auf der Nordatlantik-Route taten, bis auf ein paar Langweiler, zum Beispiel James Clayton vom Cunarder *Caronia*, der wegen seiner sagenhaften Vorsicht beim kleinsten Anzeichen von Nebel den spöttischen Spitznamen »Foggy« trug.

Die meisten Kapitäne beugten sich dem Wettbewerbsdruck, den Fahrplan einhalten zu müssen, und fuhren mit voller Geschwindigkeit weiter, obgleich klare Hinweise dafür sprachen, daß man Eis keineswegs so leicht ausmachen konnte, wie man allgemein behauptete. Besonders bemerkenswert waren die bösen Erfahrungen des Guion Liners *Arizona* im November 1879. Die *Arizona* war, wie die *Titanic*, das größte Passagierschiff ihrer Zeit. Vor den Neufundlandbänken war das Schiff ostwärts geprescht, durch eine Nacht mit starker Bewölkung, aber bei guter Sicht. Die Passagiere nutzten die ruhige See und versammelten sich im Aufenthaltsraum, um sich das Bordkonzert anzuhören.

Plötzlich vernahm man ein fürchterliches Krachen, und alle, Zuhörer wie Musiker, stürzten zu Boden. Die *Arizona* hatte frontal einen riesigen Eisberg gerammt, wodurch die Bugpartie auf 10 Metern Länge zerschmettert wurde. Aber das vordere Schott hielt, es gab weder Tote noch Verletzte, und zwei Tage darauf lief das Schiff mit Müh und Not in den Hafen von St. John's ein. Es entsprach einer seltsam verdrehten Logik, daß man die Havarie als Beispiel für die Sicherheit der Schiffe deutete, anstatt als Beweis für die Gefährlichkeit von Eisbergen.

Auch in einigen anderen Fällen kam man gerade noch mit heiler Haut davon. 1907 dellte sich das Linienschiff *Kronprinz Wilhelm* vom Norddeutschen Lloyd den Bug ein und zog sich eine klaffende Wunde an der Steuerbordflanke zu, als es im Morgengrauen einen Eisberg streifte. 1909 kam das Auswandererschiff *Volturno* während der Fahrt durch ein riesiges Eisfeld gerade noch ungeschoren davon. 1911 stieß der Anchor Liner *Columbia* vor Cape Race gegen einen Eisberg, wobei die Bugplatten des Schiffes drei Meter zurückgeschoben wurden. Durch den Aufprall wurden mehrere Besatzungsmitglieder verletzt, ein Passagier brach sich den Knöchel. Zum Zeitpunkt der Havarie herrschte Nebel; vielleicht wurde das Unglück ja deshalb nicht weiter beachtet.

Zweifellos nahm man keine große Notiz von diesen Zwischenfällen, und so fuhren die meisten Kapitäne weiter mit voller Kraft voraus. Noch gefährlicher wurde dieses ohnehin schon höchst risikoreiche Unterfangen, als die Schiffe um die Jahrhundertwende dann sehr viel größere Abmessungen aufwiesen. Es war eine Sache, mit der 10000-Tonnen-*Majestic*, die Smith 1902 kommandierte, einen Eisberg zu rammen, etwas ganz anderes war es schon zehn Jahre später mit der 46000-Tonnen-*Titanic*. Die Beschleunigungskraft eines solch riesigen Schiffs war ungeheuer, außerdem konnte es auch nicht plötzlich stoppen oder sich um 180 Grad wie auf dem Teller drehen.

Die *Titanic* hatte einen Notstopp nur einmal versucht, während der kurzen Erprobungsfahrten im Belfast Lough, und das bei der ziemlich moderaten Geschwindigkeit von 18 Knoten. Die Tests der Wendemanöver waren unerheblich: Offenbar beschrieb das Schiff zwei vollständige Kreise bei einer Fahrt von 18 bis 20 Knoten und führte dann bei einer Geschwindigkeit von 11, 19½ sowie

21¼ Knoten drei weitere Kurven- und Wendemanöver aus. Was es bei Höchstgeschwindigkeit zu leisten vermochte, blieb ungeklärt. Wieder einmal erhebt sich die Frage: Wie gut kannte sich Kapitän Smith eigentlich mit dem Fahrverhalten dieses Schiffsriesen aus?

Mag sein, daß das übliche Vorgehen, die Geschwindigkeit beizubehalten, in den Tagen vor Einführung des Funkverkehrs ein praktisches Erfordernis darstellte; denn wer wußte schon, wo sich das Eis tatsächlich befand? Die Sichtungen kamen von Schiffen, die einige Tage vorher in den Hafen eingelaufen waren, und zu dem Zeitpunkt war die Nachricht schon so überholt, daß man nicht mehr herausfinden konnte, wo die Gefahrenstelle genau lag. Aber seit Signor Marconis genialer drahtloser Nachrichtenübermittlung hatte sich Entscheidendes geändert. Die Funksprüche, die die *Titanic* erreichten, bezeichneten ganz genau den Ort, wo das Eis anzutreffen war, nämlich nur ein paar Stunden von ihrem Kurs entfernt.

Warum begriffen Kapitän Smith und die Offiziere nicht, daß sich mit Einführung der Telegraphie eine völlig neue Situation ergab? Sicherlich war ihnen bewußt, welch große Bedeutung dem Funkverkehr bei einem Notfall zukam. Das beweist die Hilfe, die das sinkende Linienschiff *Republic* 1909 erhielt. Aber auf der Brücke der *Titanic* scheint niemand gewürdigt zu haben, daß der Funkkontakt eine ständige, fortlaufende Navigationshilfe darstellte. Im Grunde hielt man den Funk immer noch für eine dubiose Neuheit – für etwas, das sich außerhalb des normalen Betriebs des Schiffes abspielte. Diese Einstellung zeigt sich auch in der Art und Weise, wie man die Funker in der internen Rangfolge der Crew einstufte. Phillips und Bride wurden nicht mit der Decksmannschaft aufgeführt, sondern der Proviantabteilung zugeschlagen – so als ob sie Stewards oder Konditoren würden.

Und so brauste die *Titanic* am 14. April ungehindert durch eine sternenklare Nacht. Um 22 Uhr kam der Erste

Offizier Murdoch auf die Brücke, um den Zweiten Offizier Lightoller abzulösen. Er begrüßte ihn mit den Worten: »Ziemlich kalt da draußen.«

»Ja, eisig«, antwortete Lightoller und fügte hinzu, daß das Schiff jeden Augenblick in das Eisgebiet kommen könne.

Die Temperatur war auf 0 Grad Celsius gesunken, das Wasser war sogar noch kälter, −0,6 Celsius. Jetzt sollte man eigentlich in einer warmen Koje liegen, und deshalb berichtete Lightoller schnell, was Murdoch sonst noch wissen mußte: Dem Zimmermann und dem Maschinenraum hatte man übermittelt, auf das Wasser achtzugeben und dafür zu sorgen, daß es nicht gefror ..., das Krähennest hatte man gewarnt, weiter genau Ausschau nach Eis zu halten, »besonders nach kleinen Eisfeldern und kleinen Eisbergen« ..., der Kapitän ließ ausrichten, man solle ihn rufen, »sollte es irgendwelche Zweifel geben«.

Lightoller bestritt später, daß der plötzliche Kälteeinbruch von irgendeiner Bedeutung gewesen sei. Er verwies darauf, daß die Temperatur im Nordatlantik häufig stark abfiel, auch wenn keine Eisberge in der Nähe waren. Damit hatte er sogar recht. Ein rapider Temperaturabfall bedeutete nicht unbedingt Eis, aber ebenso unbestreitbar ist es, daß er Eis bedeuten *kann*. Kurzum: Es handelte sich um einen weiteren Hinweis, daß man auf der Hut sein mußte. Denn warum sonst nahm man alle zwei Stunden die Wassertemperatur?

Es gibt keine Anhaltspunkte dafür, daß Lightoller oder Murdoch die Lage richtig einschätzten. Die bittere Kälte und die Eisberg-Meldungen betrachteten sie weiter als zwei voneinander unabhängige Probleme. Und da Lightoller sämtliche ihm zur Verfügung stehenden Informationen weitergeleitet hatte, verließ er die Brücke und machte seine letzte Runde, während Murdoch in die Nacht hinausschaute.

Ein paar Meter nach achtern auf dem Bootsdeck kramte der Erste Funker Philipps in dem kleinen Stapel der Nachrichten, die er senden mußte. Bei Tageslicht hatte sein Gerät nur eine Reichweite von 600 Kilometern, und die Nachrichten, die er in die USA morsen mußte, hatten sich angehäuft. Endlich erreichte er die Funkstation Cap Race und sendete den Stapel der privaten Nachrichten. Einige waren Meldungen der Passagiere nach New York – Ankunftszeiten, Bitten um Hotelreservierungen, Anweisungen an Geschäftspartner. Andere wurden an Schiffe weitergeleitet, die keinen Funkkontakt mehr mit dem Festland hatten.

Um 23 Uhr funkte plötzlich der Dampfer *Californian:* »Hallo, alter Junge, wir haben gestoppt, ringsum nur Eis.« Die Stimme klang so nah, daß es ihm fast das Ohr weggepustet hätte.

»Halt's Maul«, erwiderte er auf das Geschrei. »Ich bin beschäftigt. Ich bin dabei, Cape Race zu erledigen.« Dann machte er sich wieder an den Stapel mit den zu sendenden Nachrichten. Hier sei einer dieser Funksprüche zitiert: Er kam von einem Passagier auf der *Amerika* und ging an eine Adresse in Los Angeles:

> Keine Seekrankheit. Alle wohlauf. Alle Interessierten benachrichtigen. Pokerspiel läuft gut.
> AL.

Im Krähennest spähten die Matrosen Fleet und Lee in die Dunkelheit. Nur ab und zu wechselten sie ein Wort, denn jetzt mußten sie besonders genau achtgeben. Um 23 Uhr 40 entdeckte Fleet plötzlich etwas, das finsterer war als die Nacht. Er schlug die Alarmglocke dreimal und sprach in das Telefon, das ihn mit der Brücke verband. Drei Worte reichten, um die Schwierigkeiten klarzumachen: »Eisberg direkt voraus.«

Damit war es Murdochs Problem, und der ließ das Ruder hart nach Steuerbord einschlagen, um den Eisberg

»an Backbord zu lassen«, gleichzeitig bediente er den Maschinentelegrafen und signalisierte Stop und dann Maschine volle Kraft rückwärts. Aber da war es schon zu spät: 37 Sekunden später streifte die *Titanic* den Eisberg mit jenem leisen Knirschen, das jeder an der Katastrophe Interessierte so genau kennt.

Die 37 Sekunden – dieser Zeitraum ergab sich aus Testfahrten, die man später mit der *Olympic* durchführte – sind nur insofern von Bedeutung, als sie einiges über die Fehlbarkeit von Menschen verrät. Bei einer Geschwindigkeit von 22½ Knoten bewegte sich die *Titanic* mit 11½ Metern pro Sekunde voran – und das bedeutete, daß man den Eisberg in einer Entfernung von weniger als 500 Metern gesichtet hatte. Aber alle Experten waren der Auffassung, daß man in einer derart klaren Nacht das Eis schon auf viel größere Entfernung hätte erkennen müssen. Lightoller schätzte, daß die Distanz ungefähr eine Meile betrug, und das war auch die Meinung Kapitän Smiths, denn die beiden hatten sich kurz nach 21 Uhr genau über diese Frage unterhalten. Aber wie sooft begann man umgehend nach mildernden Umständen zu suchen, die solche abweichenden Einschätzungen vielleicht erklären könnten.

Zunächst richtete sich das Mißtrauen gehen die Posten im Ausguck. Wie gut waren ihre Augen? Fleets Sehkraft hatte man seit fünf Jahren nicht mehr getestet, Lees nicht mehr seit dem Burenkrieg. Doch Tests nach der Kollision bewiesen, daß beide Männer ausgezeichnet sehen konnten. Auch waren sie nicht unerfahren. Anders als die meisten Reedereien stellte die White Star Line Matrosen ein, die ausschließlich als Ausguck eingesetzt wurden und für ihre Tätigkeit einen Lohnzuschlag erhielten.

Als nächstes beschwerten sich Fleet und Lee. Sie behaupteten, es habe im Krähennest keine Ferngläser gegeben. Auf der Fahrt von Belfast nach Southampton wären noch zwei dagewesen, aber im Zuge einer allerletzten

Umgruppierung des Personals seien die Ferngläser abhanden gekommen und nicht ersetzt worden. Nachdem Mitglieder der britischen Untersuchungskommission mehrere Fachleute befragt hatten, kam man zu dem Schluß, daß die Frage im Grunde keine Rolle spielte. Ferngläser waren nützlich, um Gegenstände identifizieren zu können, aber unnütz, wenn es darum ging, diese erst einmal zu erkennen. Das konnte das bloße Auge besser. Und bei der Identifizierung hatte es keine Probleme gegeben: Fleet wußte ganz genau, was er da gesehen hatte.

Dann erwähnte Matrose Lee einen »Dunstschleier« auf dem Wasser. In dramatischen Worten schilderte er, wie Fleet zu ihm gesagt habe: »Also wenn wir da durchsehen können, dann haben wir wirklich Glück.« Fleet bestritt, so etwas geäußert zu haben, und sagte aus, der Dunst sei »unerheblich« gewesen. Alle, Lightoller, Boxhall sowie Quartiermeister Hitchens, der am Ruder gestanden hatte, erklärten, die Nacht sei völlig klar gewesen. Am Ende ließ die britische Untersuchungskommission diesen Punkt fallen und deutete Lees »Dunst« als verständliche Form von Wunschdenken.

Lightoller selbst steuerte eine Äußerung bei, die später unter der Bezeichnung »Dunkler Eisberg-Theorie« einige Bekanntheit erlangte. Seiner Meinung nach mußte der Eisberg einige Zeit vorher gekippt sein. Daher habe er nur seine dunkle Seite gezeigt, die vorher unter Wasser gelegen habe, und dadurch sei er fast unsichtbar geworden. Die Theorie widersprach jedoch den Erinnerungen der wenigen Überlebenden, die den Eisberg tatsächlich gesehen hatten. Für Quartiermeister Rowe, der auf der Achterbrücke stand, war er alles andere als unsichtbar. Nach seiner Schätzung war der Eisberg 30 Meter hoch; zunächst hatte er ihn sogar für einen Windjammer gehalten, der unter Segeln an der *Titanic* vorbeiglitten.

So bieb nur eine Erklärung übrig: »Die Macht des Schicksals.« Um mit Lightoller zu reden: Die *Titanic* fiel einer Reihe außergewöhnlicher Umstände zum Opfer, die nur einmal alle hundert Jahre zusammentreffen. Unter normalen Bedingungen hätte es keine Schwierigkeiten gegeben, aber in dieser völlig verrückten Nacht hatte »sich alles gegen uns verschworen.«

Doch diese Begründung setzt voraus, daß Kapitän Smith nicht wußte – weil man es ja auch gar nicht erwarten konnte –, in was für einer Gefahr das Schiff sich in jener Nacht befand. Ihm war völlig klar, daß die See spiegelglatt war, ohne Mond, ohne Wind, ohne Seegang. Das alles wußte er, und dieses Wissen bezog er mit ein, als er sich dafür entschied, die Geschwindigkeit beizubehalten. Unter diesen Umständen verliert die Kollision einiges von ihrer übernatürlichen Qualität und ist einfach nur ein Beispiel für die Fehleinschätzung einer schwierigen Situation.

Wenn man bedenkt, was für ein Streß auf der Nordatlantik-Route herrschte, welch große Risiken die Reedereien eingingen, wie wenig Erfahrung man mit Schiffen von den Ausmaßen der *Titanic* hatte, wie im Funkerraum aufs Geratewohl gehandelt wurde, wie lässig man sich auf der Brücke verhielt und wie falsch man einschätzte, bei welcher Geschwindigkeit das Schiff noch sicher war, dann ist es vielmehr erstaunlich, daß die *Titanic* zwei Stunden und zehn Minuten durch ein von Eisbergen übersätes Gewässer brauste, ohne schon vorher Schaden zu nehmen.

»Alles hatte sich gegen uns verschworen?« Nein. Das Wunder ist, daß sich die *Titanic* überhaupt so lange über Wasser hielt.

7. Kapitel

Der Riß

Welche Schäden verursachte der Eisberg nun wirklich an der *Titanic*? Und hätte man irgend etwas zu ihrer Rettung tun können? Im Bericht der offiziellen britischen Untersuchungskommission heißt es, daß »sich der Schaden auf einer Länge von rund hundert Metern erstreckte«. Dies wird allgemein so gedeutet, daß es sich um einen durchgehenden Riß oder Spalt handelte, der sich vom Bug ausgehend hundert Meter an der Steuerbordseite entlangzog. Zahllose Zeichner und Illustratoren haben dieses klaffende Leck in Büchern und Zeitschriften verewigt – als durchgehenden, gezackten Spalt: häßlich und tödlich wirkend.

Tatsächlich hätte ein derart breites Leck die *Titanic* in weniger als einer Stunde zum Sinken gebracht. Das wahre Ausmaß der Beschädigung könnte vielleicht deutlicher werden, wenn man die Erkundung des Wracks in den nächsten Jahren fortsetzt.

Allerdings wird sich wohl kaum noch feststellen lassen, was der Eisberg anrichtete und was auf den Aufprall des Schiffes auf dem Meeresgrund zurückzuführen ist, da sich der Bug mit einer Geschwindigkeit von 45 bis 60 Stundenkilometern in ein Plateau aus Schlamm und Sand etwa 3800 Meter unter der Meeresoberfläche bohrte. Das Vorschiff hat sich bis auf eine Tiefe von 15 Metern in den Untergrund gegraben, gut versteckt vor den Linsen jeder Kamera. Auch eine noch so hochentwickelte Ausrüstung wird uns nicht so viel Aufklärung verschaffen wie ein wenig bekannter Zeuge, der während der britischen Anhörung aussagte und der sich in jener Nacht zwar weit entfernt von der *Titanic* befand, das Schiff jedoch besser kannte als jeder Überlebende oder zukünftige Forscher.

Edward Wilding arbeitete als Schiffsarchitekt bei Harland & Wolff. Sein Aufgabengebiet war seinerzeit die Konstruktion der *Titanic*, und allem Anschein nach war er mit allen nur erdenklichen Dimensionen des Schiffs aus dem Effeff vertraut. So kannte er beispielsweise die exakte Länge jeder wasserdichten Abteilung. Anhand dieser Zahlen schätzte er, daß der durchgehende, klaffende Riß entlang der Steuerbordseite etwa 76 Meter lang gewesen sein mußte. Das entsprach der Länge der ersten fünf Schottkammern plus der ersten 60 Zentimeter der sechsten.

Schwieriger war es, die Breite des Spalts abzuschätzen, aber Wilding fand einige Hinweise in den Aussagen der verschiedenen Augenzeugen, die vor Ort gewesen waren. Zehn Minuten nach dem Zusammenstoß bemerkte der Chefheizer Fred Barret 2,40 Meter Wasser im Kesselraum 6, der 1,50 Meter über Kiel lag. Zehn Minuten später sah der Dritte Offizier Pitnam, wie Säcke mit eingeschriebener Post im Postraum trieben, 7,30 Meter über Kiel. Weitere fünf Minuten vergingen, und die Squashhalle, 9,75 Meter über Kiel, stand unter Wasser. Es vergingen weitere fünfzehn Minuten, und dann überflutete das Meerwasser die Unterkünfte der Seeleute auf dem vorderen E-Deck, 14,60 Meter über Kiel. Nach Zusammenstellung dieser Indizien schätzte Wilding, daß während der ersten 40 Minuten 16000 Kubikmeter Wasser in den aufgerissenen Schiffsleib eindrangen.

Wie groß mußte ein Leck sein, das einen derartigen Schaden anrichtet? Hier galt es, die wohlbegründete Schätzung auf einige Grundannahmen zu stützen. Erstens ging er davon aus, daß die Augenzeugen richtig lagen, als sie die Uhrzeit und den Wasserstand von ihren jeweiligen Aussichtspunkten schätzten. Außerdem unterstellte er, daß der Tiefgang der *Titanic* der gleiche gewesen sei wie der der *Olympic* während der gleichen Phase der Reise. All das vorausgesetzt, berechnete er sodann, daß die Fläche des Schadens 1,2 Meter im Quadrat groß gewesen sein mußte. Alles andere konnte mit seinen Berechnungen nicht übereinstimmen.

Daraus ergab sich allerdings ein neues Problem. Wenn es sich bei dem Schaden tatsächlich um einen durchgehenden, etwa 76 Meter langen Riß handelte, dann konnte er im Durchschnitt nur knapp 2 Zentimeter breit gewesen sein. Bei einer Fläche von 1,2 Metern im Quadrat kam bei der Berechnung nichts anderes heraus. Da diese Zahl aber höchst unwahrscheinlich war, folgerte Wilding, daß der klaffende Spalt nicht durchgehend verlief, sondern aus mehreren unregelmäßig breiten Einrissen und Löchern bestand, die entstanden, als der Eisberg an der Flanke der *Titanic* entlangschrammte. Vermutlich brachen dann Teile des Eisbergs ab, wodurch dieses »Lochmuster« noch unregelmäßiger wurde.

Auf den Fotos, die man in den achtziger Jahren vom Wrack machte, sieht es so aus, als ob es nicht so viele von diesen unregelmäßigen Einrissen und Löchern gab, als Wilding annahm. Offenbar hatte der Eisberg der *Titanic* einen schweren Schlag gegen die Breitseite versetzt – das Einschlagsloch liegt heute im Schlamm verborgen –, so daß die Stahlplatten entlang der vorderen Steuerbordseite barsten und die Nieten aufplatzen. Durch diese geöffneten Nähte muß sich das Wasser dann wasserfallartig in das Schiff ergossen haben, das damit zum Untergang verurteilt war.

Denn wie die Wunde auch aussah – sie war ohne Zweifel tödlich. Die ersten fünf Abteilungen wurden völlig überflutet – wodurch sich der Bug so weit senkte, daß das Wasser in der fünften Abteilung schließlich über das dahinterliegende Schott schwappte und in die sechste Kammer lief, von dort wiederum in die siebte Zelle und so weiter, bis das Schiff einfach sinken mußte.

Später machte man viel Aufhebens davon, daß das wasserdichte Schott zwischen der fünften und der sechsten Kammer nur bis zum E-Deck reichte. Hätte man dieses Schott ein Deck höher bis zum D-Deck gezogen, wäre die *Titanic* nicht gesunken. Das stimmt, aber nur, wenn man voraussetzte, daß der einzige Schaden an der sechsten Abteilung von dem 60 Zentimeter langen klaffenden Spalt in Kesselraum 5 herrührte. Ein solches Leck hätte man mit den Lenzpumpen leicht in den Griff bekommen können.

Aber dies war eben nicht der einzige Schaden an der sechsten Kammer. Edward Wilding wies darauf hin, daß der Riß, der sich von Kesselraum 6 bis Kesselraum 5 erstreckte, unweigerlich das Schott zwischen den beiden Räumen beschädigt haben mußte. Anders als der tiefe Riß, war diese Wunde zwar für die Maschinisten und Heizer nicht sofort zu erkennen, aber dennoch gab es sie, und ungefähr eine Stunde nach der Kollision scheint das gesamte Schott nachgegeben zu haben. Von irgendwo im vorderen Schiffsteil schäumte dann eine große Menge Wasser in den Kesselraum 5 und vertrieb die Männer, die dort unten ihrer Arbeit nachgingen.

Aber es kam noch schlimmer. Es gibt wichtige, oftmals übersehene Indizien, die dafür sprechen, daß die nächste Abteilung nach achtern, Kesselraum 4, einen Schaden erlitt, der völlig unabhängig von dem klaffenden Riß entstand. Ursprünglich gab es keine Anzeichen für eine Beschädigung an dieser Stelle, aber 1 Stunde und 40 Minuten nach dem Zusammenstoß drang von irgendwo unterhalb der Bodenplatten Wasser ein. Das war kein heftiger Strom, aber mehr, als die Pumpen bewältigen konnten. Eine Zeitlang schufteten die Heizer noch weiter, dann machten sie die Kessel dicht. Das Wasser stand den Männern bis zu den Knien, als aus dem Maschinenraum endlich der heiß ersehnte Befehl kam, der sie von ihren Pflichten entband. Rasch kletterten sie die Notleitern hinauf und gelangten aufs Bootsdeck, wo sie erst einmal in Sicherheit waren.

Es muß betont werden, daß dieses Wasser von unten,

nicht von oben kam. Die Überflutung von Kesselraum 4 gehörte nicht zu dem Vorgang, der die vorderen Kammern flutete und durch den das Wasser in die nächste Abteilung nach achtern strömte. Vielmehr rührte dieser Wassereinbruch von einem gesonderten Schaden am Schiff her, vermutlich am Doppelboden, und hatte mit dem bekannten Riß entlang der Steuerbordseite überhaupt nichts zu tun. Kurzum: Der Eisberg hatte einen viel größeren Schaden angerichtet, als man gemeinhin annahm.

Daß Wasser in diese Abteilung eindrang, sollte auch alles Theoretisieren darüber beenden, was möglich gewesen wäre, falls die Schotte ein Deck höher gereicht hätten. nachdem man Kesselraum 4 aufgeben mußte, war das Schiff zum Untergang verurteilt, ganz gleich, wie hoch die Schotte waren. Bestenfalls hätte sich der Untergang verzögert – vielleicht, bis Hilfe gekommen wäre –, aber das endgültige Ende der *Titanic* war damit besiegelt.

Da nichts darauf hindeutete, daß sich der Schaden vom Bug nach achtern weiter als bis zum Kesselraum 4 erstreckte, ergab sich ein faszinierendes Rätsel. Wenn, wie es im Bericht der britischen Untersuchungskommission heißt, der Bug der *Titanic* zum Zeitpunkt der Kollision gerade erst anfing, nach Backbord zu schwenken, dann hätte sich das Heck langsam nach Steuerbord drehen müssen, also hin zum Eisberg, statt von ihm weg. Das aber hätte zu irgendeiner Form von Berührung auf der Gesamtlänge des Rumpfes führen müssen.

Doch wie kam es, daß das Gegenteil geschah – daß das Heck sich also anscheinend vom Eisberg wegdrehte? Vielleicht gibt ein Gespräch zwischen Kapitän Smith und dem Ersten Offizier Murdoch darüber Aufklärung, das sie führten, als der Kapitän unmittelbar nach dem Aufprall aus seiner Kammer auf die Brücke geeilt war.

»Was haben wir gerammt?« fragte Smith.

»Einen Eisberg, Sir«, antwortete Murdoch. »Ich ließ das Ruder hart Steuerbord legen und die Maschine volle Kraft zurücklaufen. Ich hatte vor, ihn an Backbord zu lassen, aber das Schiff rammte ihn, bevor ich noch irgend etwas tun konnte.«

Diese Sätze haben schon so manchen Lehnstuhlnavigator verwirrt. Vielleicht hilft es, wenn man darauf hinweist, daß 1912 das Steuerruder eines Schiffes so angebracht war, daß der Rudergänger es nach Steuerbord drehte, wenn er nach Backbord steuern wollte – ein Überbleibsel aus den Tagen, als man Schiffe noch mit der Ruderpinne lenkte. Erst 1924 wurden die Steuerruder umgerüstet, weil man der Intuition einer ganzen Generation Rechnung tragen wollte, die mit Automobilen aufgewachsen war. Aber auf der *Titanic* waren noch alle an die alte Methode gewöhnt.

Mindestens zwei Überlebende wiesen in ihren Aussagen darauf hin, daß Murdoch tatsächlich versuchte, den Eisberg »an Backbord zu lassen«. So sagte der Quartiermeister Alfred Olliver, der unmittelbar nach der Kollision auf die Brücke kam, aus, er habe klare Befehle gehört, das Ruder hart nach Backbord zu legen. Etwa zur selben Zeit rannte der Vollmatrose Joseph Scarrott, alarmiert durch den Zusammenstoß, vom Vorderdeck aufs vordere Welldeck, wo er gerade noch sah, wie der Eisberg am Schiff vorbeiglitt. In jenem Moment sei die *Titanic* anscheinend unter Backbordruder gelaufen, und ihr Heck sei vom Eisberg fortgeglitten.

Zweifellos berichtete Scarrott das, was er seiner Auffassung nach gesehen hatte. Trotzdem ist seine Aussage höchst unplausibel. Es ist ausgeschlossen, daß ein Schiff von der Größe der *Titanic* auf eine Richtungsänderung so schnell reagieren kann. Ein Motorboot hätte das gekonnt, ein Passagierschiff mit 46000 BRT nicht. Außerdem sprechen deutliche Indizien dafür, daß Murdoch zu keinem Zeitpunkt tatsächlich versuchte, sein Vorhaben auszuführen. Er hatte vor, den Eisberg »an Backbord zu lassen«, doch entschied er sich dagegen, als er feststellte, daß der

Eisberg »zu nahe war«. Nach Aussage von Quartiermeister Hitchens, der am Ruder stand, besagte die letzte Order, die er erhielt, »hart Steuerbord«. Der Vierte Offizier Boxhall, der sich unmittelbar vor dem Zusammenstoß der Brücke näherte, hörte lediglich denselben Befehl, gefolgt vom Läuten des Maschinentelegrafen. Als er Sekunden später auf die Brücke kam, bemerkte er, daß der Telegraf VOLLE FAHRT ZURÜCK signalisierte – was keinen Sinn ergibt, wenn Murdoch immer noch vorhatte, den Eisberg »an Backbord zu lassen«.

Warum erlitt das Heck der *Titanic* keinen Schaden? Vielleicht findet man eine Antwort auf diese Frage, wenn man sich mit der zweiten Hauptfigur in diesem Drama befaßt. Es ist viel darüber geschrieben worden, was der Eisberg mit der *Titanic* anstellte, aber sehr wenig darüber, was für Schäden die *Titanic* an dem Eisberg verursachte. Allgemein stellt man ihn sich als mächtige Naturgewalt vor, der der Schlag eines von Menschenhand gemachten Objekts nichts ausmacht, doch wissen wir, daß nach der Kollision große Eisbrocken auf das vordere Welldeck der *Titanic* stürzten. So meinte Edward Wilding zum Beispiel, daß sich der gleiche Vorgang unterhalb der Wasseroberfläche abgespielt habe, als der Eisberg am Schiff entlangschrammte. Wenn das stimmt, dann ist es vernünftig anzunehmen, daß ein recht großer Brocken vom Eisberg abbrach, was jeden weiteren Kontakt mit dem Rumpf des Schiffes beendete.

Vor allem die ersten Augenblicke nach der Kollision ergeben kein klares Bild. Zwar ergingen mehrere, allerdings abweichende Anweisungen von der Brücke an den Maschinenraum, doch konnten sich die überlebenden Zeugen weder auf die genaue Reihenfolge noch an den genauen Zeitpunkt oder gar auf den Zweck einigen. So sagte der Schmierer Fred Scott aus, daß unmittelbar nach der Kollision der Maschinentelegraf MASCHINEN STOP signalisierte ... 10–15 Minuten, dann LANGSAM VOR-

AUS ... 10 Minuten, dann STOP ... 4–5 Minuten, dann LANGSAM ZURÜCK ... 4–5 Minuten, dann STOP. Diesmal stoppten die Maschinen endgültig.

Der Trimmer Patrick Dillon, der einzige Überlebende aus dem Maschinenraum, meinte, daß das Signal MASCHINE STOP *vor* LANGSAM VORAUS kam und daß die Zeiträume viel kürzer waren – zum Beispiel sei das Schiff nur zwei Minuten LANGSAM VORAUS gefahren, nicht zehn Minuten. Weder Scott noch Dillon erinnerten sich, daß die Maschinen auf VOLLE KRAFT ZURÜCK gebracht wurden – was der Vierte Offizier Boxhall auf der Brücke so deutlich im Gedächtnis hatte.

Es ist sinnlos, sich zur Klärung dieser Frage an die Männer auf der Kommandobrücke zu halten. Kapitän Smith, der Erste Offizier Murdoch und der Sechste Offizier Moody ertranken; der Vierte Offizier Boxhall war nicht auf der Brücke, weil er die Lage auf dem Schiff erkunden wollte; Quartiermeister Hitchens befand sich im Ruderhaus und konnte gar nichts sehen; Quartiermeister Olliver machte fast die ganze Zeit Botengänge. Immerhin erinnerte sich Olliver, daß der Kapitän irgendwann, als die *Titanic* fast regungslos im Wasser lag, *HALBE KRAFT VORAUS* telegrafierte.

Auch viele Passagiere entsinnen sich, daß das Schiff erneut anfuhr, aber das glaubten sie wohl nur, weil es ihnen beruhigend vorkam. So ging der Zweiter-Klasse-Passagier Lawrence Beesley beispielsweise mit einigen ängstlichen Damen in ein Badezimmer auf dem D-Deck und ließ sie die Badewanne anfassen, an der die Vibration der Maschinen fast immer zu registrieren war. Nachdem sich die Damen beruhigt hatten, kehrten sie alle in ihre Kabinen zurück.

Warum die *Titanic* wieder anfuhr, wie lange und wie schnell sie fuhr und welche Richtung sie einschlug – das alles sind faszinierende Rätsel, wichtige Fragen, wenn man die korrekte Position des Schiffes zu dem Zeitpunkt bestimmen will, als es die ersten Notrufe absetzte. Man hat gemeint, daß Kapitän Smith auf die Lichter eines anderen Schiffes am Horizont zusteuerte, doch das ist aus zwei Gründen unwahrscheinlich. Erstens gibt es keine Anhaltspunkte dafür, daß man solche Lichter schon gesichtet hatte; und zweitens hatte Kapitän Smith noch keinen Grund zu der Annahme, daß sein Schiff ernsthaft beschädigt war. Tatsächlich kehrte der Vierte Offizier Boxhall nach der ersten raschen Erkundungstour (die ihn so weit nach unten und nach vorne in die Unterkünfte der Passagiere führte, wie er kam) mit der guten Nachricht zurück, daß er überhaupt keinen Schaden gefunden habe.

Die schlechten Nachrichten folgten auf dem Fuße – sie kamen vom Schiffszimmermann, aus den Kammern 1, 2 und 3, aus den Unterkünften der Heizer, aus dem Postraum und aus den Kesselräumen 5 und 6. Sollte Smith noch irgendwelche Hoffnungen gehegt haben, so wurden sie ihm durch die Ankunft von Thomas Andrews genommen. Andrews war einer der Direktoren von Harland & Wolff und kannte sich besser mit dem Schiff aus als irgend jemand sonst an Bord. Er gab der *Titanic* »noch höchstens anderthalb Stunden«.

Hätte man irgend etwas zur Rettung des Schiffes unternehmen können? Das ist ein Lieblingsthema von Briefeschreibern, und im Laufe der Jahre gab es Vorschläge, die vom Stopfen des klaffenden Lecks mit Abdeckungen bis zur Sturmfahrt zu den Lichtern reichten, die den Großteil der Nacht am Horizont glommen.

Zwar hätte keine noch so große Menge an Abdeckungen den sturzbachartigen Schwall, der sich in die *Titanic* ergoß, zurückhalten können, doch wurde der Gebrauch von Kollisionsmatten von den Mitgliedern der britischen Untersuchung zumindest erwogen. Nach einer kurzen Erörterung verwarf Edward Wilding diese Idee jedoch aus zweierlei Gründen: Erstens war es unmöglich, den genauen Ort der unterschiedlichen Lecks festzustellen, die man hätte stopfen müssen; und zweitens hätte man 50 bis 60 Männer zum Anbringen der Kollisionsmatten gebraucht, zumal man die Leute erst hätte einweisen und vor Ort einsetzen können, als es sowieso schon zu spät war.

Es war zu spät, um noch irgend etwas auszurichten.

Auch eine Sturmfahrt zu den Lichtern hin hätte nichts genützt, da man sie zu spät erblickte. Sie wurden erstmals einige Minuten nach Mitternacht gesichtet, und zu dem Zeitpunkt spien die Schornsteine der *Titanic* bereits dicke Dampfwolken aus – das sichere Zeichen, daß die Kessel endgültig geschlossen waren. Selbst wenn die Lichter früher entdeckt worden wären, ist höchst zweifelhaft, daß der aufgerissene Schiffsleib der Belastung eines solchen Fluchtversuchs standgehalten hätte.

Andere vertraten die Auffassung, es wäre richtig gewesen, die wasserdichten Tore zwischen den Schotten wieder zu öffnen, sobald das Ausmaß des Schadens festgestellt worden war. Dadurch hätte sich das Wasser allmählich durch den ganzen Rumpf ausbreiten können, und das Schiff wäre wieder auf ebenem Kiel gelegt. Auf diese Weise hätte es länger gedauert, bis die *Titanic*, mit dem Bug voraus, gesunken wäre. Die britische Untersuchungskommission stimmte der Argumentation zwar zu, doch verfolgte sie den Punkt nicht weiter. Der Schaden war von einem solchen Ausmaß, daß es kaum eine Rolle spielte, ob man die Tore zwischen den Schotten offen gelassen oder geschlossen hätte.

In Wirklichkeit gab es wohl nur einen einzigen Augenblick, in dem man die *Titanic* vielleicht hätte retten können, und zwar zu Beginn des Desasters, als der Ausguck Fleet seine Eisberg-Sichtung an die Brücke übermittelte. Wenn der Erste Offizier Murdoch direkt auf den Eisberg zugesteuert wäre, anstatt zu versuchen, ihn »an Backbord zu lassen«, dann hätte das Schiff eine Chance gehabt. Zwar hätte es einen furchtbaren Rumms gegeben – die Passagiere und Besatzungsmitglieder auf den ersten 30

Metern des Schiffs wären bei dem Aufprall wohl ums Leben gekommen –, aber die *Titanic* hätte sich schwimmfähig gehalten.

Vielleicht wäre es so gekommen wie im Fall der *Arizona*, 33 Jahre zuvor. Als ihre Passagiere auf Deck liefen, stellten sie fest, daß sich der Bug in den Eisberg gebohrt hatte. Sie fürchteten um ihr Leben, weinten und klammerten sich aneinander, aber sie waren noch einmal davongekommen, und als ihnen schließlich zu Bewußtsein kam, daß das Kollisionsschott der *Arizona* halten würde, stimmten sie gemeinsam ein Dankgebet an und sangen den Choral »Praise God from Whom All Blessings Flow«.

Doch die *Titanic* war nicht die *Arizona*. Ihre Seite streifte den Eisberg, es war kein frontaler Stoß, und man sollte Murdoch auch keine Vorwürfe machen, daß er vorhatte, den Eisberg »an Backbord zu lassen«. Er tat das, wozu er ausgebildet war und was jeder umsichtige Offizier – unter denselben Umständen – getan hätte. Sein großes Pech war, daß der Eisberg, wie er treffend sagte, »zu nah war«.

Jetzt war es geschehen, und Kapitän Smith blieb nur noch eine Möglichkeit. Es war fast genau Mitternacht – die Leute der 0– bis 4–Uhr-Wache kamen gerade auf Deck, und es sah danach aus, als ob alles an Bord wie üblich weiterlaufen würde –, als er den Befehl gab, die Rettungsboote klarzumachen.

8. Kapitel

»Ich war sehr nachgiebig, als ich das unterschrieb«

Mit seinem Entschluß, die Rettungsboote klarzumachen, war Kapitän Smith zugleich mit einer schmerzlichen mathematischen Tatsache konfrontiert: Die Rettungsboote der *Titanic* boten lediglich Platz für 1178 der 2201 Personen an Bord. Selbst wenn er alle Boote bis zur vollen Kapazität belasten würde, müßte er immer noch 1023 Personen zurücklassen, die keine Chance zum Überleben hatten.

Es hätte schlimmer kommen können. Die *Titanic* war für die Beförderung von 3547 Passagieren und Besatzungsmitgliedern zugelassen, aber weil es Nebensaison und wegen des Bergarbeiterstreiks zudem unklar war, ob die Fahrt überhaupt stattfinden konnte, blieb das Schiff nur zu zwei Drittel belegt. Außerdem forderten die Bestimmungen des Handelsministeriums lediglich, daß das Schiff Rettungsboote für 962 Personen mitführte, aber der White Star Line gefiel es, sich großzügig zu zeigen, und deshalb hatte sie noch Platz für weitere 216 Personen spendiert. Wäre also der »schlimmste« Fall eingetreten, dann hätte sich die *Titanic* – dem Gesetz folgend – mit Rettungsbooten für lediglich 27 Prozent ihrer Passagiere und Besatzungsmitglieder auf große Fahrt begeben.

Die Verantwortung für diesen Zustand trug eine staatliche Aufsichtsbehörde, das Handelsministerium, das die Sicherheitsstandards auf den britischen Schiffen festsetzte. Die *Titanic* hatte das Ministerium in die Klasse für Schiffe mit »10000 BRT und darüber« eingestuft; damit umriß man 1893, als die Bestimmungen herauskamen, die höchste Kategorie. Seitdem hatten sich Größe und Tonnage der Schiffe zwar dramatisch erhöht – die *Titanic* war fast viermal so groß wie irgendein Schiff in den 1890er Jahren –, aber die erforderliche Zahl der Rettungsboote blieb unverändert.

Zur Zeit der Katastrophe herrschte allgemein die Auffassung, daß diese wenig erfreuliche Lage auf die schlafmützigen Mitglieder des schläfrigen Handelsministerium zurückzuführen sei, verstaubten Repräsentationsfiguren und Bürokraten, die mit der rasanten Entwicklung nicht Schritt hielten. In Wahrheit war das Problem komplizierter. Die Bestimmungen des Ministeriums waren nicht nur hinsichtlich der Ozeanriesen unzulänglich, zu denen auch die *Titanic* gehörte, sondern auch für gewöhnliche Schiffe von dem Typ, für die sie erlassen worden waren. Von 39 britischen Passagierschiffen mit mehr als 10000 Bruttoregistertonnen verfügten 33 nicht über genügend Rettungsboote für alle Personen an Bord. Trotzdem erfüllten alle Schiffe die gesetzlichen Vorschriften. Einige – zum Beispiel die *Megantic*, die *Zeeland* und die *Saxonia*, die alle weniger als 20000 BRT hatten – verfügten über Rettungsboote für weniger als 50 Prozent der Menschen, die vielleicht an Bord waren. Der Cunard-Liner *Carmania* konnte sogar nur für 29 Prozent sorgen.

Außerdem beschränkte sich das Problem nicht auf Schiffe, die unter die Bestimmungen des britischen Handelsministeriums fielen. Auch auf den Dampfern anderer Nationen gab es nicht ausreichend Rettungsboote für alle Personen an Bord. So konnte das deutsche Passagierschiff *Amerika* nur 55 Prozent von ihnen Platz bieten, der amerikanische Dampfer *St. Louis* 54 Prozent. Von den Schiffen, die auf der Nordatlantik-Route fuhren, entsprach lediglich das französische Linienschiff *La Provence* einigermaßen der Forderung »Boote für alle«. Es bot immerhin Platz für 825 Passagiere und Besatzungsangehörige.

Kurz gesagt: Schiffe aller Nationalitäten – und aller Größe – konnten diese Anforderungen nicht erfüllen, und dennoch befuhren sie mit amtlichem Segen weiter den Nordatlantik. Gewiß hatten nicht alle Beamten in allen Ländern geschlafen. Es mußte also eine besser Begründung geben.

Und die gab es auch. Das Problem war nicht Schlafmützigkeit, sondern Unterwürfigkeit. Die Mitglieder des Handelsministeriums kannten sich nämlich weder besonders gut mit Schiffen noch mit der Sicherheit auf See aus. Überwiegend waren es dekorative »Leuchten«, wie zum Beispiel der Erzbischof von Canterbury. In nautischen

Fragen verließen sich diese Leute auf das Urteil der Sachverständigen in der Marineabteilung des Ministeriums. Die wiederum waren Bürokraten – sie waren besser darin, eine Gesetzesvorschrift auszuführen, als ein neues Gesetz zu formulieren. Wenn es um solche Fragen ging wie zum Beispiel, ob ein Schiff Rettungsboote für alle an Bord haben sollte, fügten sich diese Leute den Wünschen des Beratungsausschusses für Handelsschiffahrt im Ministerium. In diesem Ausschuß hatten allerdings die Schiffseigner die Mehrheit, und die waren heilfroh, die politische Linie selber zu bestimmen. Sie wußten genau, was sie wollten – und der Ruf »Boote für alle« zählte bestimmt nicht dazu.

Hinsichtlich der Luxusfahrgastklasse bedeutete eine Erweiterung der Vorschrift weniger Platz auf den oberen Decks für die Suiten, die Spiel- und Sportstätten, die Veranden und Palmenhöfe sowie die verglasten Salons mit freiem Blick aufs Meer, mit denen man die wohlhabenden Passagiere von der Konkurrenz abwerben konnte. So hätte man auf der *Titanic* mittschiffs eine riesige Fläche opfern und statt dessen das Bootsdeck mit (man höre und staune) Booten vollstellen müssen.

Bezüglich des Zwischendecks, des anderen Orts, an dem man das große Geld verdienen konnte, hätte die Vorschrift »Boote für alle« bedeutet, das alles noch kostspieliger geworden wäre. Für die Berechnung der Anzahl der erforderlichen Boote bediente sich das Handelsministerium einer simplen Faustregel: Jede Person nahm ungefähr drei Kubikmeter Platz ein. Also würden 1134 Zwischendeckspassagiere – die Zahl, die die *Titanic* den Vorschriften gemäß mitführen durfte – 3452 Kubikmeter Raum einnehmen. Das hätte 19 Rettungsboote ergeben, die allein für die Zwischendeckspassagiere erforderlich gewesen wären ... oder 60 Boote, wenn man alle Personen an Bord einberechnete. Nahezu jeder Eigner hätte es vorgezogen, fast den ganzen Raum so zu nutzen, daß sich damit irgendein Einkommen erzielen ließ – weil er insgeheim sowieso der Überzeugung war, daß die Boote im Grunde unnötig seien.

Schließlich schienen die neuen Luxusliner mühelos imstande, die Stürme und schweren Seen, die die Dampfer in der Vergangenheit bisweilen verschlungen hatten, abzuschmettern. Eine stärkere Unterteilung in Kammern hielt man für sicherer, denn niemand konnte sich etwas Schlimmeres vorstellen, als daß ein Schiff an der Schnittstelle zweier Abteilungen gerammt wurde. Die Entwicklung der Telegraphie sollte außerdem die Zeit beenden, als Schiffe einfach verschwanden. Zukünftig wollte man Rettungsboote lediglich dazu verwenden, mit ihnen Passagiere und Besatzungsmitglieder zur sich schnell versammelnden Flotte der Rettungsschiffe zu befördern, und dafür brauchte man nicht »Boote für alle«.

Schnell kamen die Eigner zu der Überzeugung, daß es sogar höchst gefährlich war, diesem Motto zu folgen. Wenn man nämlich das ganze Gerät auf den oberen Decks stapelte, konnte das Schiff kopf- oder »topplastig« werden, wie die Seeleute sagen. Außerdem würde es auf den oberen Decks derart beengt zugehen, daß die Besatzung kaum noch Raum zum Arbeiten hätte, sollte es doch einmal erforderlich sein, das Schiff zu verlassen.

Schließlich gab es da noch das Wetter. Der stürmische Atlantik war kein sehr günstiger Ort, um die 50 bis 60 Rettungsboote zu Wasser zu lassen, die ein Schiff von der Größe der *Titanic* an Bord haben mußte, wenn die Parole »Boote für alle« galt. So schätzte der geschäftsführende Direktor der White Star Line, Harold Sanderson, daß man in 19 von 20 Fällen die Boote nicht sicher herunterlassen könne. Überdies wären die Boote, wenn sie erst einmal im Wasser waren und die Passagiere auf dem Wasser schaukelten und auf Hilfe warteten, zusätzlichen Gefahren ausgesetzt. Als Sanderson sogar noch nach der Katastrophe an seiner Ansicht festhielt, hieß es in der Zeitschrift *Fairplay* kurz und trocken: »Die Leute könnten das alles vermeiden, wenn sie auf der Stelle ertrinken würden.«

Wie vordergründig die Argumente der Eigner waren, zeigte sich bereits einige Tage nach dem Untergang der *Titanic*. Plötzlich waren alle Hindernisse, die der Forderung nach Booten für alle im Wege standen, beseitigt. So versicherte die Hamburg-Amerika Linie der Öffentlichkeit: »Es wird auf unseren Dampfern eine ausreichende Kapazität von Rettungsbooten geben, so daß jeder an Bord darauf Platz findet.« Obwohl man die Ansichten des Mr. Anderson teilte, schloß sich die White Star den anderen Linien an. Als die *Olympic* am 25. April 1912 den Hafen von New York verließ, hieß es in einer Mitteilung der Reederei ausdrücklich, daß das Schiff über »eine ausreichende Kapazität von Rettungsbooten und -flößen für alle Personen an Bord, einschließlich Passagieren und Besatzungsangehörigen« verfügte.

Doch das kam später. Bis zum Untergang der *Titanic* schien die Öffentlichkeit durchaus bereit, die Argumente der Eigner zu akzeptieren. So wie jeder Flugreisende weiß, daß er abstürzen kann, so begriff auch der Schiffspassagier, daß er mit dem Schiff untergehen konnte. Sanderson von der White Star Line formulierte es so: »Mit der Seefahrt sind gewisse Risiken verbunden, die sich nicht umgehen lassen.«

Ein Mann durchschaute diesen Unsinn – und befand sich in einer idealen Position, dagegen einzuschreiten. Right Honourable Alexander M. Carlisle war 1909 Geschäftsführer bei Harland & Wolff, also zu der Zeit, als die *Olympic* und die *Titanic* noch im Dock lagen. Unter Carlisle, einem großen, stattlichen Mann, herrschten Zucht und Ordnung auf der Werft, und er war es gewohnt, seinen Willen durchzusetzen. Auch schadete es nicht gerade, daß er mit Lord Pirrie, dem Vorsitzenden von Harland & Wolff, verschwägert war.

Carlisle zweifelte schon seit einiger Zeit, ob die geringe

Zahl der Rettungsboote auf den beiden neuen Riesenschiffen ausreichte. Es waren nur 16 – was zwar den Bestimmungen aus dem Jahr 1894 entsprach, ihm jedoch angesichts der Mächtigkeit der Schiffe als zu gering erschien. Aber da der Vertrag mit White Star solche Fragen Harland und Wolff überließ, bat er die Welin Davit Company in Schweden, neuartige Davits für ihn zu konstruieren, die bis zu 64 Boote aufnehmen konnten, wenngleich seines Erachtens auch 48 ausreichen sollten.

Später machte man in der Öffentlichkeit viel Aufhebens davon, daß es Carlisle nicht gelang, seine Ziele durchzusetzen. Die ersten Hinweise kamen bereits drei Tage nach dem Desaster, als die Tageszeitung *Daily Mail* am 18. April 1912 ein Interview mit ihm abdruckte. Auf die Frage, ob er die Vorschriften des Handelsministeriums in bezug auf die Rettungsboote für ausreichend halte, antwortete er: »Nein, bei großen Schiffen halte ich sie nicht für ausreichend, das war schon immer meine Meinung. Als die Schiffe größer wurden, habe ich mich dafür ausgesprochen, die Anzahl der Rettungsboote zu erhöhen.« Im weiteren erläuterte er, daß die Werft auf Grund dieser Einschätzung die *Olympic* und die *Titanic* mit Davits ausgerüstet habe, die »über 40 Boote aufnehmen können«. Allerdings schwieg er sich darüber aus, warum man dann nicht mehr Boote mitgeführt hatte.

Besonders deutlich kommt seine Haltung in einer erstaunlichen Äußerung später im gleichen Interview zum Ausdruck. »Wenn meinem Vorschlag gemäß die Schiffe mit der vollen Anzahl von Booten ausgerüstet worden wären, hätte sich für die Dampfer aller Reedereien, die derzeit einen regelmäßigen Linienverkehr auf dem Nordatlantik unterhalten, zweifellos eine schwierige Lage ergeben. Das hätte große Aufmerksamkeit erregt.« Anders ausgedrückt: Hätte es auf einem oder zwei Linienschiffen Rettungsboote in ausreichender Zahl gegeben, dann hätte dies dazu geführt, daß man sich wegen der unzureichenden Ausstattung mit Booten auf allen anderen Schiffen Sorgen gemacht hätte. Diese Vogel-Strauß-Haltung ging im allgemeinen Beifall unter, mit dem man einen Mann im Schiffahrtsgeschäft würdigte, dem die Bedeutung der Rettungsboote zumindest klar geworden war.

71 Jahre später wurde Carlisle erneut zum Helden in der Geschichte des vergeblichen Kampfes zur Einführung von mehr Rettungsbooten. 1983 schilderte ein Dokumentarfilm des britischen Fernsehens: »Die *Titanic* – War es Mord?«, wie Carlisle »eine längere Kampagne durchgeführt hatte, um die Zahl der Rettungsboote, die das große Linienschiff mitführte, um das Doppelte oder Dreifache zu erhöhen«. Dem Drehbuch zufolge habe er – anders als der starrsinnige und uneinsichtige Chef der White Star Line, Bruce Ismay – vergebens »Argumente vorgetragen« und »Empfehlungen ausgesprochen«.

Ein derart dramatischer Konflikt ist der Stoff, aus dem populäre Fernsehsendungen sind, aber im wirklichen Leben ist es nie zu einem derartigen Zusammenstoß gekommen. Zwar war Carlisle tatsächlich der Ansicht, daß die *Titanic* über mehr Rettungsboote verfügen sollte – er wollte insgesamt 48 –, doch hat er das Bruce Ismay nicht mitgeteilt. Vielmehr unterbreitete er lediglich den Vorschlag, spezielle *Davits* anzubringen, die in der Lage wären, die zusätzlichen Boote aufzunehmen, und wies darauf hin, daß man damit Geld sparen könnte, falls das Handelsministerium die Gesetzesbestimmungen zu einem späteren Zeitpunkt verschärfen sollte. Es ging Carlisle also um Wirtschaftlichkeit, nicht um Sicherheit.

Als ihn Mitglieder der britischen Untersuchungskommission fragten, wieso er keine Aufstockung der Boote, sondern nur die speziellen Davits empfohlen habe, antwortete er, daß es Grenzen dessen gebe, was er gegenüber der White Star guten Gewissens vertreten könne. Es habe ihm in seiner Position nicht zugestanden, einen derart kostspieligen Vorschlag zu machen.

Auf die Frage, warum der nicht kostengebundene Vertrag von Harland & Wolff mit der White Star der Werft nicht gestattet habe, auf eigene Faust zu handeln, erklärte Carlisle geduldig, daß es auch hier Grenzen gebe. Gewiß, die White Star rühmte sich, daß der Vertrag der Werft freie Hand ließe, ohne Rücksicht auf die Kosten das bestmögliche Schiff zu bauen, doch das war nicht so einfach. Was immer im Vertrag stand – es gab die stillschweigende Vereinbarung, daß Harland und Wolff nicht übers Ziel hinausschießen würde. Wenn man die *Olympic* und die *Titanic* mit mehr Rettungsbooten als üblich versah, würde dies die White Star in eine peinliche Lage hinsichtlich ihrer restlichen Flotte bringen. Möglicherweise erwartete man dann, daß die Reederei auch diese Schiffe mit genügend Booten ausrüsten würde – und das konnte sehr teuer werden.

Also fühlte sich Carlisle außerstande, eine Empfehlung auszusprechen oder selbst initiativ zu werden. Deshalb zeigte er Bruce Ismay lediglich die Schiffspläne, damit der selbst herausfand, daß das Bootsdeck 48 Rettungsbooten Platz bot, falls die White Star dies für wünschenswert hielt. Ein wenig ähnelte das einem Liebesbrief, den ein zaghafter junger Mann seiner Angebeteten unter der Tür hindurchschiebt.

Es war daher keine Überraschung, daß Ismay der Idee nichts abgewinnen konnte. Tatsächlich behauptete er später sogar, nie einen Plan für die Vorkehrungen hinsichtlich der Rettungsboote gesehen zu haben. Da das Thema »Rettungsboote« in jeder der beiden ganztägigen Besprechungen nur fünf oder zehn Minuten zur Sprache kam, hat er möglicherweise sogar die Wahrheit gesagt.

Gewiß, Carlisle beharrte nicht auf seinem Standpunkt. Der brüllende Löwe – der es gewohnt war, auf der Werft seinen Willen durchzusetzen – verwandelte sich in eine Schmusekatze, als er mit einem Kunden verhandeln mußte.

Doch »Big Alec« bekam seine zweite Chance. Zwar hatte es ihm widerstebt, seine Ansichten einem Kunden aufzudrängen, doch im Mai 1911 bot sich eine weitere Gelegenheit unter völlig anderen Umständen. Der Anlaß war eine Konferenz des Beratungsausschusses für Handelsschiffahrt im Handelsministerium, auf der man die ganze Frage der Rettungsboote noch einmal prüfen wollte. Zwar war Carlisle bei Harland & Wolff aus Altersgründen ausgeschieden, aber wegen seiner besonders großen Sachkenntnis hatte man ihn zu den Beratungen hinzugezogen.

Hinter verschlossenen Türen machte er sich für eine Erhöhung der Zahl der Rettungsboote auf den großen neuen Linienschiffen stark. Es überraschte ihn überhaupt nicht, daß sein Rat in dem Ausschuß – wie immer beherrschten ihn die Eigner – auf taube Ohren stieß. Seltsam aber dann seine unerwartete Wendung: Er schwieg nicht nur zu der Zurückweisung, er unterschrieb auch mehrere Empfehlungen, aufgrund derer die Anzahl der Rettungsboote, die ein Schiff aus der Klasse der *Titanic* mitführen mußte, sogar verringert werden konnte.

»Entsprach dieses Ergebnis Ihrer Auffassung?« fragte ihn später Lord Mersey ungläubig.

»Nein«, antwortete Carlisle.

»Warum haben Sie dann, in Gottes Namen, die Empfehlungen unterschrieben?«

»Das weiß ich nicht. Im allgemeinen bin ich nicht so nachgiebig.«

»Nun ja, das hätte ich auch nicht geglaubt«, mischte sich der Generalstaatsanwalt ein, der offenbar versuchte, zur Entspannung der schwierigen Situation beizutragen.

»Aber ich räume ein«, fuhr Carlisle fort, »daß ich an dem Tag, als ich das unterschrieb, sehr nachgiebig war.«

Soviel zu unserem Helden. Als die *Titanic* am 10. April im folgenden Jahr in See stach, hatte Carlisle mit der ganzen Sache nichts mehr zu tun. Er habe nicht einmal gewußt, wie viele Rettungsboote das Schiff schließlich an Bord hatte, sagte er.

Aber Kapitän Smith wußte es. Um Mitternacht, am Abend des 14./15. April, war er sich nur zu bewußt, daß sein Schiff lediglich 16 reguläre Rettungsboote in den Davits hatte – das war die ursprünglich geplante Zahl, bevor Alexander Carlisle seine zögerliche Rolle spielte. Zusätzlich waren noch vier »Engelhardt-Klappboote« an Bord, Notboote mit Holzboden und Segeltuchwänden. Diese Boote hingen nicht in den Davits, sondern lagen flach auf Deck verstaut, umgedreht und mit zusammengefalteten Wänden. Sollte man sie überhaupt brauchen, wollte man sie zusammensetzen und in die Kräne der Boote einhängen, die man bereits abgefiert hatte. Man muß diesen Fall aber für höchst unwahrscheinlich gehalten haben, denn zwei der Notboote lagerten auf dem Dach der Offiziersunterkünfte, von wo aus man sie nur schwer aufs Bootsdeck herunterholen konnte.

Nun war es an Kapitän Smith, das Beste aus seiner kleinen Flotte herauszuholen – mit einer unerprobten Schiffsbesatzung, mit mangelhaft informierten Passagieren und mit einem Schiff, auf dem man noch nie ein ordentliches Bootsmanöver abgehalten hatte.

9. Kapitel

Was geschah mit den Goodwins?

Um Mitternacht am 14./15. April war die Tatsache, daß es auf der Titanic zu wenig Rettungsboote gab, nur noch von rein theoretischem Interesse: Die Frage lautete jetzt, wer überhaupt in die Boote kommen würde. Die White Star Line behauptete, daß es nur eine Vorschrift gegeben habe – »Frauen und Kinder zuerst« – und daß man seitens der

Reederei überhaupt keine Unterschiede zwischen den Passagieren der Ersten, Zweiten und Dritten Klasse gemacht habe.

Die US-amerikanische und die britische Untersuchungskommission kamen ebenfalls zu diesem Ergebnis, und Mr. W. D. Harbinson, während der britischen Untersuchung offizieller Vertreter der Dritten Klasse, betonte nachdrücklich:

> Ich möchte hier ganz deutlich zum Ausdruck bringen, daß es im Laufe dieses Verfahrens keinerlei Anhaltspunkte dafür gegeben hat, die den Anklagepunkt rechtfertigen könnten, daß man in irgendeiner Form versucht hat, die Passagiere der Dritten Klasse zurückzuhalten. Es gibt keinerlei Indizien, auf die sich eine derartige Anschuldigung stützen könnte ...

Dennoch bleibt die folgende beklemmende Statistik bestehen: 53 Prozent der Passagiere der Ersten und Zweiten Klasse wurden gerettet, aber nur 25 Prozent der Dritten Klasse ...

94 Prozent der Frauen und Kinder der Ersten und Zweiten Klasse wurden gerettet, aber nur 42 Prozent der Dritten Klasse. In der Ersten Klasse kam nur ein Kind ums Leben – die kleine Lorraine Allison, deren Familie beschloß, zusammenzubleiben –, während in der Dritten Klasse 52 von 79 Kindern starben; ungefähr dieselbe Prozentzahl wie bei den Männern der Ersten Klasse.

Die White Star Line brachte zahlreiche Begründungen vor: Den Passagieren der Dritten Klasse hätte es stärker widerstrebt, das Schiff zu verlassen ... Sie hätten sich nicht von ihrem Gepäck trennen wollen ... Es sei schwierig gewesen, sie aus ihren Kabinen zu holen. Während der britischen Untersuchung versicherte ein Besatzungsmitglied nach dem anderen, daß es keinerlei Diskriminierungen gegeben habe –, aber kein einziger Passagier der Dritten Klasse wurde als Zeuge vernommen.

Das Gericht akzeptierte alle Erklärungen der White Star Line. Insbesondere den Punkt, daß viele Zwischendeckspassagiere Ausländer waren und deshalb die Anweisungen der Schiffsbesatzung nicht verstehen konnten, schien das Gericht zu beeindrucken.

Wie soll man sich aber den Tod der gesamten Goodwin-Familie erklären – Vater, Mutter und sechs Kinder? Hier bestand keine »Sprachbarriere«; die Goodwins kamen aus London. Es gibt auch keinen Grund zu der Annahme, daß sie das Schiff nicht verlassen wollten oder daß sie sich besonders ungern von ihrem Gepäck getrennt hätten.

Frederick Goodwin war kein »gewöhnlicher«, ungebildeter Emigrant, sondern ein 40jähriger Elektroingenieur, der mit seiner Frau und den sechs Kindern in einem kleinen, gepflegten Reihenhaus im Stadtteil Fulham lebte. Als seine Familie wuchs, begann er, nach neuen beruflichen Möglichkeiten Ausschau zu halten. Und als ihn sein Bruder Thomas, der England den Rücken gekehrt und sich in Niagara Falls im Bundesstaat New York niedergelassen hatte, brieflich über eine freie Stelle im dortigen großen Kraftwerk informierte, ergriff er die Gelegenheit beim Schopfe.

Er verkaufte das Haus in Fulham, wohnte vorübergehend in Marcham und buchte für sich und die Seinen eine Überfahrt auf einem der kleineren Dampfer, die von Southampton aus verkehrten. Seinerzeit übernahm ein neuer Arbeitgeber noch nicht die Umzugskosten, und da die Goodwins über keine nennenswerten Ersparnisse verfügten, mußten sie Dritter Klasse reisen.

Dann hatten sie großes Glück. Wegen des Bergarbeiterstreiks hatte man die Überfahrt auf einem kleineren Schiff gestrichen, und sie wurden auf die neue, glanzvolle *Titanic* umgebucht. Zwar reisten sie immer noch Dritter Klasse, aber auf der *Titanic* war das ein Komfort wie in der Ersten Klasse auf den meisten der älteren kleineren

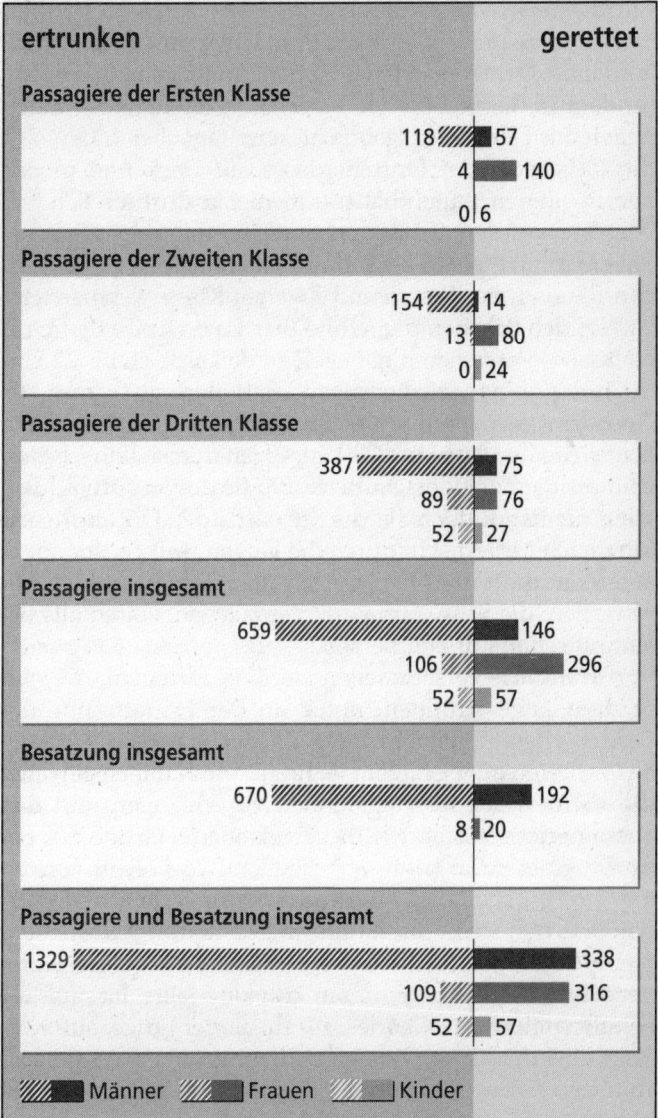

Linienschiffe. Wahrscheinlich belegten sie zwei der Vierbettkabinen im Heck des Schiffes, dem Teil, den die White Star Line für alleinstehende Frauen und gemeinsam reisende Familien reserviert hatte. Alleinstehende Männer wurden im Bug untergebracht, aber tagsüber trafen sich die Passagiere der Dritten Klasse auf Deck und in den verschiedenen Aufenthaltsräumen. Sie durften sich frei bewegen auf dem Schiff und mußten nur an den diversen Barrieren und Toren umkehren, die ihnen den Zugang zu den Räumen der Ersten und Zweiten Klasse versperrten.

Auf den Schiffen der White Star Line wurde den Dritter-Klasse-Passagieren nahegelegt, daß sie sich bis 22 Uhr in ihre Kabinen zurückzogen, und deshalb waren die Goodwins sicherlich schon zu Bett gegangen, als in der Nacht des 14. April um 23 Uhr 40 jener leise knirschende Rumms die *Titanic* erschütterte. Ob sie davon aufwachten, weiß niemand, doch als die Stewards der Dritten Klasse kurz nach Mitternacht durch die langen weißen Korridore eilten, an die Türen hämmerten und alle Passagiere aufforderten, die Schwimmwesten anzulegen, waren alle bestimmt schon auf den Beinen.

Vermutlich versammelten sie die Passagiere, die nun in die Gänge strömten, unten an der Haupttreppe der Dritten Klasse auf dem E-Deck. Hier warteten sie dann auf weitere Anweisungen, während die Kabinenstewards die Riemen der Rettungswesten zurechtzogen und den Passagieren versicherten, es gebe keinerlei Grund zur Beunruhigung. Man kann sich die Goodwins leicht vorstellen, nervös, aber auch etwas amüsiert von dem seltsamen Anblick, den sie in ihren unförmigen Rettungswesten boten. Frederick, mit gekreuzten Armen, wie auf allen Familienfotos ..., Lillie, 16, deren dunkle Haare bis auf die Schultern fielen ..., Charles, 14, ein alerter Junge, aufrecht, jeder Zoll der älteste Bruder ..., dann William, Jessie, Harold und Sydney, alle unter 12, brav und gutwillig, aber ohne zu begreifen, was geschah.

Allmählich verbreitete sich die Nachricht, daß die *Titanic* einen Eisberg gerammt hatte, aber die erste wirklich alarmierende Entwicklung setzte ein, als die alleinstehenden Männer, die durch das ansteigende Wasser aus dem Bug vertrieben worden waren, nach achtern rannten und zu den Leuten stießen, die bereits an der Treppe standen. Viele Männer hatten Taschen und Bündel dabei und waren triefnaß, weil das Meerwasser in ihre Unterkünfte geströmt war.

Und so wartete die Menge – unruhig, aber sicherlich nicht rebellisch. Die Menschen hatten nur einen Hinweis auf den Zustand des Schiffes, nämlich daß sich der Linoleumboden unter ihren Füßen deutlich nach vorn neigte. Die Lichter brannten noch hell, aber hier, tief unten auf dem E-Deck, konnten sie natürlich nicht erkennen, daß die Rettungsboote der *Titanic* inzwischen abgefiert wurden und in die Nacht hinausruderten.

Kurz vor 1 Uhr morgens kam die lang ersehnte Anweisung: »Frauen und Kinder aufs Bootdeck.« Das war gar nicht so leicht umzusetzen, denn hier und da weigerten sich die Frauen, ihre Männer alleinzulassen; Kinder klammerten sich an ihre Väter, und ein paar Frauen wollten den Ernst der Lage immer noch nicht begreifen. Einige gingen sogar wieder in ihre Kojen.

Irgendwie gelang es Steward John E. Hart, eine dreißigköpfige Gruppe zusammenzustellen: Allen voran begleitete er sie über eine Treppe zum C-Deck hinauf, über das offene Welldeck, vorbei an der Bibliothek der Zweiten Klasse und dann in die Räumlichkeiten der Ersten Klasse, weiter zum Foyer auf dem C-Deck und schließlich durch das große Treppenhaus zum Bootsdeck hinauf. Offenbar hatte man diese Route im voraus festgelegt, denn alle Absperrungen waren aufgehoben; hier und da hatte man Stewards postiert, um die Leute voranzutreiben.

Es war jetzt 1 Uhr 10, und Boot 8 war bereit, das Schiff zu verlassen. Hart übergab seine Schutzbefohlenen den zuständigen Männern und eilte zurück zum Zwischendeck hinunter, um die nächste Gruppe heraufzuholen.

Als er wieder in der Dritten Klasse angekommen war, hatte sich die Lage zum Schlechten gewendet. Die männlichen Passagiere verlangten jetzt, daß auch sie aufs Bootsdeck durften, und die Stewards hatten alle Hände voll zu tun, die Leute zurückzuhalten. Schließlich stellte man eine neue Gruppe zusammen, mit der Hart wieder losging. Diesmal hatte er etwa 25 Leute im Schlepptau, mit denen er um 1 Uhr 35 das Bootsdeck erreichte. Soweit er erkennen konnte, waren alle Boote weg, bis auf Nr. 15, das noch in den Davits hing, aber schon bereit war zum Fieren.

Jetzt mußte es schnell gehen. Er bugsierte seine Leute ins Boot und nahm im stillen eine rasche Lagebeurteilung vor: Die *Titanic* war am Ende ... es bleib keine Zeit, zurückzugehen und eine weitere Gruppe nach oben zu holen. Als der Offizier, der neben den Davits stand, nickte, sprang auch Hart ins Boot.

Insgesamt hatte Hart 55 Frauen und Kinder aufs Bootsdeck gebracht – fast die Hälfte der Gesamtzahl der geretteten Frauen und Kinder –, aber die Goodwins waren nicht darunter. Vielleicht hatten sie beschlossen, sich nicht zu trennen. Womöglich blieben sie unten, wo sie vergeblich darauf warteten, daß eine weitere Gruppe nach oben auf Deck geholt wurde. Möglicherweise waren sie des langen Wartens auch überdrüssig geworden und auf eigene Faust losgegangen, dann aber erst auf dem Bootsdeck angekommen, als es bereits zu spät war.

Sogar solche Spekulationen sind schwierig, aber nicht, weil man im vornherein festgelegt hätte, die Passagiere der Dritten Klasse zurückzuhalten, sondern weil es überhaupt keine feststehende Regelung gab. Manche Sperren waren offen, andere geschlossen. Einigen Passagieren wurde Hilfe zuteil, andere hielt man zurück; manchen wiederum blieb es überlassen, sich allein durchzuschlagen.

Berk Pickard, ein 32jähriger Londoner, der in der Lederindustrie arbeitete, fand in der Zweiten Klasse eine weit offenstehende Tür und gelangte ohne Mühe in eines der ersten Rettungsboote. Kathy Glinagh, eine 15jährige Irin, hatte zunächst weniger Glück. Als sie und zwei Freunde versuchten, den Durchgang zur Zweiten Klasse vom hinteren Welldeck aus zu passieren, fanden sie ihn verschlossen und bewacht vor. Jim Farrell, ein prima Bursche aus ihrer Heimat, mußte nicht unerhebliche Überredungskünste aufbringen, um die Wache zu veranlassen, die Tür wenigstens solange zu öffnen, bis das Mädchen hindurchschlüpfen konnte.

Ganz vorne schloß sich Daniel Buckley, ein anderer junger Ire, einer Gruppe an, die sich den Weg auf der Treppe freikämpfte, die vom Welldeck zur Ersten Klasse hinaufführte. Auch hier war die Tür bewacht, und nach einem kurzen Handgemenge verschloß sie der wachhabende Matrose auch noch. Aber der Anführer der Gruppe um Buckley ließ sich nicht beirren, stürmte die Treppe hinauf und warf sich gegen die Tür, die – mitsamt dem Schloß – aufbrach, worauf der Matrose die Flucht ergriff.

Olaus Abelseth und seinen vier Freunden – sie alle stammten aus Norwegen –, kam es so vor, als ob sie im hinteren Welldeck eine halbe Ewigkeit gewartet hätten. Die zur Zweiten Klasse führenden Türen waren verschlossen, und sie vergeudeten ihre Zeit, während die behenderen Zwischendeckspassagiere einen Ladekran hinaufkletterten, auf dem Ausleger entlangkrochen und sicher in der Ersten Klasse landeten, dem Ziel schlechthin für alle. Am Ende öffnete ein Offizier die Absperrung und forderte die Frauen und Kinder auf, zum Bootsdeck zu gehen. Etwas später rief er: »Alle!« Abelseth und die anderen Männer stürmten hinauf, mußten aber feststellen, daß die Boote schon abgelegt hatten.

So ging das in einem fort, man hatte keine klaren Handlungsrichtlinien, und deshalb kam es zu einem Zwischenfall nach dem anderen: Alles zusammen läßt Mr. Harbinsons Beteuerung, daß es »keinerlei Anhaltspunkte« für den Anklagepunkt gegeben habe, daß man die Passagiere der Dritten Klasse zurückzuhalten versuchte, wie blanken Hohn erscheinen. Besonders die Aussage von Steward Hart, auf die sich die White Star Line stützte, beweist eindeutig, daß die Männer im Zwischendeck zurückgehalten wurden und daß die Frauen im Wettlauf zu den Booten rund eine Stunde Vorsprung hatten.

Trotzdem ist es merkwürdig, daß viele Rettungsboote die *Titanic* in halbvollem Zustand verließen, während man gleichzeitig den Passagieren der Dritten Klasse den Zugang derart erschwerte. Wenn man bedenkt, daß die Boote bestenfalls der Hälfte der an Bord befindlichen Personen Platz boten, scheint es unglaublich, daß der verfügbare Raum – er reichte für 1178 Personen – lediglich von 705 besetzt wurde. Es gab also noch Platz für weitere 473. Das war mehr als genug für alle Frauen und Kinder, die schließlich ertranken. Warum hat man diese freien Plätze nicht genutzt?

Hinter diesen Schwierigkeiten steckte eine unzureichende Organisation, die die ganze Nacht kennzeichnet. Auf der *Titanic* hatte man noch nie ein Bootsmanöver abgehalten, und außerdem hatten nur wenige Besatzungsmitglieder Erfahrung im Umgang mit den Davits. Die Männer waren zwar zu bestimmten Booten eingeteilt worden, was aber erst am Tag nach der Abfahrt aus Queenstown erfolgt war. Kaum einer hatte es für nötig befunden, sich seinen Posten genauer anzusehen. Das Bemannen der Boote mit Schiffspersonal verlief dementsprechend völlig planlos: Boot Nr. 6 hatte eine zweiköpfige Besatzung; Nr. 3 eine fünfzehnköpfige.

Den Passagieren hatte man überhaupt keine Boote zugewiesen. Die Leute gingen lediglich auf den Decks umher und warteten darauf, daß ihnen jemand sagte, was sie tun sollten, aber es gab keine klaren Handlungsanweisungen. Später hieß es, der Erste Offizier Murdoch sei für die Steuerbordseite verantwortlich gewesen, und der Zweite Offizier Lightoller an Backbord. Aber Lightoller war gar nicht weiter nach achtern als bis zu den ersten vier Booten gekommen, außerdem hatte er nichts mit dem ersten Boot, Nr. 2, zu tun. Die rangniederen Offiziere hatten offenbar keine Dienstvorschriften, und es war auch niemand auf die Idee gekommen, den Fünften Offizier Lowe aufzuwecken. Als ihn schließlich ein ungewöhnlicher Lärm auf dem Bootsdeck weckte, blickte er nach draußen und sah, wie dort die Passagiere in ihren Schwimmwesten herumstanden.

Auch beim Bemannen der Boote gab es keine konsequente Regelung. Lightoller verstand unter der Parole »Frauen und Kinder zuerst« ausschließlich Frauen und Kinder, selbst wenn das bedeutete, daß auf einem Boot noch Plätze freiblieben. Murdoch dagegen ließ auch Männer in die Boote, wenn keine Frauen mehr da waren. Auf der *Titanic* konnte das Überleben eines Mannes also davon abhängen, auf welcher Seite er das Bootsdeck betrat.

Dann gab es noch das immer wiederkehrende Problem der unterschiedlichen Behandlung der Passagierklassen. Mindestens einige Besatzungsmitglieder und auch ein paar Passagiere waren der Meinung, daß die Boote für die Klasse reserviert wären, in der sie reisten. Als zwei Damen der Zweiten Klasse einen Offizier fragten, ob sie zu den vorderen Booten in der Ersten Klasse gehen dürften, hörte der Passagier Lawrence Beesley, wie der Offizier antwortete: »Nein, Madam, Ihre Boote befinden sich unten, auf Ihrem Deck.«

Besonders deutlich wurde diese grundsätzlich unzureichende Organisation beim eigentlichen Bemannen der Boote. Nr. 4 war als erstes bereit, und Kapitän Smith befahl Lightoller, das Boot vom Promenadendeck aus zu beladen, weil er glaubte, daß die Frauen und Kinder von dort aus leichter und sicherer einsteigen könnten als vom offenen Bootsdeck. Der Befehl wurde an die Passagiere weitergegeben, die bereits auf dem Bootsdeck warteten: Sie gehorchten und gingen eine Etage tiefer. Vermutlich ist einem Passagier der Ersten Klasse, Hugh Woolner, als erstem aufgegangen, daß das keine besonders gute Idee war. »Haben Sie möglicherweise vergessen«, fragte er Smith höflich, »daß die Fenster dort unten verschlossen sind?«

»Bei Gott, Sie haben recht!« rief Smith. »Rufen Sie die Leute zurück.« Offenbar war ihm entfallen, daß der vordere Teil des Promenadendecks der *Titanic* verglast war; er hatte die *Titanic* mit ihrem Schwesterschiff, der *Olympic*, verwechselt, dort war das Deck auf ganzer Länge offen.

Also wurden alle wieder ein Stockwerk höher beordert. Schweigend stiegen die Frauen und Kinder zurück auf das Bootsdeck. Diesmal aber hatte man, wie ursprünglich befohlen, das Boot 4 bis zum Promenadendeck gefiert, und Lightoller fand es leichter, die Fenster zu öffnen, als das Boot wieder heraufzuholen. Dafür schickte er ein paar Seeleute los und wies die Frauen und Kinder an, wieder nach unten zu gehen. »Sagen Sie uns endlich, wohin wir sollen, dann folgen wir Ihnen!« rief eine Mrs. Thayer verärgert. »Erst haben Sie uns hier rauf befohlen, und nun schicken Sie uns wieder runter.«

Es gab keinerlei klare Handlungsanweisungen. Am Ende wurden einige Boote vom Bootsdeck aus bemannt, andere vom Promenadendeck – was bedeutete, daß die Passagiere häufig nicht dort waren, wo sich die Boote befanden.

Verwirrung, nicht Angst hatte Mrs. Thayers Wutausbruch ausgelöst. In der ersten Stunde nahmen nur wenige Passagiere der *Titanic* die Kollision sehr ernst – noch ein Grund dafür, warum zumindest auf den ersten Booten viele Plätze freiblieben. Die Passagiere hielten sich lieber in der Wärme und Behaglichkeit des hell erleuchteten

Schiffs auf, anstatt sich mit der Aussicht anzufreunden, in einer stockdunklen kalten Nacht in einem Ruderboot auf dem Atlantik umherzuschaukeln. Als das erste Boot, Nr. 7, das bemannt werden sollte, heruntergelassen wurde und der Erste Offizier Murdoch nach den Passagieren rief, waren sie deshalb sehr zögerlich. Schließlich ließ er um 0 Uhr 45 das Boot mit lediglich 28 Personen an Bord zu Wasser.

Murdoch ging jetzt zu Nr. 5, zum nächsten Boot, vom Bug nach achtern, und rief erneut nach Passagieren. Ganz in der Nähe stand eine kleine sechsköpfige Gruppe, die gemeinsam reiste: Mr. und Mrs. Richard Beckwick, Mr. und Mrs. E. N. Kimball, Miss Helen Newsom und Karl H. Behr. Sie zögerten sogar noch, ins Boot zu steigen, als Bruce Ismay sie dazu drängte. Schließlich trat Mrs. Beckwith vor und fragte, ob die ganze Gruppe – Männer und Frauen zusammen – ins Boot gehen dürfte. Er antwortete: »Selbstverständlich dürfen Sie das, Madam, Sie alle.«

Also stiegen alle in das Boot. Um 0 Uhr 55 wurde Nr. 5 mit nur 41 Personen heruntergelassen ... Was bedeutete, daß noch Platz für 24 gewesen wäre. Während das Boot zum 23 Meter unter ihnen liegenden Meer hinunterruckte, fragte sich Karl Behr, ob die Vorsichtsmaßnahme ein solch hohes Risiko überhaupt lohne. Allein die Vorstellung, daß die *Titanic* sinken könnte, erschien ihm »grotesk.«

Das sah nicht jeder so. Da war zum Beispiel »der kleine Kreis« im Rauchsalon. Unterbrochen durch den Aufprall, nahmen die Mitglieder ihre Bridgepartie bald wieder auf; allerdings verlief sie weniger fröhlich als vorher. Nach ein, zwei Partien entschuldigten sich Woolner und Björnström Steffanson und gingen nach unten, um nach Mrs. Candee zu sehen. Sie stand vor ihrer Suite und fragte, was passiert wäre, wobei sie verwirrt, aber sonst ganz in Ordnung schien. Steffanson ging in den Rauchsalon zurück – inzwischen hatte die *Titanic* gestoppt –, und Woolner lud

Mrs. Candee zu einem Spaziergang ein, »um nachzusehen, was da los ist«.

Sie hatten gemeinsam einen bezaubernden Nachmittag verbracht und das Schiff erkundet, und nun machten sie den Rundgang noch einmal – doch jetzt bot sich ihnen ein völlig anderes Bild: Auf dem Bootsdeck war es dunkel und bitterkalt, die Schornsteine der *Titanic* machten einen ohrenbetäubenden Lärm und spien Dampf, das Schiff neigte sich deutlich nach Steuerbord. Sie rissen nervös ein paar Witze, kamen auf ihre persönlichen Schwierigkeiten zu sprechen und unterhielten sich sogar über Leben und Tod. Schließlich gelangten sie in die Lounge, wo sie am Nachmittag in behaglicher Atmosphäre ihren Tee eingenommen hatten; jetzt war der Raum leer. Plötzlich erschien ein gutgelaunter junger Mann und reichte Mrs. Candee einen kleinen Eisklumpen. Der war so kalt, daß sie ihn fallen ließ, worauf Woolner besorgt ihre Hand rieb und streichelte.

Sie begaben sich aufs Promenadendeck und beobachteten, wie die Seeleute anfingen, die Boote herunterzulassen. Dann schlenderten sie zur großen Freitreppe und sahen, wie die Passagiere hinaufströmten – alle trugen Schwimmwesten. »Hat man das angeordnet?« fragte Woolner einen Mann neben der Tür. »Ja, das ist ein Befehl«, erwiderte der Mann kurz.

Schließlich langten sie wieder unten in Mrs. Candees Suite an. Woolner fand ihre Rettungsweste, die er ihr anlegte. Dann lief er los, um seine Weste zu holen, und versprach Mrs. Candee, sie in ein paar Minuten oben auf Deck zu treffen.

Als sie die Treppe hinaufstieg, kam Edward A. Kent – auch er ein Chartermitglied des »Kreises« – herbeigerannt. Einer Intuition folgend gab sie ihm eine kleine Elfenbeinminiatur ihrer Mutter und bat ihn, die Miniatur für sie aufzubewahren. Er hatte Zweifel, was seine eigene Sicherheit betraf, steckte die Miniatur aber trotzdem ein.

Er hatte sie noch bei sich, als man seinen Leichnam eine Woche später aus dem Wasser fischte.

Woolner und Steffanson tauchten wieder auf. Gemeinsam halfen sie Mrs. Candee in das Boot 6, das erste Rettungsboot, das man auf der Backbordseite herunterließ. Von den Mitgliedern des kleinen Kreises scheint Colonel Cracie von allen der Geschäftigste gewesen zu sein. Er hatte seine Dienste bereits vier anderen »schutzlosen Damen« angeboten, und nun tat er alles in seiner Macht Stehende, sie in die Boote zu bringen. Um 1 Uhr begann er nach Mrs. Candee zu suchen und traf schließlich Kent, der ihm versicherte, daß sie in Sicherheit sei und das Schiff bereits verlassen habe.

Inzwischen gab es zwar genügend Personen, die bereit waren, die *Titanic* zu verlassen, aber jetzt ergab sich ein neues Problem. Die Offiziere, die die Verantwortung für das Abfieren der Boote trugen, hatten Angst, sie könnten mit zu vielen Passagieren beladen werden; sie fürchteten, daß die Boote kippen und dadurch alle Leute kopfüber ins Meer stürzen könnten. In Wahrheit bestand diese Gefahr nicht. Harland & Wolff hatte die Boote auf der *Olympic* und der *Titanic* so konstruiert, daß man sie vollbesetzt herunterlassen konnte. Bei einem Test am 9. Mai 1911 hatte die Werft eines der Boot der *Olympic* sogar mit einer Last beladen, die dem Gesamtgewicht von 65 Personen entsprach, und es dann sechsmal abgefiert und aufgeholt, ohne daß sich irgendwelche Zeichen von Überbeanspruchung zeigten.

Offenbar hatten weder Kapitän Smith noch seine Offiziere von diesem Test Kenntnis. Harland & Wolff hatte es unterlassen, ihnen mitzuteilen, daß man die Boote in vollbesetztem Zustand abfieren konnte; die Werftleute gingen einfach davon aus, daß das »zum allgemeinen Wissen« von Smith und seiner Crew gehören würde. Ob diese wirklich Bescheid wußten, ist nicht bekannt; jedenfalls machte niemand in dieser Nacht von solchen Kenntnissen

Gebrauch. So ruderte Boot 6 mit – höchstens – 28 Menschen davon, Boot 8 mit 39 und Boot 2 mit 26.

Lightoller handelte bereits auf eigene Faust; er hoffte, daß er vielleicht mehr Personen in die Boote bekommen könnte, wenn man die Gangway des Backbordunterdecks einsetzte. Deshalb schickte er sechs Matrosen nach unten, die die Pforte öffnen sollten, und gab Order, die Boote, sobald sie im Wasser waren, zu der Gangway zu rudern und zusätzliche Passagiere aufzunehmen. Das klappte nicht. Die Pforte wurde nie geöffnet; die Männer, die er hinuntergeschickt hatte, wurden nie wieder gesehen. Vermutlich ertranken sie, bevor sie ihre Arbeit beenden konnten.

Offenbar gab es einen ähnlichen Plan, was die Boote auf der Steuerbordseite betraf. So erinnerte sich Lawrence Beesley, gehört zu haben, daß ein Offizier – es war wohl Murdoch – der Crew von Nr. 13 zurief: »Fiert weg, und wenn ihr im Wasser seid, rudert zur Gangway herum und wartet auf weitere Anordnungen!« Auch Kapitän Smith habe den Booten zugerufen, sich in Rufdistanz aufzuhalten.

Manche taten das auch ..., jedenfalls eine Zeitlang. Aber der Anblick des mächtigen Schiffskörpers, der hell erleuchtet in den Fluten versank, war einfach zu beängstigend. Jetzt war das Schiff zum Untergang verurteilt; einige warnten vor der Sogwirkung der *Titanic* und davor, daß eine Woge entstehen könne, die jedes Boot, das zu nahe blieb, unter sich begraben würde. Und so stahl sich ein Boot nach dem anderen in die Nacht hinaus davon.

Auf der *Titanic* schlug die Stimmung um; jetzt herrschte Verzweiflung. Um 1 Uhr 15 schwappte das Wasser gegen den Schriftzug am Bug. Als wäre es betrunken, schwankte das Schiff, bekam erst eine leichte Schlagseite nach Steuerbord, dann eine schwere Schlagseite nach Backbord. Die Decks neigten sich noch steiler nach unten.

Die Zeit lief ihnen davon, und jetzt zögerten die Offiziere, die für die Bemannung der Boote verantwortlich waren, nicht mehr, alle bis auf den letzten Platz zu besetzen: Nr. 11 fuhr mit 70 Personen los, Nr. 14 mit 63 und Nr. 15 mit 70.

Aber manchmal schadet Hektik. Nur so läßt sich wohl das schlimmste Beispiel dafür erklären, daß Rettungsboote die *Titanic* mit zu wenig Menschen verließen. Strenggenommen bezeichnete man Nr. 1 als »Notrettungsboot« – es war kleiner als die regulären Rettungsboote, bemannt mit einer speziell geschulten Besatzung und zum sofortigen Einsatz in einer brenzligen Situation bereit, wie zum Beispiel bei Mann über Bord. Es war das vorderste Boot auf der Steuerbordseite, kurz nach achtern hinter der Brücke.

Da Nr. 1 immer ausgeschwenkt war, hatten sich die Besatzungsmitglieder zunächst nicht um dieses Boot gekümmert, als sie auf Deck kamen, um die Boote klarzumachen. Statt dessen begannen sie mit Nr. 3 und arbeiteten sich dann nach achtern vor. Die Menge auf dem Bootsdeck folgte ihnen. Als Erster Offizier Murdoch seine Aufmerksamkeit Nr. 1 zuwandte, waren die einzigen Passagiere in der Nähe ein ziemlich hochnäsiges englisches Ehepaar, Sir Cosmo und Lady Duff Gordon, sowie Miss L. M. Francatelli, die Sekretärin Lady Duff Gordons. Er konnte keinen klaren Grund erkennen, warum sie nicht mit den anderen Passagieren nach achtern gingen, aber vielleicht entsprach es nicht ihrer Art, sich dem gemeinen Volk anzuschließen.

Als das Boot zum Abfieren bereit war, rief Murdoch noch Frauen und Kindern, aber niemand trat vor. Lady Duff Gordon hatte sich bereits fest vorgenommen, bei ihrem Mann zu bleiben, und auch Miss Francatelli wollte nicht allein gehen. Schließlich trat Sir Cosmo vor und fragte, ob sie alle drei ins Boot gehen dürften. Murdoch antwortete: »Ja, machen Sie schon.« Nachdem sie eingestiegen waren, rief er erneut nach Frauen und Kindern.

Diesmal eilten zwei amerikanische Geschäftsleute herbei, die er auch noch in dem Boot unterbrachte.

Auf dem Bootsdeck müssen sich noch Hunderte Frauen befunden haben, aber Murdoch meinte wohl, daß keine Zeit mehr blieb, nach ihnen zu suchen. Offenbar hielt er es für das Beste, das Boot sofort vom Schiff zu bekommen, denn weil das Schiff jetzt schnell sank, brauchte man die leeren Davits für die beiden Notboote an Steuerbord. Er griff sich zwei Seeleute und fünf Heizer aus der Menge der Besatzungsmitglieder heraus, die in der Nähe standen, übergab Ausguck George Symons das Kommando über Nr. 1 und befahl ihm, 200 Meter hinauszurudern, sich bereitzuhalten und zurückzukommen, wenn er ihn herbeibeordere. So wurde um 1 Uhr 10 Boot Nr. 1, das eine Aufnahmekapazität von 40 Personen hatte, mit lediglich 12 Personen, darunter nur 5 Passagieren, abgefiert.

Es hätte weniger Grund zur Eile bestanden, wenn die Besatzung der *Titanic* im Hinblick auf das Bemannen und Fieren der Rettungsboote besser geschult gewesen wäre. Zwei Stunden hätten ausgereicht, dann wäre man in der Lage gewesen, die Arbeit ordentlich zu tun. Jetzt aber forderte Kapitän Smiths Gleichgültigkeit, was die Bootsmanöver betraf, ihren Tribut. Auf der *Olympic* war er so vorgegangen, daß er – und das hielt er auf der *Titanic* genauso – lediglich zwei Rettungsboote auf einer Reise testete, und zwar immer, während das Schiff am Dock festgemacht war. Eine handverlesene Crew erfahrener Seeleute – normalerweise immer dieselbe Mannschaft – fierte die Boote ab und holte sie wieder auf. Die Stewards nahmen an diesen Übungen nur gelegentlich teil und die Heizer überhaupt nicht. Die Folge war, daß es nicht genügend geschulte Männer gab, und so konnte man die Boote in der Nacht des 14. Juli nicht gleichzeitig abfieren, sondern mußte sie eins nach dem anderen zu Wasser lassen.

Boot 4 liefert ein Musterbeispiel für das, was infolgedessen passierte. Es handelte sich um das Boot, das der

Zweite Offizier Lightoller nicht vom Promandendeck beladen konnte, weil dort alle Fenster geschlossen waren. Bald wurden sie geöffnet, aber da war Lightoller mit seiner Mannschaft »altgedienter Seeleute« schon weiter zum Boot 6 gezogen ... dann zum Boot 8 ... und schließlich zum Klappboot D, das immer noch auf dem Bootsdeck festgezurrt lag. Mehr als eine Stunde verging, ehe er dort seine Arbeit abbrechen und Nr. 4 abfieren konnte. Unterdessen warteten die Frauen ungeduldig darauf, in das Boot einsteigen zu dürfen.

Inzwischen war es fast 2 Uhr. Das Wasser stand nur drei Meter unter dem Promenadendeck. Die Frauen wurden eilends zusammengeholt und durch die Fenster in die Rettungsboote gehoben. Es herrschte eine derartig hektische Eile, daß Lightoller trotz der 0° Grad Celsius ins Schwitzen geriet. Colonel Cracie und ein paar andere Männer aus der Ersten Klasse packten mit an – seemännische Erfahrung spielte jetzt keine Rolle mehr. In der Hektik, das Boot vom Schiff zu bekommen, blieben 20 Plätze unbesetzt.

Sogar das letzte Boot, das zu Wasser gelassen wurde, das Klappboot D, hatte noch jede Menge Plätze frei. Als es auf seinem Weg nach unten das offene Ende des Promandendecks passierte, standen dort Hugh Woolner und Björnström Steffanson. Sie sahen den freien Raum im Bug und beschlossen zu springen, weil das Wasser bereits über das Deck spülte und ihre Lackschuhe benetzte. Die Aktion war nicht ungefährlich, denn Boote, die in den Davits hängen, sind bekanntermaßen wackelig, aber sie kamen ungeschoren davon, und so ruderte das Klappboot D – 44 der 47 Plätze waren besetzt – in die offene See.

Damit blieben noch die Klappboote A und B übrig; sie waren auf dem Dach der Offiziersunterkünfte auf jeder Seite des vorderen Schornsteins verstaut. Auch diese Boote wurden nicht voll ausgenutzt, doch das lag diesmal nicht an allzu großer Eile oder Unfähigkeit. Der Grund war ein Konstruktionsfehler. Man kann sich nur schwer vorstellen, was sich Harland & Wolff dabei gedacht hatte, zwei Boote an einer so schwer zugänglichen Stelle unterzubringen. Außerdem gab es überhaupt keine Vorrichtung, mit der man die Boote aufs Bootsdeck befördern konnte, wo sie dann in die leeren Davits eingehängt werden mußten, die von den Klappbooten genutzt werden sollten.

Trotzdem gaben die Besatzungsmitglieder ihr Bestes. Mit Murdoch an der Spitze versuchte eine kleine Gruppe, daß Klappboot A auf der Steuerbordseite loszumachen, während sich Lightollers Männer mit dem Klappboot B auf der Backbordseite abmühten. Nur unter enormen Anstrengungen gelang es, die Boote zum Rand des Dachs zu schleppen. Dann stellte man Ruder gegen die Wand der Offiziersunterkünfte, an denen entlang die Boote aufs Bootsdeck hinabgleiten konnten. Ein paar Passagiere sahen ruhig zu und versuchten, sich ihre Chancen auszurechnen. Sollten sie hier warten, in der schwachen Hoffnung, einen Platz in den beiden Booten zu ergattern, oder sollten sie nach achtern gehen, wo das Achterschiff im Augenblick noch Sicherheit bot?

Colonel Gracie und Clinch Smith beschlossen, nach achtern zu gehen, aber plötzlich versperrten ihnen Zwischendeckspassagiere den Weg. Es waren Hunderte, die die Gänge und Treppen von irgendwo unten heraufströmten. Wer sie waren oder wo sie sich bislang aufgehalten hatten, bleibt ein Rätsel. Hatte man sie bis zum letzten verzweifelten Moment ausgesperrt? Hatten sie gewartet, bis man sie aufs Bootsdeck holen würde und waren losgestürmt, als die Zeit einfach davonzulaufen schien? Niemand wird das je erfahren, denn schon bald waren sie vom Wasser eingeschlossen, das nun das Deck überschwemmte.

In dieser Menschenmenge befanden sich Frauen *und* Männer, und daraus ergeben sich die besten Anhaltspunkte, was mit den Goodwins geschehen sein könnte. Sie waren zusammengeblieben und erreichten das Bootsdeck vermutlich zu spät, um sich noch in die Boote zu retten. Jetzt standen Frederick und Augusta Goodwin mit ihren sechs Kindern irgendwo inmitten dieser namenlosen und anonymen Menschenmasse und bereiteten sich darauf vor, dem Tod ins Antlitz zu blicken.

10. KAPITEL

Schüsse im Dunkel

Zumindest blieb der *Titanic* eine grauenvolle Panik erspart. Die Schiffsbesatzung schlug sich nicht mit den Passagieren um die Rettungsboote, wie es beim Untergang des französischen Linienschiffes *La Bourgogne* 1898 geschah. Auch »stahl« kein Offizier ein Boot, wie es passiert war, als 1854 der Liner *Arctic* von der Collins-Reederei sank.

Von wenigen Ausnahmen abgesehen, verhielten sich die Passagiere bewunderungswürdig, und die Besatzung tat ihre Pflicht – oft zu einem fürchterlichen Preis. Die zahlen beweisen es: Der Kapitän, der Leitende Offizier und der Erste Offizier – alle ertrunken; die Maschinisten – alle ertrunken; die Zahlmeister und Offiziere der Proviantabteilung – alle ertrunken; die acht Mitglieder der Bordkapelle – alle ertrunken; die fünf Pikkolos – alle ertrunken.

Die Offiziere, die die Boote beluden, fürchteten, sie könnten Schwierigkeiten bekommen und hatten sich für das Besetzen der Boote mit Pistolen bewaffnet. Aber auf den über 2000 Seiten mit Zeugenaussagen findet sich lediglich ein einziger gründlich dokumentierter Fall, bei dem ein Schuß abgefeuert wurde. Als man Boot 14 abfierte, versuchten einige Zwischendeckspassagiere hineinzuspringen, so daß der Fünfte Offizier Lowe mehrere Schüsse abgab, um die Leute fernzuhalten.

Offenbar fielen auch einige Schüsse, während man Klappboot C bemannte – das letzte Boot, das im vorderen Teil der Steuerbordseite abgefiert wurde. Das ist auch deshalb von Interesse, weil Bruce Ismay, Chef der White-Star-Reederei, in diesem Boot davonruderte. Während der Anhörungen erwähnte Ismay zu keinem Zeitpunkt, daß es irgendein Durcheinander gegeben hätte; Quartiermeister George Thomas Rowe und Beikoch Albert Pearcey, die einzigen anderen Personen in dem Boot, sagten dasselbe aus. Hugh Woolner dagegen ging auf diesen Punkt sehr genau ein, und zwar sowohl in einem Brief, den er auf der *Carpathia* schrieb, als auch in seiner Zeugenaussage während der Untersuchung vor dem amerikanischen Senat.

Nach Aussage von Woolner hatten er und Steffanson soeben aufgehört, Lightoller beim Bemannen des Klappboots C zu helfen, als sie gegenüber, auf der Steuerbordseite, einen Knall hörten. Sie liefen hinüber und sahen gerade noch, wie der Erste Offizier Murdoch mit seiner Pistole zweimal in die Luft feuerte, um so vielleicht einen Ansturm auf eines »der Klappboote« verhindern zu können – wobei es sich nur um Klappboot C gehandelt haben konnte. Woolner und Steffanson halfen, die Ordnung wiederherzustellen, und brachten das Boot dann sicher zu Wasser.

Ein Bericht, den der Erster-Klasse-Passagier Jack Thayer zu privaten Zwecken für seine Angehörigen schrieb, bestätigt Woolners Version.

Beim Bemannen der letzten beiden Boote auf der Steuerbordseite entstand ein wenig Unruhe. Eine große Menge Männer drängte heran, um in die Boote zu gelangen. Soweit ich sehen konnte, war keine Frau dabei.

Ich beobachtete, daß sich Ismay, der beim Bemannen der letzten beiden Boote mitgeholfen hatte, in das Boot drängte. Zuletzt hieß es wirklich: Rette sich, wer kann ... Der Zahlmeister H. W. McElroy, ein wirklich tapferer und feiner Mann, stand bei dem vorletzten Boot und dirigierte das Beladen. Zwei Männer – ich glaube, es waren Speisesaalstewards – ließen sich vom darüberliegenden Deck in das Boot fallen. Als sie sprangen, schoß er zweimal in die Luft. Ich glaube nicht, daß sie getroffen wurden, aber man warf sie schnell wieder hinaus.

Es gibt erhebliche Diskrepanzen zwischen dem Bericht Woolners und der Aussage Thayers. Woolner glaubte, daß der Erste Offizier Murdoch die Schüsse abgefeuert habe; Thayer dachte, es sei Zahlmeister McElroy gewesen. Woolner glaubte, es handele sich um das letzte Boot; Thayer dachte, es sei das vorletzte. Weil auf dem schwach beleuchteten Bootsdeck große Konfusion herrschte, sahen die Überlebenden die Dinge wohl unterschiedlich; wichtiger als irgendwelche Abweichungen scheint aber die grundlegende Übereinstimmung: Sowohl Woolner als auch Thayer, vertrauenswürdige Augenzeugen, erinnerten sich unabhängig voneinander daran, daß ein Offizier zweimal in die Luft schoß, um einen Ansturm auf eines der letzten Boote im vorderen Bereich der Steuerbordseite zu stoppen.

Es muß betont werden, daß sowohl in Woolners als auch in Thayers Darstellung die Schüsse in die Luft abgefeuert wurden – nicht gezielt auf irgend jemanden. Im Laufe der Jahre sind auch Erzählungen aufgetaucht, wonach es echte Schießereien gegeben habe, aber die wurden von ernstzunehmenden Forschern größtenteils als Erfindungen einer sensationshungrigen Presse entlarvt, die aus Gründen der Effekthascherei vor nichts Halt machte. Ich habe mich dieser Einschätzung stets angeschlossen.

Deshalb war ich recht überrascht, als ich vor einigen Jahren auf einen persönlichen Brief eines Überlebenden – also nicht etwa auf eine weitere wüste Zeitungsstory – stieß, in dem von einer echten Schießerei während der letzten Minuten auf dem Bootsdeck die Rede war. Den Brief hatte der Passagier der Dritten Klasse, Eugen Daly, an seine Schwester in Irland geschrieben. Er ist nicht datiert, wurde jedoch eindeutig unmittelbar nach der Katastrophe verfaßt, da er in der Londoner Zeitung *Daily Telegraph* vom 4. Mai 1912 erschien. Daly schilderte die Szene und schrieb:

> Auf dem ersten Kabinen(deck) ließ man gerade ein Boot zu Wasser, als einer der Offizier seinen Revolver hob und sagte, daß er, wenn einer der Männer einzusteigen versuche, ihn auf der Stelle erschießen werde. Ich sah, wie der Offizier zwei Männer erschoß, als sie versuchten in das Boot zu kommen. Hinterher hörte ich einen weiteren Schuß und sah den Offizier auf dem Deck liegen. Man sagte mir, er habe sich erschossen, aber ich konnte ihn nirgends entdecken. Ich stand damals bis zu den Knien im Wasser. Die Leute rannten umher, und es waren keine Boote mehr da. Dann sprang ich über Bord.

Am Ende gehörte Daly zu den Überlebenden, denn er erreichte eines der Klappboote, die vom Schiff davontrieben. Dennoch, es ist nur ein Brief. Um den Inhalt ernst nehmen zu können, ist irgendeine Art von Bestätigung erforderlich.

Die kam im Jahr 1981, als das Buch *The Titanic, the Psychic and the See* von Rustie Brown erschien. Im Zuge seiner Nachforschungen war Brown auf einen unveröffentlichten Brief des Erster-Klasse-Passagiers George Rheims an seine Frau in Frankreich gestoßen. Er war datiert vom 19. April 1912, dem Tag, der auf den folgte, an dem die *Car-*

pathia mit den Überlebenden in New York ankam. Rheims gehörte zu den wenigen, die kurz vor dem Untergang von Bord sprangen und als letzte das Klappboot A erreichten; auch er hatte Interessantes gesehen. Der Brief ist auf französisch abgefaßt; hier eine Übersetzung des relevanten Teils.

> Während das letzte Boot davonruderte, sah ich, daß ein Offizier mit seinem Revolver einen Schuß abfeuerte und einen Mann tötete, der versuchte, ins Boot zu klettern. Da der Offizier nun nichts mehr tun konnte, sagte er zu uns: »Gentlemen, rette sich, wer kann, Goodbye«. Er salutierte, und dann schoß er sich eine Kugel in den Kopf. So etwas nenne ich einen echten Mann!!!

Diese verblüffend ähnlichen Darstellungen entstammen zwei völlig unabhängigen Quellen. Es gibt keinen Grund zu der Annahme, daß Eugene Daly und George Rheims jemals in Verbindung zueinander traten. Beide schrieben persönliche Briefe an jeweils enge Mitglieder ihrer Familien, nicht etwa Berichte für die Presse. Und beide schrieben ihre Briefe unmittelbar nach dem Geschehen, nicht Jahre später, als womöglich die Phantasie mit ihnen durchgegangen war. Sie hatten überhaupt keinen Anlaß, sich etwas auszudenken, aber allen Grund, die Wahrheit zu sagen, so wie sie sich ihnen darbot.

Angenommen, ein solcher Vorfall hätte sich tatsächlich ereignet – von welchem Boot war dann die Rede? Der entscheidende Fingerzeig findet sich in dem Brief, in dem Daly scheibt, er habe keine Gelegenheit gehabt, den Selbstmord des Offiziers mitzuerleben, weil »ich damals bis zu den Knien im Wasser stand«. Das bedeutet, daß die Brücke zu dem Zeitpunkt bereits unter Wasser gewesen sein muß und daß das Bootsdeck überflutet war. Alle Boote waren abgefiert worden, bis auf die Klappboote A und B, die man vom Dach der Offiziersunterkünfte aufs

Bootsdeck hinuntergeworfen hatte. Auf der Steuerbordseite landete Klappboot B kopfüber im Wasser und konnte somit nur als Floß genutzt werden. Nur das Klappboot A auf der Steuerbordseite konnte noch ordnungsgemäß abgefiert werden, und als die Wellen über das Deck heranrollten, versuchten die Besatzungsmitglieder verzweifelt, es in die Davits einzuhängen. Einer dieser Männer war Steward Edward Brown. Seine Aussage ist unsere beste Quelle in bezug auf Klappboot A, und sie paßt auch gut zu Dalys Brief – Brown beschreibt sogar das Wasser, das ihm um die Beine spülte. Zwar erwähnte er keine Schießerei, doch räumte er ein, daß es ein »wildes Gerangel« gegeben habe, als jeder in das Boot kommen wollte. Alles in allem ist wohl am wahrscheinlichsten, daß Daly über das Notboot A schrieb.

Wer war der beteiligte Offizier? Vielleicht Zahlmeister McElroy? Jack Thayer erinnerte sich, daß McElroy zwei Schüsse abfeuerte, um einen Ansturm auf eines der Boote im vorderen Bereich an der Steuerbordseite zu unterbinden, aber Thayer bezweifelte, daß es sich um das letzte Boot handelte. Abgesehen davon waren die Offiziere der Proviantabteilung im Grunde »Haushälter«. Es ist unwahrscheinlich, daß man ihnen die Verantwortung für das Bemannen und Fieren der Rettungsboote übertrug, und sie hätten auch nicht die Autorität gehabt, die Order zu geben: »Rette sich, wer kann«, wie Rheims anmerkte. Lightoller erinnert sich in seinen Memoiren, daß er sich von den Zahlmeistern und Ärzten verabschiedete, die etwas entfernt auf einer Seite des Bootsdecks standen. Namentlich rühmte er ihren stillen Mut, aus dem Wege zu gehen, als die Decksmannschaft die letzten Boote abfierte.

Ein viel wahrscheinlicherer Kandidat ist wohl einer der drei ertrunkenen Offiziere der Decksabteilung. Der sechste Offizier Moody war vor Ort; er befehligte die Gruppe, die auf dem Dach der Offiziersunterkünfte das Faltboot A losschnitt. Auf dem Bootsdeck andererseits wäre er wieder dem Ersten Offizier Murdoch untergeordnet gewesen, der gerade versuchte, das Klappboot in die Davits hängen zu lassen. Dann hätte er nicht über die Autorität verfügt, den Befehl zu geben: »Rette sich, wer kann.«

Der Erste Offizier Murdoch befand sich genau an der richtigen Stelle und mühte sich am Notboot ab. Außerdem war er zur Zeit der Kollision der verantwortliche Offizier auf der Brücke und hatte die Befehle gegeben, die das Schiff endgültig in seine mißliche Lage gebracht hatten. Wenn er nun an Selbstmord dachte, ist das zumindest verständlich. Dennoch meinten Lightoller und diejenigen, die Murdoch kannten, daß er nicht zu der Sorte Mann gehörte, die einen Selbstmord begehen würde. Als man Murdoch zum letzten Mal sah, gerade als Lightoller ins Meer sprang, schuftete er immer noch an den Kränen.

Damit bleibt der Leitende Offizier Wilde übrig, das Rätsel dieser Nacht. Keiner der Überlebenden hat viel über ihn zu sagen. Er war neu auf dem Schiff, und Lightoller war sicherlich verärgert, daß man ihn zurückgestuft und ihm Wilde als »Leitenden« vor die Nase gesetzt hatte. Aber Schweigen und ein Mangel an genauen Beobachtungen sind keine Beweise. Deshalb gibt es am Ende keinen Grund zu der Annahme, Wilde wäre am ehesten der Offizier gewesen, den Daly und Rheims gesehen hatten.

Zwar kann man den Vorfall nicht belegen, aber er kann auch nicht ausgeschlossen werden. Sicherlich handelt es sich nicht um eine dieser wüsten Geschichten, wie sie die Boulevardpresse so liebt. Zwei Augenzeugen haben den Fall unabhängig voneinander beschrieben. Er muß ernst genommen werden, doch darüber hinaus wird er ungeklärt bleiben.

11. Kapitel

Der Klang von Musik

Die letzten Augenblicke der *Titanic* sind voller Geheimnisse – und keines ist faszinierender als dasjenige, das sich um das Schicksal der Bordkapelle rankt. Wir wissen nur, daß sie spielte, aber sonst kaum etwas. Wo sie spielte, wie lange sie spielte und was sie spielte, bleibt Spekulation.

Alle acht Musiker ertranken, also haben wir keine Berichte aus erster Hand. Wir können den Ablauf des Geschehens nur aus Teilen von Zeugenberichten zusammensetzen. Die Suche wird noch schwieriger durch die zahlreichen Legenden, die später aufkamen, sowie durch die Tatsache, daß kaum einer der Überlebenden der *Titanic* mit einem sehr guten musikalischen Gehör gesegnet war.

Außerdem wird das Ganze noch komplizierter durch den Umstand, daß es zwei getrennte musikalische Formationen auf der *Titanic* gab und nicht nur ein einziges achtköpfiges Orchester, wie allgemein angenommen wird. Zum einen gab es ein Quintett. Es wurde geleitet vom Geiger Wallace Hartley und spielte bei den üblichen Anlässen – *tea time* und After-Dinner-Konzerte, Sonntagsgottesdienste und dergleichen. Es waren keine Blechinstrumente und kein Schlagzeug vorhanden. Zwar hatten Vernon und Irene Castle den Foxtrott bereits erfunden, aber auf den Schiffen der White-Star-Reederei war dieser Gesellschaftstanz noch unbekannt.

Zusätzlich zu diesem »Haupt«-Orchester konnte die *Titanic* mit etwas ganz Besonderem aufwarten: Einem Trio mit Geige, Cello und Klavier, das ausschließlich im Aufenthaltsraum vor dem *A-la-Carte*-Restaurant und im Café Parisien aufspielte. Dies alles zählte zu den Bemühungen der White Star Line, dem Herzen eines großen britischen Passagierschiffs einen kleinen französischen Winkel einzupflanzen. Unter diesem Gesichtspunkt war es nur angemessen, daß dem Trio ein französischer Cellist und ein belgischer Violinist angehörten, die das kontinentale Flair noch unterstrichen.

Die beiden Orchester verfügten über völlig verschiedene musikalische Repertoires und hatten normalerweise ihre eigenen Arrangements. Es ist wahrscheinlich (aber nicht sicher), daß sie in der Nacht der Kollision zum erstenmal zusammen spielten. Worum auch es sich dabei handelte – es mußte relativ einfach und ohne Notenblätter zu spielen sein. Also hielten sich die Musiker wohl an die aktuellen beliebtesten Schlager und die alten Stücke, die sie auswendig konnten.

Wo spielten sie? Offenbar gingen sie um 0 Uhr 15 zunächst zu ihrem Podium in den Salon der Ersten Klasse auf dem A-Deck. Sie hatten die üblichen Uniformen mit dem grünen Besatz angezogen, und es sah so aus, als handele es sich um einen ganz normalen Anlaß. Jack Thayer erinnerte sich, daß die Musiker vor einer unruhigen Menge spielten, daß die Leute den Raum verließen, zurückkamen und die Musiker kaum beachteten.

Später zog das Orchester um und stellte sich im großen Treppenhaus auf der Ebene des Bootsdecks auf. Hier befanden sie sich im Hauptstrom der Passagiere, die aus ihren Suiten kamen und zu den Booten eilten. Auf der Backbordseite des Foyers stand ein kleines Klavier, von dem man gut Gebrauch machen konnte.

Zum Ende hin gingen die Musiker aufs eigentliche Bootsdeck, hielten sich aber immer noch in der Nähe zum Eingang der großen Treppe auf. Inzwischen war das Schiff fast menschenleer, und wenn die Musik überhaupt etwas Gutes bewirken sollte, mußte sie dort spielen, wo die Leute sie hören konnten.

Wie lange spielten sie? Es kursiert die Legende, daß sie solange spielten, bis ihnen das Wasser bis zu den Knien stand, aber zu dem Zeitpunkt muß das Deck so geneigt gewesen sein, daß sich dort niemand mehr auf den Beinen halten konnte. Dagegen steht Colonel Gracies Aussage, der bis zum Schluß an Bord war. Er sagte aus, daß das Orchester ungefähr noch bis zu einer halben Stunde vor dem endgültigen Untergang gespielt habe. Und er habe selber gesehen, wie die Musiker schließlich ihre Instrumente aus der Hand legten, fügte er hinzu.

Merkwürdigerweise erwähnte er nichts davon in seinem Standardwerk *The Truth about the Titanic*, doch ging er in einem Vortrag, den er am 23. November 1912 im University Club in Washington hielt, recht ausführlich darauf ein. Das war weniger als zwei Wochen vor seinem Tod; man kann deshalb wohl annehmen, daß es sein letztes Wort zu dem Thema war.

Gracies Erinnerung wird offenbar durch den Passagier der Ersten Klasse, A. H. Barkworth, bestätigt, der ebenfalls bis zum Ende an Bord war und sich erinnerte: »Ich möchte hier nicht von der Tapferkeit des einen oder anderen sprechen, doch sollte ich vielleicht erwähnen, daß das Orchester einen Walzer spielte, als ich auf Deck kam. Als ich das nächstemal an der Stelle vorbeilief, wo das Orchester stand, hatten die Mitglieder ihre Instrumente aufs Deck geworfen und waren nicht mehr zu sehen.«

Barkworth war ein kräftiger Mann aus Yorkshire, der nicht zu Hirngespinsten neigte. Zwar beschrieben er und Gracie zweifellos, was sie sahen, aber an keiner Stelle sind die Aussagen so unterschiedlich wie hinsichtlich der Frage, *wann* die *Titanic* unterging. Andere – ebenso verläßliche – Augenzeugen erinnern sich, daß das Orchester fast bis zum endgültigen Untergang spielte.

Harold Bride entsinnt sich der Klänge – er stand auf dem Dach der Offiziersunterkünfte und bemühte sich, Klappboot B loszumachen. Der Schmierer Thomas Ranger hörte Musik, als er auf Deck kam, nachdem er 45 Lüfter dichtgemacht und festgestellt hatte, daß alle Boote verschwunden waren. Der vielleicht treffendste Nachruf für die Musiker findet sich aber in der Aussage, die Steward Edward Brown vor der britischen Untersuchungskommission machte. Als man ihn fragte, wie lange er das Orchester habe spielen hören, antwortete er: »Ich erinnere mich nicht daran, bemerkt zu haben, daß sie überhaupt aufhörten.«

Was spielten sie? Alle Zeugen stimmen darin überein, daß das Orchester heitere Melodien spielte – Ragtime, Walzer und die leichten Schlager, die damals in den Londoner *music halls* so beliebt waren. Speziell an Irving Berlins »Alexander's Ragtime Band« erinnerten sich Überlebende sowie an eine hübsche englische Melodie mit Namen »In the Shadows«, den großen Erfolgsschlager in London 1911. Colonel Gracie erinnerte sich zwar an keinen einzigen dieser Titel, war jedoch überzeugt, daß der Rhythmus bis zum Ende beschwingt gewesen sei. Wie auch immer – als die *Carpathia* New York erreichte, kursierte die Geschichte, das Orchester sei zu den Klängen »Nearer, my God, to Thee« untergegangen. Diese Vorstellung hatte einen derartigen Reiz, daß sie auf der Stelle in die *Titanic*-Saga einging – ebenso unauslöschlich wie die unverbrüchliche Liebe des Ehepaars Straus und der Mut der Maschinisten, die dafür sorgten, daß die Lichter bis zum Untergang brannten.

Dennoch bestehen die Zweifel weiter. Vor allem ging es der Bordkapelle mit ihren Liedern darum, die Moral der Passagiere zu stärken, und dafür schienen leichte Melodien am besten geeignet. Um Colonel Gracie zu zitieren: »›Wenn Nearer, My Good, to Thee‹ zu den Liedern gehört hätte, wäre mir das ganz gewiß aufgefallen, und ich hätte darin eine taktlose Anspielung auf den unmittelbar bevorstehenden Tod gesehen, und die wäre eher dazu geeignet gewesen, die Panik auszulösen, die wir mit unseren Bemühungen doch gerade zu vermeiden trachteten ...«

Außerdem erinnerte sich niemand von denen, die ganz in der Nähe waren, an dieses Lied. Zum Beispiel wußte eine Mrs. A. A. Dick aus Calgary im kanadischen Bundesstaat Alberta noch ganz genau, daß sie sah, wie sich die Musiker auf dem Deck aufstellten und »Nearer, My God, to Thee« spielten« – doch sie war in Boot 3, mindestens 400 Meter entfernt. Andererseits stimmten die Passagiere Peter Daly und Dick Williams – beide bis zum letzten Augenblick an Bord – mit Colonel Gracie überein: Die Kapelle spielte ausschließlich leichte, heitere Melodien.

Schließlich müssen wir uns mit den »Hymnologen« auseinandersetzen. Sie weisen darauf hin, daß sich britische wie auch amerikanische Überlebende an »Nearer, My God, to Thee« erinnerten, aber normalerweise wird der Choral beidseits des Atlantik zu völlig verschiedenen Melodien gespielt. In den USA ist es normalerweise die Vertonung von Lowell Masons etwas schwermütiger Melodie »Bethany«; in Großbritannien dagegen ist die übliche episkopalische Vertonung von J. B. Dykes »Horbury« üblich, während die Methodisten Sir Arthur Sullivans »Propior Deo« den Vorzug geben. Mehr als die Hälfte derjenigen, die sich an den Choral erinnerten, müssen sich also geirrt haben – es sei denn, die Kapelle spielte alle drei Versionen (eine Absurdität).

Der Sonntagsgottesdienst auf britischen Passagierschiffen folgte seinerzeit meist dem Ritus der Church of England, was darauf hinweist, daß Dykes »Horbury« gespielt wurde, doch steht dem entgegen, daß Kapellmeister Hartley aus einer methodistischen Familie stammte. In seiner Heimatstadt Colne war sein Vater seit über 30 Jahren Chorleiter der Methodistischen Gemeinde und bediente sich dabei stets Sullivans »Propior Deo«. Laut Aussage eines Mitmusikers, der mit Hartley auf einem anderen Schiff gespielt hatte, zog der diese Vertonung allen anderen vor. Seine Freunde und Verwandten sind fest davon überzeugt, daß es diese Version war, die auf der *Titanic* gespielt wurde, und deshalb sind die Anfangstakte der Melodie zu Recht auf seinem Grabstein eingemeißelt.

Die Kontroverse um »Nearer, My God, to Thee« hatte kaum begonnen, als die *New York Times* einen brandneuen Kandidaten für die letzten Klänge der Kapelle einführte. Auf Grundlage eines Exklusiv-Interviews mit dem Zweiten Funker Harold Bride, das am 19. April erschien, also am Morgen, nachdem die *Carpathia* New York erreicht hatte, verkündete die Zeitung am 21. April, daß die Musiker zu den Klängen des episkopalischen Chorals »Antumn« untergingen.

Die Geschichte enthielt einen Abdruck mehrerer Noten, und es werden darin auch drei Strophen zitiert. Die erste Zeile lautet in wörtlicher Übersetzung: »Gott des Mitleids und des Mitgefühls, sieh mit Mitleid auf mein Leid«, und noch angemessener waren zwei Zeilen in der dritten Strophe:

> Halte mich in mächt'ger See,
> Hilf, daß ich den Blick gen Himmel richte.

Der Choral paßte hervorragend zu dem Anlaß, und Bride war der ideale Gewährsmann. Er war kein distanzierter Beobachter, sondern hielt sich bis zum letzten Augenblick auf dem Bootsdeck auf. Als Funker war er geschult, genau und korrekt zu sein. »Also war es »Autumn«, sowohl in *A Night to Remember* als auch in Büchern anderer Autoren, die versuchten, unter die Oberfläche der Geschehnisse zu gelangen und herauszufinden, was sich wirklich ereignet hatte.

Aber wieder meldeten sich die »Hymnologen« zu Wort. Diesmal wiesen sie darauf hin, daß »Autumn« die Bezeichnung für eine Choralmelodie sei und daß man sowohl in Großbritannien als auch in den Vereinigten Staaten Choräle normalerweise an der ersten Zeile erkenne, nicht an der Musik, die die Worte untermale. Daher spricht man in angelsächsischen Ländern von »Onward, Christian Soldiers«, nicht von dem Lied »Saint Gertrude«; und ein Chor singt »O God, Our Help in Ages past« und nicht die Melodie »Saint Ann«. Dasselbe trifft auf »Autumn« zu. Wenn Harold Bride von einem Choral gesprochen hätte, dann hätte er sich darauf mit der Eröffnungszeile eines Chorals bezogen, der dieses Musikstück als Vertonung verwendete.

Aber selbst in diesem Fall hätte es nicht »God of Mercy and Compassion« sein können, denn es gibt keinen Choral der episkopalischen Kirche, der so beginnt. »Autumn« war wirklich eine alternative Vertonung für den episkopalischen Choral »Guide Me, O Thou Great Jehovah«, aber sie wurde offenbar selten verwendet und nach 1916 ganz aus dem Gesangbuch gestrichen.

Zwar setzte sich die Ablehnung von »Autumn« durch die »Hymnologen« nach und nach durch, aber erst mit Beginn der Recherchen zu diesem Buch wurde mir klar, wie überzeugend die Argumente wirklich sind. Jessica M. Kerr hat sie in ihrem Aufsatz »A Hymn to Remember« zusammengetragen, der in der Ausgabe vom Januar 1976 der Zeitschrift *The Hymn* erschien.

Worauf bezog sich also Bride, als er »Autumn« erwähnte? Die wahrscheinlichste Antwort ist in mehreren Briefen enthalten, die mir 1957 Fred G. Vallance aus Detroit, Michigan, schrieb. Zur Zeit der *Titanic* war Mr. Vance Kapellmeister auf dem Cunard Liner *Laconia* und untersuchte die Frage also aus dem Blickwinkel eines Bordmusikers. Ganz gleich, was das Orchester spielte – für ihn mußte es etwas gewesen sein, das Musiker auswendig kannten, etwas, das man im Dunkeln spielen konnte, auf einem schrägen Deck und ohne die Zuhilfenahme von Notenblättern. Der Choralmelodie »Autumn« entsprach auch nicht im entferntesten diesen Anforderungen, ganz anders als der seinerzeit sehr beliebte Walzer »Songe d'Automne«.

»Songe d'Automne« kannte man zudem allgemein einfach unter dem Namen »Autumn«. Das von Archibald Joyce komponierte Lied war in Amerika nie sehr populär, in London 1912 jedoch ein beliebter Schlager. Da es auf Rollschuhbahnen, in Cafés und dergleichen gespielt wurde, dürfte Harold Bride das Lied gekannt haben, und vielleicht hat er angenommen, daß seine amerikanischen Interviewer verstanden, wovon die Rede war.

In seinem ersten Interview am 19. April hat Bride bestimmt nicht von »Autumn« gesprochen. Erwähnt hat er die Melodie an drei verschiedenen Stellen, doch immer wie nebenbei, so als handele es sich um einen populären Schlager, der keiner weiteren Erklärung bedurfte. Zum Beispiel:

> Von achtern hörte ich die Bordkapelle. Sie spielte eine Ragtime-Melodie, ich weiß nicht, was für eine. Dann kam »Autumn«. Phillips lief nach achtern, und das war das letzte Mal, daß ich ihn sah ...

Auch vergewisserte sich die *New York Times* nicht weiter bei Bride, als sie in ihrem Artikel zwei Tage später enthüllte, »Autumn« sei der Choral gewesen, den die Bordkapelle bis zum Ende gespielt habe. Die Geschichte basierte eindeutig auf dem ersten Interview, ohne weitere Ergänzungen.

Es ist wohl interessant, hier anzufügen, daß die britischen Zeitungen die Vorstellung, daß das Schiffsorchester unterging, während es einen Choral mit Namen »Autumn« spielte, nie akzeptiert hat. Der *Daily Telegraph* druckte das Interview mit Bride vom 19. April ab, identifizierte »Autumn« jedoch als »Ragtime-Melodie«. Das war es mit Sicherheit nicht, aber die Bezeichnung beweist, daß das Blatt zu keinem Zeitpunkt meinte, Bride habe von einem Choral gesprochen.

Und die seefahrende Welt dachte das seinerzeit auch

nicht. Laut Aussage von Vallance war die allgemeine Meinung unter Bordmusikern, daß das Orchester der *Titanic* »Songe d'Automne« gespielt habe, zumindest während eines Teils der Zeit; das hätten ihm mehrere Überlebende bestätigt. Er habe das Lied einmal gespielt, und da sei der Schiffssteward (offenbar von der *Titanic*) zu ihm gekommen und habe ihn ermahnt, daß die Melodie »deplaziert« sei.

Fred Vallance präsentierte seine Argumente bereits 1957, aber ihre wahre Bedeutung erkannte man erst, als die Nachforschungen zu diesem Buch begannen. Die »Hymnologen« hatten bereits »Autumn« zurückgewiesen; danach avancierte die Theorie von Vallance zur plausibelsten Erklärung des tatsächlichen Geschehens.

Aber sie ist nicht in Stein gemeißelt. Es besteht immer die Möglichkeit, daß die Geschichte eine völlig unerwartete Wendung nimmt. Zum Beispiel ist es denkbar (wenn auch sehr unwahrscheinlich), daß sich das Trio im Café Parisien nicht mit Wallace Hartleys Quintett verband, sondern weiter als getrennte Gruppe spielte und zum Ende hin irgendeinen Choral in einem anderen Teil des Schiffes intonierte. Dann gibt es da noch die Frage, was die Pianisten Percy Taylor und Theodore Brailey am Ende taten, da es höchst unwahrscheinlich ist, daß jemand ein Klavier auf das Bootsdeck holte.

Was immer sie spielten – die Musiker erlangten Unsterblichkeit. Der Mut dieser Männer, die versuchten, anderen Trost und Hoffnung zu spenden, ohne einen Gedanken an die eigene Sicherheit zu verschwenden, erregte die Phantasie der Öffentlichkeit auf der ganzen Welt. Leitartikel, Reden, Predigten und Gedichte feierten die Tat, und die Hinterbliebenen wurden mit Kondolenzbriefen förmlich überschüttet.

Unter den Nachrufen, die die Familie des Violonisten Jock Hume erhielt, befand sich auch ein Brief an seinen Vater. Der Brief datiert vom 30. April 1912 – nur zwei Wochen nach der Tragödie – und klingt seltsam mißtönend: Er enthält keine Worte der Anteilnahme, sondern nur eine kurze, knappe Zahl Zahlungserinnerung:

Sehr geehrter Herr:

Wir wären Ihnen verbunden, wenn Sie uns die ausstehende Summe von 5 Schilling 4 Pence, deren einzelne Posten Sie bitte der beiliegenden Aufstellung entnehmen wollen, erstatten würden. Auch wären wir Ihnen sehr verbunden, wenn Sie die Rechnung mit dem beigefügten Überweisungsformular begleichen würden.

Hochachtungsvoll,
C. W. & F. N. Black

Die »beiliegende Aufstellung« verzeichnet Gegenstände wie z. B. ein Lyra-Abzeichen am Rockaufschlag (2 Schillinge) sowie das Aufnähen von White-Star-Knöpfen auf eine Uniformjacke (1 Schilling). Insgesamt beliefen sich Humes Außenstände auf die gewaltige Summe von 14 Schilling 7 Pence – was ungefähr 3 Dollar 50 entspricht.

C. W. und F. B. Black, die ihre 3 Dollar 50 mit so großem Eifer eintrieben, waren Jock Humes Agenten, und jeder Künstler oder Autor, der sich heutzutage über seinen Agenten beschwert, tut gut daran, sich einmal die Situation im Jahr 1912 zu vergegenwärtigen. Vielleicht findet er die derzeitigen Verhältnisse dann nicht mehr ganz so schlimm.

Bis 1912 hatten die verschiedenen Dampfschiffahrtsgesellschaften direkt mit ihren Musikern verhandelt und diese als Besatzungsangehörige unter Vertrag genommen, als wären sie Stewards, Heizer oder Matrosen. Der Tariflohn belief sich auf 6 Pfund, 10 Schilling pro Monat, hinzu kam ein monatlicher Zuschuß zur Uniform von 10 Schilling.

Damit betreten die Blacks die Bühne. Ihnen gehörte eine geschäftstüchtige Künstleragentur mit Sitz in Liverpool, die den Dampfschiffahrtsgesellschaften unkomplizierte und preiswerte Angebote für gute musikalische Unterhaltung an Bord machte. Immer mehr Gesellschaften unterzeichneten Verträge mit den Blacks und übertrugen der Agentur das Exklusiv-Recht, die Schiffe mit Orchestern auszustatten. Zwar gehörten die Musiker durch die Zahlung eines rechnerischen Schillings pro Monat immer noch zur Besatzung (was sie eindeutig der Autorität des Kapitäns unterstellte), doch waren sie in Wirklichkeit nun für die Blacks tätig und konnten neue Engagements nur durch die Agentur bekommen.

Da die Musiker entweder für die Blacks arbeiteten oder gar nicht, mußten sie akzeptieren, was die ihnen zu zahlen bereit waren – und das erwies sich als drastische Gehaltskürzung. Statt ein Grundgehalt von 6 Pfund, 10 Schillingen erhielten sie jetzt nur noch 4 Pfund. Der einheitliche monatliche Zuschuß von 10 Schillingen entfiel ganz. Die Vertragsbedingungen waren ebenfalls hart: Wenn die Dampfschiffahrtsgesellschaft gegen einen der Musiker etwas einzuwenden hatte, stand den Blacks das Recht zu, den Mann ohne Nachforschung oder Erklärung aus dem Verkehr zu ziehen.

Die Amalgamated Musicians Union protestierte ohne Erfolg, denn nur einige Orchestermitglieder waren in der Gewerkschaft, außerdem waren jene Jahre ohnehin keine günstige Zeit für starke gewerkschaftliche Aktionen.

Schließlich wurde Anfang März 1912 eine Delegation der Gewerkschaft bei Bruce Ismay vorstellig. Als geschäftsführender Direktor der White Star Line konnte er ungeheuer viel in der britischen Schiffahrtsindustrie bewegen, und vielleicht war es möglich, ihn um Hilfe zu bitten. Die große *Olympic* sollte in Kürze von Southampton aus in See stechen, und so wies ihn die Delegation darauf hin, daß das fünfköpfige Orchester unter Tarif bezahlt wurde und daß dieser Niedriglohn nur durch den monatlichen Schilling ergänzt wurde, den die White Star Line bezahlte, um die Musiker zu offiziellen Angehörigen der Besatzung zu erklären.

Vielleicht hatte die Abordnung erwartet, Ismays Herz erweichen zu können, aber da kannten sie den Mann schlecht. Er antwortete: Wenn die Gewerkschaft etwas dagegen habe, daß die White-Star-Reederei ihre Orchesterleute zum Preis eines Schillings pro Monat als Besatzungsmitglieder einstellte, dann müsse das Schiffahrtsunternehmen sie eben als Passagiere führen.

Gewiß, als die *Olympic* am 20. März New York erreicht hatte, waren die fünf Bordmusiker als Passagiere der Zweiten Klasse aufgeführt. Alle Musiker hatten reguläre Fahrkarten, und alle mußten auf die übliche Weise vor den Beamten der Einwanderungsbehörde erscheinen. Und als Krönung der Ironie mußten sie bei dieser Maskerade auch noch 50 Dollar in bar dabei haben, um nachzuweisen, daß sie nicht völlig mittellos waren.

Als die *Titanic* in See stach, ging die Scharade weiter. Natürlich hatte der Ozeandampfer nicht nur die übliche fünfköpfige Bordkapelle an Bord, sondern darüber hinaus ein besonderes Trio für die Musik im Café Parisien. Somit gab es nun acht zusätzliche Namen auf der Liste der Zweiter-Klasse-Passagiere. Sonst hatte sich nichts geändert: Die Musiker waren immer noch in den beengten Unterkünften auf dem E-Deck untergebracht (neben dem Kartoffelwäscher), besaßen aber sicherlich keine der »persönlichen Vorrechte«, die man den Passagieren gewährte. Als sie in der letzten Nacht spielten, verhielten sie sich wie disziplinierte Mitglieder der Schiffsbesatzung, nicht wie eine Gruppe talentierter Freiwilliger.

So war es ganz natürlich, daß sich die Familien der Musiker zunächst an die White Star Line wandten, um eine finanzielle Entschädigung nach dem »Workmens Compensation Act« zu erhalten. Sorry, meinte die White Star, die Orchestermitglieder seien Passagiere der Zweiten Klasse gewesen und würden deshalb nicht unter dieses Gesetz fallen. Die Reederei machte den Familien den Vorschlag, sie sollten sich an C. W. und F. N. Black, die wahren Arbeitgeber, wenden.

Sorry, sagten auch die Blacks. Das Problem falle nicht in ihren Verantwortungsbereich. Sie hätten für solche Fälle eine Versicherung abgeschlossen, und deshalb müsse man sich mit etwaigen Forderungen nach Entschädigung an den Versicherer wenden.

Sorry, meinte die Versicherungsgesellschaft, die Orchestermitglieder seien im Sinne der Versicherung keine Arbeitnehmer, sondern selbständige Unternehmer, die sich der Blacks als Vermittlungsagentur bedient hätten, und deshalb müsse der Versicherer in keiner Weise haften.

Monate verstrichen, während die White-Star-Reederei, die Blacks und die Versicherungsgesellschaft die »heiße Kartoffel« hin- und herwarfen. Schließlich verklagten die Familien aus lauter Verärgerung die Blacks. Der Richter war ihnen freundlich gesonnen – aber mehr auch nicht. Die Orchestermitglieder, befand er, seien die Arbeitnehmer von niemanden. Sie seien gegenüber der White Star Line Passagiere und gegenüber den Blacks selbständige Unternehmer.

Nachdem die Rechtsfrage geklärt war, appellierte die Gewerkschaft der Musiker ein letztes Mal an die moralische Verantwortung der White-Star-Reederei: »Drei Familien haben ihre einzigen Söhne verloren – drei junge Männer im Alter zwischen 21 und 24 Jahren, dahingegangen in der Blüte ihres Lebens, während sie eine heldenhafte Tat vollbrachten, die die ganze Welt zutiefst bewegte. Sicherlich sollte dies der White Star Company Anlaß zum Nachdenken geben und zum Handeln, ganz unabhängig vom Buchstaben eines Gesetzes des Parlaments.« Es half alles nichts.

Am Ende rettete der »*Titanic*-Hilfsfonds« die Situation. Die Schirmorganisation war gegründet worden, um die

Spenden zu verwalten, die aus der ganzen Welt eintrafen. Am 2. Januar 1913 verkündete der Fonds, daß man die Musiker so behandeln wolle, als wären sie Mitglieder der Schiffsbesatzung – was schließlich die Möglichkeit einer angemesseneren Entschädigung eröffnete. Es waren willkommene Nachrichten – aber die White Star Line hatte keinen Finger gerührt. Soweit ich feststellen konnte, hielt die Reederei bis zum Ende daran fest, daß die Musiker nichts weiter als Zweiter-Klasse-Passagiere gewesen wären.

Während man das schäbige kleine Geschäft hinter den Kulissen abwickelte, spielte man vorn auf der Bühne weiter das Stück vom heldenhaften Schiffsorchester. Am 18. Mai zelebrierte man eine dieser großen öffentlichen Beerdigungen, die mit Melancholie prunkten und die von der viktorianischen und der edwardianischen Gesellschaft so trefflich inszeniert wurden. Man hatte den Leichnam des Kapellmeisters Wallace Hartley aus den mit Eis übersäten Gewässern vor Neufundland gezogen, und nun kehrte er heim an seine letzte Ruhestätte.

Sieben Orchester spielten, als sein Sarg aus Rosenholz auf Schultern durch die gewundenen Straßen von Colne, Hartleys Geburtsort in den Hügeln von Lancashire, getragen wurde. Ratsherren, Stadtverordnete, Krankenwagenfahrer, Polizisten, Pfadfinderbrigaden und Musiker aus ganz England schlossen sich dem Sarg an – die Prozession war fast einen Kilometer lang. Tausende säumten die Route; die meisten trugen Schwarz oder Weiß, aber gelegentlich sah man auch junge Frauen aus den Fabriken in ihren grauen Kopftüchern und Bergleute in ihrer blauen Arbeitskluft. Alle Geschäfte ruhten an diesem Tag. Auf dem steilen Friedhof am Hügel hob, während der Sarg ins Grab hinabgelassen wurde, ein Dutzend Pfadfinder die Jagdhörner und stimmte »The Last Post« an. Die Klänge hallten von den benachbarten Hügeln wider und übertönten das Gezänk und die kleinlichen Debatten, zumindest an diesem Tag.

12. Kapitel

»Sie ist verschwunden«

Gegen 2 Uhr stand der Höhepunkt der Nacht kurz bevor. Das Heck der *Titanic* stieg steil in die Höhe, ihre Lichter erloschen, und sie ragte fast senkrecht aus dem Wasser – eine dunkle Silhouette vor dem funkelnden Sternenhimmel. So verharrte sie mindestens eine Minute lang, während sich alles, was nicht niet- und nagelfest war, losriß und mit Donnergepolter durch den Schiffsrumpf nach unten stürzte. Dann legte sie sich wieder ein wenig zurück und glitt unter die Meeresoberfläche. Es hörte sich fast wie ein Gebet an, so erinnerte sich später Lightoller, der Zweite Offizier, als die Männer, die sich an das kieloben treibende Klappboot B klammerten, leise vor sich hinflüsterten: »Sie ist verschwunden.«

Lightoller war überzeugt, daß die *Titanic* als Ganzes unterging. Der Dritte Offizier Pitman, der von Boot 5 aus zusah, war der gleichen Meinung. Die beiden Überlebenden Colonel Gracie und Lawrence Beesley, die Verfasser des verläßlichsten Augenzeugenberichts, pflichteten ihnen bei.

Alles in allem war dies eine eindrucksvolle Gruppe von Fachleuten, und so wurde ihre Ansicht im Laufe der Jahre zur allseits anerkannten Lehre. Daran zu zweifeln grenzte an Ketzerei.

Um so größer war deshalb die Verwunderung, als die *Titanic* 73 Jahre später gefunden wurde und als sich zeigte, daß Bug und Heck zwei getrennte Haufen von Wrackteilen bildeten, die etwa 600 Meter voneinander entfernt lagen. Auch deutete die Anordnung der Trümmer darauf hin, daß das Schiff noch über oder kurz unterhalb der Meeresoberfläche in zwei Teile zerbrochen war und nicht erst in dem Moment, als es auf dem Meeresboden aufschlug.

Diese Entdeckung zeigt wieder einmal, wie gefährlich es ist, sich allzusehr auf Experten zu verlassen. Sie haben durchaus nicht immer recht. In diesem Fall gab es allerdings von Anbeginn gute Gründe, ihre Ansicht zu bezweifeln. Schließlich befand sich Beesley zu diesem Zeitpunkt etwa eineinhalb Kilometer weit weg in Boot 13, Pitman war mindestens 350 Meter entfernt in Boot 5, und Gracie sah den endgültigen Untergang überhaupt nicht mit an – er befand sich nämlich noch im Wasser und kämpfte um sein Leben. Lightoller verfolgte den Untergang zwar tatsächlich aus der Schwimmerperspektive, doch auch er war die meiste Zeit unter Wasser oder damit beschäftigt, sich auf das kieloben treibende Klappboot B hinaufzuhangeln. Von diesem aus gesehen konnte das turmhoch aufragende, 76 Meter lange Heckteil der *Titanic* leicht wie eine in unendliche Höhen hinaufragende massive Mauer wirken.

Es gab aber auch andere Schiffbrüchige – in vielen Fällen mit weit besserem Überblick –, die das Ganze völlig anders wahrnahmen. Tatsächlich haben von den zwanzig Augenzeugen, die den endgültigen Untergang vor den amerikanischen und britischen Untersuchungskommissionen schilderten, sechzehn mit Bestimmtheit erklärt, daß die *Titanic* entweder in zwei Teile zerbrach oder zumindest im Augenblick des Untergangs im Begriff war auseinanderzubrechen. Außerdem besteht eine bemerkenswerte Ähnlichkeit zwischen ihren Beobachtungen:

- Rudergänger Bright im Klappboot D, dem letzten Boot, das das Schiff verließ, 90–130 Meter entfernt: Schiff brach durch; Heckteil kam kurze Zeit wieder in normale Lage, dann ging es unter.
- Schmierer Thomas Ranger in Boot 4, dem letzten regulären Rettungsboot, das wegfuhr, etwa 45 bis 90 Meter entfernt: Das vordere Ende schien abzubrechen; das Achterschiff kam wieder auf ebenen Kiel, dann

stellte es sich wieder steil auf und ging in gleichmäßigem Tempo unter.
- Mrs. Arthur Ryerson, auch in Boot 5: die *Titanic* begann plötzlich schnell zu sinken. Sie glitt mit dem Bug nach unten, die beiden vorderen Schornsteine standen ganz schief. Dann schien sie auseinanderzubrechen, als würde sie mit einem Messer durchgeschnitten, und als der Bug im Wasser versank, gingen die Lichter aus. Das Heck ragte mehrere Minuten in die Höhe, dann glitt es auch in die Tiefe.
- Der Vollmatrose F. O. Evans, Boot 10, etwa 130 Meter entfernt: Das Schiff brach zwischen dem dritten und vierten Schornstein durch. Das Achterschiff fiel in die Horizontale zurück, dann kippte es vornüber und ging unter.

Und so ging es immer weiter, in einem Bericht nach dem anderen wurde dieselbe Abfolge beschrieben: ein Durchbrechen oder In-zwei-Teile-Zerbrechen des Schiffskörpers ..., der vordere Teil verschwand ..., das Achterschiff kam kurz noch einmal in die normale Lage, dann stellte es sich auf und ging ebenfalls unter. Die gleiche Geschichte wurde auch von zwei jungen Erster-Klasse-Passagieren erzählt, die keine Zeugenaussage bei den Anhörungen machten, doch detaillierte Schilderungen ihrer Erlebnisse hinterließen. Jack Thayer und Dick Williams sprangen kurz vor dem Ende ins Wasser und beobachteten das Sinken des Schiffs von dort aus. Ihre Erinnerungen unterliegen denselben Vorbehalten wie die Lightollers, doch verdienen sie deshalb nicht weniger Beachtung. Beide hatten den Eindruck, daß die *Titanic*, kurz bevor sie versank, einknickte oder in zwei Teile zerbrach. Thayers Sicht ist auf einer Zeichnung abgebildet, die man ihm fälschlicherweise zugeschrieben hat, die aber in Wirklichkeit L. D. Skidmore, ein Passagier der *Carpathia* anfertigte.

Colonel Gracie meinte, daß sich all diese Augenzeugen

durch das Herabstürzen des ersten Schornsteins, das den endgültigen Untergang einleitete, täuschen ließen. Als er in einem Funkenregen in die See gestürzt sei, habe das so gewirkt, als zerbreche das gesamte Schiff, behauptete der Colonel. Aber diese Erklärung ist höchst unwahrscheinlich. Die Berichte stammen von dreizehn unterschiedlichen Standorten – aus jedem erdenklichen Blickwinkel – und enthielten Einzelheiten, die wohl kaum mit einem knickenden Schornstein zusammenhängen können.

Das Herabfallen des Schornsteins führt jedoch zu einem weiteren Argument, das die Theorie, die *Titanic* sei zum Schluß in zwei Teile zerbrochen, unterstützt. Es gibt sehr viele Zeugenaussagen in bezug auf den ersten Schornstein – er verfehlte Lightoller, Bride und die anderen Überlebenden des Klappboots B nur knapp. Viel weniger bekannt sind die Aussagen, daß auch die übrigen drei Schornsteine in diesem furchtbaren Augenblick wegbrachen. Jack Thayer erinnerte sich später daran, daß der zweite Schornstein »hochgehoben zu werden schien«. Der Kohlentrimmer Patrick Dillon stand auf dem Achterdeck, als dies langsam nach oben stieg, und sah zu, wie der vierte Schornstein »kippte und nach achtern zum Welldeck fiel«. Mrs. Ryerson, die in Boot 4 saß, hatte den Eindruck, daß die vorderen beiden Schornsteine »schief« standen. Damals wurden solche Berichte von den Fachleuten als optische Täuschungen bezeichnet, doch als man die *Titanic* 1986 genauer untersuchte, fehlten tatsächlich alle vier Schornsteine.

Um die folgenden Ereignisse zu beurteilen, brauchte man keine Fachleute. Es war das trübste Kapitel dieser Nacht, daß man sich in den halbleeren Rettungsbooten nicht um die Schreie, die sich aus der See erhoben, kümmerte. Die einzige Entschuldigung dafür ist, daß nackte Angst alle anderen Regungen überwältigte.

Betrachten wir zum Beispiel Boot Nr. 9, eines der vom

Zweiten Offizier Lightoller zu Wasser gebrachten Backbordboote. Nachdem er es mit sämtlichen Frauen und Kindern, die in seiner Sichtweite waren, bemannt hatte, waren immer noch dreißig Plätze frei. Mehrere der verheirateten Frauen baten Kapitän Smith, der in der Nähe stand, einige der Ehemänner als Ruderer auf das Boot zu lassen. Aber der alte Kapitän unterstützte Lightoller voll und ganz – die Regel lautete »Nur Frauen und Kinder«. So wurde das Boot weggefiert und halbvoll davongerudert, während die Frauen noch immer flehten, ihre Männer an Bord kommen zu lassen.

Doch nachdem die *Titanic* gesunken war, schlossen sich viele eben dieser Ehefrauen dem lauten Protestgeschrei an, das sich erhob, als der Verantwortliche, der Matrose Thomas Jones, vorschlug, umzukehren und den im Wasser kämpfenden Menschen zu Hilfe zu kommen. So gut wie keine der Frauen war dafür, und schließlich weigerten sich auch die drei Männer an den Rudern kategorisch, noch einmal zurückzurudern. Miss Gladys Cherry, eine englische Passagierin, die an der Pinne saß, gehörte zu den wenigen, die den Versuch machen wollten. Später schickte sie Jones einen Brief, in dem sie ihre Seelenqualen beschrieb:

> Mein Leben lang werde ich – und Sie sicher ebenso – zutiefst bereuen, daß wir nicht wendeten, um eventuell noch jemanden an Bord zu nehmen. Aber wie Sie sich vielleicht erinnern, hatten einzig eine Dame aus Amerika, meine Kusine, ich selbst und Sie den Wunsch, umzukehren. Ich konnte die Diskussion darüber nicht gut verfolgen, da ich an der Ruderpinne saß, doch alle weiter vorn Sitzenden sowie die drei Männer weigerten sich. Aber ich werde mich immer an Ihre Worte erinnern: »Meine Damen, wenn jemand von uns gerettet wird, vergessen Sie nicht, daß ich zurück wollte. Ich würde lieber auch ertrinken, als jemanden im Stich zu lassen.«

Miß Cherry neigte dazu, den Disput als eine Frage der Nationalität zu betrachten, und wies stolz darauf hin, daß drei von den vier Menschen, die umkehren wollten, Engländer waren, doch dies war ein bißchen unfair. Der eklatanteste Fall dieser Nacht spielte sich nämlich in Boot Nr. 1 ab, in dem nur zwölf Menschen saßen, obwohl es Platz für vierzig bot, und die bei weitem dominierende Figur an Bord war Sir Cosmo Duff Gordon, ein Engländer durch und durch. Trotzdem unternahm Nr. 1 überhaupt nichts, was Lord Mersey veranlaßte, Sir Cosmo im Schlußbericht der britischen Untersuchung einen milden Verweis zu erteilen.

Während die Schreie aus dem Wasser allmählich verstummten, ruderte Boot 8 wieder auf ein Licht zu, das die ganze Nacht am nördlichen Horizont schwankte. Weder schien es irgendwann näherzukommen, noch jemals gänzlich zu verschwinden – es blieb eine quälende, unerreichbare Verlockung. Schließlich, so etwa gegen 3 Uhr 30, bemerkte jemand weit entfernt im Südosten das Aufblitzen einer Rakete und als nächstes die Lichter eines Schiffs, das sich im Eiltempo näherte. Erleichtert gab Nr. 8 auf, dem irrlichternden Phantom im Norden nachzujagen, kehrte um und nahm Kurs auf diesen neuen, verheißungsvolleren Hoffnungsstrahl.

13. KAPITEL

»Der elektrische Funke«

Die Raketen und Lichter im Südosten signalisierten, daß eine völlig neue Figur ins Spiel kam, ein Mann, der in moderneren Beschreibungen des Unglücks oft übergangen wird, der jedoch auf vielfältige Weise die robusten Tugenden seiner Zeit verkörperte.

Kapitän Arthur H. Rostron, der auf dem Passagierschiff *Carpathia* der Cinard Line das Kommando führte, ging seiner Aufgabe mit einem Elan nach, der der *Titanic*-Besatzung in kläglichster Weise fehlte – auf die Ruder gestützt, hörten diese die Schreie der im Wasser Schwimmenden passiv mit an. Rostron, 1869 geboren, war mit dreizehn zur See gegangen, verbrachte zehn Jahre auf Segelschiffen und kam dann zu Cunard, wo er Stufe um Stufe die Karriereleiter hinaufstieg. Mit 42 Jahren war er jetzt ein erfahrener, geschätzter Kapitän, bekannt für seine raschen Entscheidungen und seine Fähigkeit, alle, die unter ihm dienten, mit seiner unerschöpflichen Energie anzustecken. Kein Wunder, daß er bei seinen Kameraden bei der Cunard Line den Spitznamen »der elektrische Funke« erhielt.

Seine zweitauffälligste Eigenschaft war seine Frömmigkeit. Rostron rauchte und trank nicht, er fluchte nie und betete oft. Dabei pflegte er seine Kapitänsmütze leicht anzuheben, während sich seine Lippen in stummen Gebet bewegten.

Im Januar 1912 wurde er zum Kapitän der *Carpathia* ernannt, die mit ihren 13564 Tonnen zwar nicht einmal ein Drittel der riesigen *Titanic* auf den Kiel brachte, doch sein bisher wichtigstes Kommando war. In der Nacht vom 14. auf den 15. April waren seit dem Aufbruch von New York zu einer Mittelmeerkreuzfahrt gerade erst drei Tage vergangen, und vorläufig hatte es sowohl für Gebete als auch für schnelle Entscheidungen keinen rechten Anlaß gegeben.

Damit war es um 0 Uhr 35 Uhr vorbei, als Harold Cottam, der Funker der *Carpathia*, in die Kapitänskammer stürzte und die Nachricht überbrachte, daß die *Titanic* mit einem Eisberg zusammengestoßen sei und dringend Hilfe brauche. Rostrons Reaktion war typisch für ihn. Er gab umgehend Befehl zum Umkehren und fragte erst dann Cottam, ob der sich ganz sicher sei. Bei neun von zehn Kapitänen wäre die Reihenfolge andersherum gewesen.

Die *Titanic* befand sich 58 Meilen nordwestlich; die Höchstgeschwindigkeit der *Carpathia* betrug vierzehn Knoten, was bedeutete, daß sie in vier Stunden am Ort der Havarie sein konnte. Es war also keine Zeit zu verlieren. Rostron rief seine Offiziere auf die Brücke und rasselte einen Schwall von Befehlen herunter. Anläßlich der Untersuchung durch den amerikanischen Senat hat er diese später niedergeschrieben. Dieses Dokument wurde zwar erstellt, als er nicht mehr unter Zeitdruck stand, doch ist es ein solch bemerkenswertes Abbild dessen, wie sein schneller Verstand arbeitete, der einfach alles bedachte, daß es sich lohnt, ihn hier in voller Länge zu zitieren:

Englischer Arzt, mit Assistenten, soll sich im Speisesaal Erster Klasse aufhalten.
Italienischer Arzt, mit Assistenten, im Speisesaal Zweiter Klasse.
Ungarischer Arzt, mit Assistenten, im Speisesaal Dritter Klasse.
Jeder Arzt hat Stärkungs- und Anregungsmittel und alles, was für dringende Bedürfnisse eventueller Verwundeter oder Kranker benötigt wird, zur Hand.
Zahlmeister sowie Hilfszahlmeister und Chefsteward nehmen die Passagiere usw. an den verschiedenen Gangways in Empfang und überwachen unsere eigenen Stewards bei deren Aufgabe, die *Titanic*-Passagieren zu den Speisesälen zu begleiten usw. Außerdem nehmen sie so schnell wie möglich die Vor- und Zunamen aller Überlebenden auf, um sie per Funk weiterzugeben.
Inspektor, Zwischendeckstewards und Schiffsprofos führen die Aufsicht über unsere eigenen Zwischendeckspassagiere. Sie sorgen dafür, daß sie nicht in den Speisesaal der Dritten Klasse gelangen, generell nicht

im Weg sind, und halten sie vom Deck fern, damit kein Durcheinander entsteht.

Chefsteward: alle Mann wecken lassen und Kaffee usw. für unsere gesamte Mannschaft bereitstellen.

Kaffee, Tee, Suppe usw. in jedem Salon bereithalten, Wolldecken in den Salons, an den Gangways sowie eine Anzahl für die Boote.

Darauf achten, daß sämtliche Geretteten versorgt werden und dringlichsten ersten Bedürfnissen Rechnung tragen.

Meine Kabine und sämtliche Offizierskammern sind zu räumen. Rauchsalons, Bibliothek usw., Speisesäle sollen zur Unterbringung der Überlebenden genutzt werden.

Sämtliche freien Kojen im Zwischendeck den Passagieren der *Titanic* zur Verfügung stellen, unsere eigenen Zwischendeckpassagiere alle zusammenlegen.

An allen Gängen Stewards postieren, um unsere eigenen Passagiere zu beruhigen, falls sie wegen der beim Aussetzen der Boote entstehenden Geräusche usw. oder der Tätigkeit der Schiffsmaschinen Fragen stellen.

Sämtlichen Anwesenden schärfe ich die unbedingte Notwendigkeit von Ordnung, Disziplin und Ruhe ein. Jedes Durcheineinander ist zu vermeiden.

Leitender Offizier und Erster Offizier: Alle Mann wecken; Kaffee usw. fassen lassen. Alle Boote klarmachen und ausschwingen.

Alle Gangwaypforten öffnen.

Lampenketten an jeder Gangway und außenbords anbringen.

Blöcke mit Leinen an jede Gangway anhaken.

Je einen Schlingensitz an die Gangways zum Bergen von Kranken oder Verletzten.

Bootsmannsstühle, Lotsenleitern und Aschesäcke aus Segeltuch an jede Gangway, wobei die Säcke für Kinder gedacht sind.

Beide Enden der Windenläufer klarmachen. Leinen außenbords befestigen und in Buchten an den Bordwänden sichern, zum Festmachen für Bootsleinen oder um Menschen hochzuhelfen.

Wurfleinen außenbords verteilen und kurze Tampen an den Gangways bereitlegen, um Menschen in Stühlen festzubinden usw.

Vordere Ladebäume toppen und riggen und Dampf an die Winschen; Offiziere werden für verschiedene Stationen und bestimmte Notfälle eingeteilt.

Befehl, Reedereiraketen um 2 Uhr 45 und ab dann jede Viertelstunde zu zünden, um die *Titanic* zu beruhigen. Sobald ein Offizier sämtliche Vorbereitungen getroffen hat, macht er mir persönlich Meldung auf der Brücke, daß meine Befehle sämtlich ausgeführt worden sind, wobei er diese noch einmal spezifiziert und angibt, daß alles bereit ist.

Doch alle diese Maßnahmen konnten das größte Problem, dem sich Rostron gegenübersah, nicht lösen – es betraf das Eis. Wenn schon die *Titanic* mit einem Eisberg zusammengestoßen war, konnte dies der *Carpathia* ebensogut passieren. Er fuhr mit Volldampf in genau dasselbe Gebiet hinein. Was konnte er tun, um das Risiko für sein eigenes Schiff, seine eigenen Passagiere und seine Crew so gering wie möglich zu halten?

Die Geschwindigkeit zu drosseln, kam nicht in Frage; jede Sekunde zählte. Deshalb tat Rostron das einzige, was ihm noch blieb – seinen Ausguck zu verstärken. Er schickte einen weiteren Mann ins Krähennest, er stellte zwei auf die Back, er stationierte je einen Mann in die Nocken der Brücke. Alle wurden auf Grund ihrer scharfen Augen ausgewählt. Da er sich selbst ständig auf der Brücke aufhielt, suchten nun insgesamt sieben Augenpaare das vor ihnen liegende Meer ab.

Dann gab es noch eine letzte Maßnahme, die sogar

noch wichtiger war als der Ausguck: Als der zweite Offizier James Bisset aus der Steuerbordnock der Brücke in die Nacht starrte, bemerkte er plötzlich, daß Rostron in seiner Nähe stand. In der ihm eigenen Weise hatte der Kapitän die Mütze ein paar Zentimeter vom Kopf gehoben, und seine Lippen bewegten sich in stillem Gebet.

Um 2 Uhr 45 entdeckte Bisset den ersten Eisberg – etwa eine Meile voraus –, und zwar ausgerechnet deshalb, weil dieser das Licht eines Sterns reflektierte. Die *Carpathia* umfuhr ihn und preschte weiter voran. In den nächsten einundeinviertel Stunden wich sie weiteren fünf Eisbergen aus, die alle zuerst auf der Brücke gesichtet wurden, was darauf hindeutet, daß das Krähennest nicht unbedingt der beste Ort ist, um in der Nacht nach Eisbergen Ausschau zu halten.

Um 4 Uhr früh erreichte die *Carpathia* die Position der *Titanic*, und Rostron drosselte die Maschinen. Er hatte die Strecke in dreieinhalb Stunden bewältigt – also eine halbe Stunde schneller als ursprünglich geschätzt. Seit einiger Zeit hatte er voraus ein grünes Licht beobachtet, das gelegentlich kurz aufblitzte und dann wieder im Dunkel verschwand. Anfangs hatte er gedacht, es könnte die *Titanic* selbst sein, aber als die *Carphathia* nun langsam zum Stillstand kam, sah er es wieder, ganz nah und tief unten auf dem Wasser. Es war ein Rettungsboot.

Rostron manövrierte die *Carpathia* vorsichtig auf das Boot zu, um es auf seiner Backbordseite aufzunehmen, die sich in Lee befand; aber als er beidrehte, erblickte er plötzlich noch einen Eisberg direkt voraus, der nur noch etwa 400 Meter entfernt war. Dadurch war er gezwungen, zurückzustoßen und das Boot statt dessen an Steuerbord aufzunehmen. Dies war die einzige Sache während der ganzen Nacht, die nicht exakt so ablief, wie er es geplant hatte.

Das Boot war die Nr. 2, unter dem Vierten Offizier Boxhall. Er hatte die grünen Leuchtkugeln mitgenommen, um mit ihnen die Boote der *Titanic* zusammenzuhalten, sowie in der Hoffnung, sie könnten einem sich nähernden Hilfsschiff als Sichtzeichen dienen. Jetzt war das rettende Schiff da, und Boxhall wurde schnell zur Brücke gebracht, wo er Rostrons böse Ahnungen bestätigte – die *Titanic* war untergegangen.

Inzwischen war der Tag angebrochen, und nun wurde die gesamte, im Umkreis von vier Meilen verstreute Flotte der Rettungsboote der *Titanic* sichtbar. Darüber hinaus enthüllte der anbrechende Morgen einen phantastischen Anblick. Zwei bis drei Meilen westlich dehnte sich, soweit das Auge reichte, ein riesiges Eisfeld aus, das etwa von Nordosten nach Südwesten verlief. Hier und da ragten einzelne Eisberge daraus hervor, manche von ihnen sechzig Meter hoch. Im Osten und Süden lagen weitere Eisberge, unregelmäßig auf dem Kurs verteilt, den die *Carpathia* gerade hinter sich gebracht hatte.

Trotz des angestrengten Ausgucks hatte man nur wenige dieser Berge gesichtet, und es schien unglaublich, daß das Schiff um alle herumgekommen war. Viele Jahre später erzählte Rostron seinem Freund, Kapitän Barr von der *Caronia* der Cunard Lines: »Als ich bei Tagesanbruch das Eis sah, das ich während der Nacht mit Volldampf durchquert hatte, lief es mir kalt über den Rücken, und ich konnte nur noch denken, daß eine andere Hand als die meine in der Nacht das Ruder geführt hatte.«

Dann war er wieder ganz der »elektrische Funke«. In den nächsten vier Stunden nahm Rostron methodisch ein Boot der *Titanic* nach dem anderen auf. Die Überlebenden kamen mit Hilfe von Leitern, Schlingensitzen, Segeltuchsäcken sowie den Winden mit Ladenetzen an Bord. Womit, das hing von der jeweiligen Behendigkeit der Schiffbrüchigen ab.

In der Reihenfolge ihres Eintreffens an Bord bildeten die Überlebenden eine Schlange, die fast wie am Fließband durchgeschleust wurde. Als erstes notierten die in jeder Gangway postierten Zahlmeister Namen und Klasse. Als nächstes wurden sie zu einer raschen medizinischen Untersuchung an die Ärzte weitergereicht. Dann ging es weiter mit dem Anstehen für Brandy, Kaffee, Frühstück, Decken und eine Koje. Die Erste-Klasse-Passagiere der *Carpathia* stellten ihre eigenen Kabinen denen zur Verfügung, die es am meisten nötig zu haben schienen; die allgemein zugänglichen Räume des Schiffs wurden in Schlafsäle für die übrigen umgewandelt. Es war nicht weiter verwunderlich, daß Rostron seinen prominentesten Gästen, Mrs. Astor, Mrs. Widener und Mrs. Thayer, seine eigenen Räume zuweisen ließ.

Um 8 Uhr 30 hatte man das letzte Boot eingesammelt. Inzwischen lag der Leyland Liner *Californian* längsseits, und Rostron bat das Schiff, das Gebiet nach etwaigen Vermißten abzusuchen. Dann wendete er die *Carpathia* und nahm Kurs auf New York.

Doch bevor er den Schauplatz verließ, fügte Rostron eine letzte persönliche Note hinzu. Als die *Carpathia* das Grab der *Titanic* passierte, versammelten sich Retter und Gerettete im Speisesaal der Ersten Klasse zu einem kurzen Gottesdienst, um der Untergegangenen zu gedenken und für die eigene Rettung Dank zu sagen.

Als die *Carpathia* New York am Abend des 18. April erreichte, war die Stadt in heller Aufregung. Es stand zwar fest, daß ein furchtbares Unglück geschehen war – rund 1500 Menschen waren ums Leben gekommen – aber darüber hinaus war fast nichts bekannt. Die primitive Funkstation des Rettungsschiffs hatte nur eine Reichweite von 250 Meilen, und der einzige Funker, Harold Cottam, war erschöpft. Mit Harold Brides Unterstützung schaffte er es noch, eine Liste der Geretteten in die Tasten zu klopfen, doch sonst kam kaum noch etwas. Eingehende Anfragen wurden schlichtweg ignoriert, selbst von Präsident Taft, der sich nach seinem Militärberater Archie Butt erkundigte.

Nachdem die *Carpathia* auf der Höhe von Ambrose gestoppt hatte, um einen Lotsen aufzunehmen, wurde sie von einem Schwarm von Schleppern, Fähbooten, Jachten und sonstigen Hafenschiffen empfangen. Manche führten riesige Plakate mit sich, auf denen die Namen von vermißten Freunden oder Verwandten standen; auf anderen drängten sich Reporter, die Fragen durchs Megaphon brüllten. Rostron ließ niemanden an Bord, weil er den Eindruck hatte, daß die Überlebenden in keinem Zustand waren, der Interviews zuließ. Als es trotzdem einem Journalisten gelang, auf Höhe der Quarantänestation aufs Schiff zu springen, wurde er sofort beim Kragen gepackt und auf der Brücke unter »Hausarrest« gestellt.

Der Aufruhr ging weiter, während die *Carpathia* langsam in den Hafen einfuhr, und als sie wieder stoppte – diesmal um dreizehn der Rettungsboote der *Titanic* an die White Star Line zu übergeben –, steigerte sich das Getümmel noch, weil nun auch die Photographen dazustießen. Die Nachtphotographie steckte noch in den Kinderschuhen, und um die Szene einzufangen, war es nötig, gewaltige Blitze von Magnesiumpulver zu zünden.

Als Krönung des Ganzen rollte ein Gewitter mit Donnerschlägen und Blitzen über den verqualmten Himmel, was der Nacht einen fast schon apokalyptischen Anstrich verlieh. Langsam wurde die *Carpathia* an Pier 54 bugsiert, die Überlebenden wankten an Land, und endlich konnte die Welt die Geschichte von Anfang bis Ende zu hören bekommen.

Noch bevor Kapitän Rostron einen Fuß an Land gesetzt hatte, mußte er feststellen, daß er über Nacht ein Held geworden war. Seine ruhige Selbstsicherheit, seine Risikobereitschaft, sein Gottvertrauen und seine enorme Leistung waren für jeden unmittelbar kenntlich. Die üblichen Begleiterscheinungen des Heldentums ließen nicht lange auf sich warten – Urkunden, Bankette, Pokale, eine ihm zu Ehren geprägte Sondermedaille vom Kongreß.

Der »elektrische Funke« war auf dem besten Weg, eine glanzvolle Karriere zu machen, die im Ritterschlag und der Ernennung zum Commodore der gesamten Cunard-Flotte gipfelte.

14. KAPITEL

»Eine gewisse Trägheit«

Neun Stunden nach der turbulenten Ankunft der *Carpathia* in New York schlich sich die *Californian* der Leyland Line ohne weitere Fanfarenklänge in den Hafen von Boston. Es war der Morgen des 19. April. Keine Schlepper umschwärmten sie, keine Presseschiffe kämpften um die beste Position, keine Photographen ließen Wolken von gezündetem Magnesiumpulver aufsteigen.

Die *Californian* war ein Linienfrachtschiff von 6223 Tonnen, das ohne Passagiere die unspektakuläre Strecke Liverpool–Boston befuhr. Sie war das zweite Schiff, das die Position der *Titanic* erreicht hatte, aber inzwischen war bekannt, daß sie keine Überlebenden an Bord hatte. Nach einem völlig haltlosen Gerücht sollte sie aber einige Leichen aufgefischt haben, und das war der Grund, warum eine kleine Schar von Schiffsreportern schweigend an ihrer Pier an der Clyde Street auf sie wartete.

Um sieben Uhr morgens senkte sich die Laufplanke herab, und der Bostoner Vertreter der Leyland Line ging an Bord. Er begab sich direkt in die Kapitänsräume, wo er sich einige Minuten mit Kapitän Stanley Lord hinter verschlossenen Türen unterhielt. Dann ließ man auch die Reporter an Bord, und Kapitän Lord hielt etwas ab, was man heute als Pressekonferenz bezeichnen würde. Er erklärte, die *Californian* sei am Abend des 14. April durch ein großes Eisfeld zum Beidrehen gezwungen worden, das Funkgerät sei nachts abgeschaltet gewesen, und die erste Nachricht über die *Titanic* habe sie am 15., morgens um 5 Uhr 30, durch die *Virginian* der Allan Line erreicht.

Obwohl die Entfernung dreißig Meilen betrug, so Kapitän Lord gegenüber dem Bostoner *Evening Globe*, habe sich die *Californian* so schnell wie möglich zum Ort des Geschehens auf den Weg gemacht. »Doch selbst unter den besten Umständen ging es nur langsam voran. Nervös und besorgt, wie wir waren, kam es uns manchmal so vor, als kämen wir kaum vorwärts. Wir mußten den großen Eisbergen ausweichen, das dichte Feldeis umfahren und uns auf dem Kurs vorankämpfen, der den geringsten Widerstand bot. Drei volle Stunden wendeten und drehten wir und mußten manche Strecken zweimal fahren – kurzum, wir mußten hin und her manövrieren und uns durch die Rinnen im Eis schlängeln.«

Die meisten Reporter waren gebührend beeindruckt. Der *Globe* schrieb: »Es bedurfte einer Meisterleistung der Seemannschaft, um den Frachter durch die engen, gewundenen Rinnen im Eis zu steuern, und obwohl ihre Offiziere jede Möglichkeit nutzten, so schnell wie möglich voranzukommen, wurden sie immer wieder durch die widrigen Umstände gezwungen, im Schneckentempo zu fahren.«

Nur beim *Evening Transcript* spürte man, daß nicht alles mit rechten Dingen zuging. Sein Berichterstatter wies darauf hin, daß Kapitän Lord auf alle Fragen der Reporter nach den Breiten- und Längengraden geantwortet habe, daß es sich dabei um »Staatsgeheimnisse« handele und nur die Reederei darüber Auskunft geben könne. »Normalerweise«, bemerkte der Reporter des *Transcript*, »waren bisher exakte Positionsangaben mittels Längen- und Breitengraden immer von den Schiffsoffizieren zu erfahren.«

Der Reporter konnte auch aus dem Funker der *Californian*, Cyril Evans, nichts herausbekommen und bemerkte bissig: »Dem Anschein nach zu urteilen, lag jedoch keine Beeinträchtigung seiner Stimmbänder vor.« Schließlich wunderte sich die Zeitung noch über das private Treffen zwischen Kapitän Lord und dem Reedereivertreter, kurz bevor die Journalisten an Bord kommen durften. »Es ist durchaus möglich, daß nichts geschah, was über die normale Geschäftsroutine hinausging ...«

»Durchaus möglich« – nun gut. Höchstwahrscheinlich jedoch war eher Skepsis angebracht, denn die Reise der *Californian* war alles andere als routinemäßig verlaufen. Die Komplikationen fingen schon am Abend des 14. April an, während der 20-bis-24-Uhr-Wache des Dritten Offiziers Charles V. Groves. Um 22 Uhr 21 sichtete Groves plötzlich mehrere weiße Flecken in der See voraus. Er hielt sie für eine Schule von Tümmlern, die vor dem Bug hin- und hersprangen.

Kapitän Lord wußte es besser. Die *Californian* hatte eine Eiswarnung erhalten, und da war das Eis auch schon. Lord zog den Maschinentelegrafen auf VOLLE KRAFT ZURÜCK. Während das Schiff Fahrt verlor, verwandelten sich die weißen Flecken in Eisschollen, die das Schiff bald von allen Seiten einschlossen. Es ließ sich nicht sagen, wie weit sich das Feld erstreckte oder wie dick die Schollen waren, doch Kapitän Lord war noch nie in einem Eisfeld gewesen und wollte kein Risiko eingehen. Er beschloß, die Nacht an Ort und Stelle zu bleiben.

Also ließ er das Schiff stoppen, die Maschine auf Bereitschaft stellen und begab sich unter Deck, nachdem er noch angeordnet hatte, daß man ihn rufen solle, sobald irgend etwas in Sicht käme. »Jetzt herrschte absolute Ruhe und Frieden«, erinnerte sich Groves später, »bis auf kurze Fetzen von ›Annie Laurie‹, gesungen von einer irischen Stimme, die durch einen Ventilatorschacht aus dem Heizraum herauftönte.«

Gegen 23 Uhr bemerkte Groves in der Ferne die Lichter eines Dampfschiffs, das sich von Südosten näherte. Als es näherkam, hielt er es für einen großen Passagierdampfer. Das fremde Schiff stoppte etwa um 23 Uhr 40 und schien viele seiner Lichter zu löschen. Groves erinnerte sich an seinen Dienst auf einem Linienschiff, auf dem die Lichter um Mitternacht heruntergedreht wurden, um die Passagiere endlich ins Bett zu bekommen, und meinte, das sei auch hier der Fall. Er kam nicht auf den Gedanken, daß es vielleicht nur deshalb so aussah, als seien die Lichter ausgegangen, weil das Schiff in Wirklichkeit hart nach Backbord abgedreht war.

Auch Kapitän Lord beobachtete das Schiff vom unteren Deck aus, aber auf ihn machte es nicht den Eindruck eines Passagierschiffs: »Es war in etwa so groß wie wir – ein mittelgroßes Dampfschiff.« Er fragte seinen Funker Cyril Evans, welche Schiffe in der Nähe seien, und Evans sagte: »Nur die *Titanic*.« Daraufhin wies Lord ihn an, sie zu warnen, er solle funken, daß die *Californian* gestoppt habe und von Eis umgeben wäre. Evans machte einen Versuch und bekam die berühmte Abfuhr von Jack Phillips: »Halts Maul. Ich bin beschäftigt. Ich bin dabei, Cape Race zu erledigen.«

Um 23 Uhr 45 begab sich Kapitän Lord zu Groves auf die obere Brücke, und sie berieten sich kurz über das fremde Schiff. Es war alles sehr vage. Der Dritte Offizier glaubte noch immer, es handle sich um einen Passagierdampfer; Lord meinte, es sei ein Frachter. Groves hielt es für ein großes Schiff, das vielleicht zehn Meilen weit weg wäre; der Kapitän hielt es für ein kleines, etwa fünf Meilen entferntes Schiff. Auf Lords Anordnung hin hatte Groves versucht, mittels der Morselampe Kontakt aufzunehmen, doch bekam er keine Antwort. Dann ging der Kapitän wieder unter Deck, während Groves weiter morste.

Um Mitternacht übergab Groves die Wache an den Zweiten Offizier Herbert Stone. Als Stone auf dem Weg zur oberen Brücke am Ruderhaus vorbeiging, traf er Kapitän Lord, der ihm das seltsame Schiff zeigte und befahl, ihm sofort Bescheid zu geben, falls es näherkommen sollte.

Auf der Brücke zeigte ihm auch Groves das Schiff und erzählte ihm, daß er vergeblich versucht habe, es anzumorsen. Um 0 Uhr 15 ging Groves unter Deck und sah kurz beim Telegrafenraum herein, weil er gern mit dem Funkgerät herumspielte. Doch Evans hatte keinen Dienst mehr und wollte sich schlafen legen, und Groves wußte nicht, wie man den Empfänger anstellte. Er fummelte einen Augenblick an der Skala herum, dann gab er es auf und ging ins Bett – und auf diese Weise verpaßte er nicht nur eine Gelegenheit zum Üben, sondern auch die Chance, den ersten Hilferuf der *Titanic* aufzufangen.

Auf der Brücke bekam Stone jetzt Gesellschaft eines zwanzigjährigen Offiziersanwärters namens James Gibson, der nun die fruchtlose Aufgabe übernahm, das seltsame Schiff zu kontaktieren. Beide Männer sagten später aus, daß es wie ein Trampdampfer ausgesehen habe, obwohl Gibson auch einen grellen Lichtschein auf seinem Achterdeck bemerkte – ein Detail, daß nun wirklich nicht zu einem Trampdampfer mitten auf dem Atlantik paßte.

Nach kurzer Zeit ging Gibson unter Deck, um Routinepflichten nachzukommen; er war fast eine halbe Stunde verschwunden. Stone blieb auf der oberen Brücke und ging die Wache allein. Um 0 Uhr 40 meldete sich Kapitän Lord durch das Sprachrohr in seiner Kabine und fragte, ob das andere Schiff jetzt nähergekommen sei. Nein, erwiderte Stone, alles sei wie zuvor. Befriedigt sagte Lord, er ginge nun in den Kartenraum, um sich auf der Couch »ein bißchen auszustrecken«. Stone nahm seine monotone Musterung der Dunkelheit wieder auf.

Um 0 Uhr 45 erschreckte ihn das plötzliche Aufblitzen einer Rakete, die über dem fremden Schiff zerplatzte. Er war sich erst nicht ganz sicher, aber dann kam noch eine, und jetzt erkannte er es genau – es waren weiße Leuchtraketen, die am Himmel explodierten und in einem weißen Sternenregen zerstoben. Nach mehreren Minuten sah er noch eine, dann noch eine und dann noch einmal eine.

Fünf Leuchtraketen insgesamt – eine solche Menge hätte wohl jeden zum Handeln bewegt. Stone pfiff in das Sprachrohr, und Kapitän Lord meldete sich schon bald am unteren Ende. Der Offizier berichtete ihm von den Raketen, und Lord fragte, ob es sich um private Reedereisignale gehandelt habe. »Ich weiß nicht«, erwiderte Stone, »aber sie waren alle weiß.«

Daraufhin wies ihn der Kapitän an, es noch einmal mit der Morselampe zu versuchen. »Wenn Sie eine Antwort bekommen«, fügte er hinzu, »lassen Sie es mich durch Gibson wissen.« Dann kehrte Lord zum Sofa zurück und legte sich wieder hin. Später behauptete er, Stone habe ihm nur von einer einzigen Rakete berichtet, aber er sagte auch, daß er damals sehr müde gewesen sei und jetzt keinen Anlaß sehe, Stones Version des Gesprächs anzuzweifeln.

Etwa zu diesem Zeitpunkt kehrte Offiziersanwärter Gibson zu Stone auf die obere Brücke zurück. Stone berichtete ihm von den fünf Raketen, und sie beobachteten das Schiff einige Minuten lang gemeinsam. Gibson ging dann wieder zu der Morselampe und gab drei Minuten hintereinander Signale ab. Danach nahm er das Fernglas und beobachtete das Schiff in der Hoffnung auf eine Antwort. Statt dessen sah er eine sechste Rakete. Durch das Fernglas hatte er eine fast perfekte Sicht. Eine weiß blitzende Detonation, eine schwache Leuchtspur nach oben in die Luft, dann das Explodieren vieler weißer Sterne.

Auch Stone sah die Rakete, doch ohne die Einzelheiten, die Gibson dank seines Fernrohrs erkennen konnte. Dann, wenige Minuten später, registrierten beide Männer eine siebte und um 1 Uhr 40 eine achte Rakete, die letzte. Alle explodierten oberhalb des anderen Schiffs, und selbst mit bloßem Auge konnten die beiden Männer die nach unten schwebenden weißen Sterne ausmachen.

Während all dies geschah, und noch die nächsten zwanzig Minuten danach, diskutierten Stone und Gibson über alles, was sie beobachteten; sie rätselten, überlegten hin und her, waren unterschiedlicher Meinung. Nach den Fragmenten zu urteilen, die uns überliefert sind, führten die beiden Männer sicherlich eines der bemerkenswertesten Gespräche in der Geschichte des Nordatlantiks.

»Ein Schiff feuert doch auf See keine Raketen für nichts und wieder nichts ab«, bemerkte Stone, während die beiden Männer das andere Schiff musterten. Das fand Gibson auch. Stone fügte hinzu, wie sich Gibson später erinnerte, daß etwas mit dem Schiff los sein müsse. Der junge Offiziersanwärter stimmte ihm wieder zu. Genaugenommen dachte er, daß es sich um »irgendeinen Notfall« handeln müsse.

»Sehen Sie jetzt mal hin, Gibson«, sagte Stone, während sie das fremde Schiff weiter beobachteten, das immer noch Raketen abschoß. »Das Schiff sieht irgendwie komisch aus.«

Gibson blickte durchs Fernglas und erwiderte: »Es sieht so aus, als ob eine Seite weit aus dem Wasser ragt.« Tatsächlich schien es eine Schlagseite nach Steuerbord zu haben, und der grelle Lichtschein vom Achterdeck wirkte höher als vorher.

Stone fand das auch.

Um das Bild abzurunden, verschwand das fremde Schiff nun allmählich. Stone sagte, daß es etwa zu der Zeit, als es die erste Rakete abschoß, begonnen hatte, nach Südwesten abzudrehen; es fiel ihm auf, daß sich nun seine Peilung änderte. Gibson war nie eine Peilungsänderung aufgefallen – derartige Überlegungen überließ er Stone –, aber er merkte auch, daß es allmählich verschwand. Eine ganze Zeitlang zeigte sich noch sein rotes Positionslicht, aber nie das grüne, wie man es von einem Schiff, daß nach Südwest fährt, eigentlich hätte erwarten sollen.

Gegen zwei Uhr war es fast verschwunden. Nun wies Stone Gibson an, den Kapitän zu wecken und ihm zu sagen, daß das Schiff, daß sie beobachteten, verschwunden sei, daß die *Californian* selber auf West-Südwest-Kurs läge und daß das fremde Schiff insgesamt acht weiße Raketen abgefeuert habe.

Gibson ging nach unten, betrat den Kartenraum und erstattete Bericht. »In Ordnung«, sagte Kapitän. »Sind Sie sicher, daß keine farbigen Lichter dabei waren?«

»Nein, sie waren alle weiß.«

Dann fragte Lord nach der Uhrzeit. Gibson antwortete, es sei 2 Uhr 05 »nach der Uhr im Ruderhaus«.

Der Kapitän gab später an, daß er vorher tief und fest geschlafen habe und sich nicht an dieses Gespräch erinnern könne – er wisse nur noch, daß Gibson die Tür geöffnet und etwas gesagt habe und dann wieder fortgegangen sei. Gibson war dagegen der Überzeugung, daß Lord die ganze Zeit wach gewesen wäre.

Wieder auf der Brücke, nahmen Stone und Gibson ihre Beobachtungen wieder auf. Später stritt man sich ein bißchen darüber, wann das fremde Schiff denn nun genau verschwunden wäre. Gibson meinte, es sei bereits um 2 Uhr 05 nicht mehr zu sehen gewesen, als er dem Kapitän Meldung machte; Stone sagte, daß man es bis 2 Uhr 20 noch schwach habe erkennen können; dann seien seine Lichter ganz verschwunden.

Gegen 2 Uhr 40 pfiff er wieder durch das Sprachrohr nach unten. Noch einmal verließ Kapitän Lord das Sofa im Kartenraum, ging hinüber zu seiner Kabine und meldete sich. Stone berichtete ihm, es habe keine weiteren Raketen gegeben, das andere Schiff sei in Richtung Südwesten verschwunden und nicht mehr zu sehen. Ein letztes Mal frage Lord, ob Stone sicher sei, daß bei den Raketen keine farbigen dabeigewesen wären; ein letztes Mal antwortete der Zweite Offizier, daß es sich lediglich um weiße gehandelt habe, »bloß weiße Raketen«.

Bei der britischen Untersuchung erhob sich die Frage, was Stone eigentlich wirklich gemeint hatte, als er Gibson beauftragte, dem Kapitän zu sagen, daß das fremde Schiff »verschwunden« sei. Hatte er »untergegangen« gemeint oder »weggefahren«? Stone blieb dabei, daß er »weggefahren« gemeint habe, aber Gibson wollte nicht sagen, wie *er* es interpretiert hatte. Auch auf dringliches Befragen gab er keine Antwort.

Wie auch immer, jedenfalls war das fremde Schiff fort. Stone und Gibson nahmen die Wache wieder auf, und in den nächsten vierzig Minuten geschah nichts weiter – es gab nur die Sterne, die glatte, eisige See, das leere Dunkel. Aber um 3 Uhr 30 sah Gibson plötzlich eine neue Rakete – weiter südlich und viel weiter entfernt als die vorherigen. Er meldete dies Stone, und die beiden Männer beobachteten gemeinsam, wie eine zweite und dann eine dritte Rakete am Himmel zerplatzte. Das Schiff, von dem sie abgefeuert wurden, war nicht zu sehen, weil es sich hinter dem Horizont befand, aber wie man weiß, handelte es sich genau um die Zeit, als die *Carpathia* von Süden herbeieilte und Raketen abfeuerte, um der *Titanic* mitzuteilen, daß Hilfe unterwegs sei. Seltsamerweise meldete Stone Kapitän Lord die neuen Raketen überhaupt nicht.

Um vier Uhr morgens kam der Leitende Offizier George F. Stewart auf die obere Brücke, um die Wache zu übernehmen. Stone setzte ihn über die ursprünglichen acht Raketen ins Bild, erklärte, daß das Schiff, von dem sie abgeschossen wurden, sich zu entfernen begonnen habe, nachdem die erste Rakete hochgegangen war, und wies darauf hin, daß Kapitän Lord zu drei verschiedenen Zeitpunkten darüber informiert worden sei.

Stewart blickte durch sein Fernglas und entdeckte im Süden ein Dampfschiff mit vier Masten und einem Schornstein und »einer Menge Lichter mittschiffs«. Er fragte Stone, ob dies das Schiff sei, das die Raketen abgeschossen hatte. Stone verneinte das und fügte hinzu, dies sei ein brandneuer Dampfer, den er überhaupt noch nicht entdeckt habe.

Stone ging nun unter Deck und überließ es dem Leitenden Offizier, die Dinge zu klären. Für jeden Seemann bedeuten Raketen auf hoher See normalerweise einen Notfall, und Stewart machte da keine Ausnahme. Er hatte das ungute Gefühl, daß »etwas passiert war«. Aber er unternahm nichts bis 4 Uhr 30, der Uhrzeit, zu der Kapitän Lord geweckt werden wollte. Stewart tat dies selber, und während er in der Tür des Kartenraums stand, erwähnte er, daß Stone während seiner Wache Raketen gesehen habe.

»Ja ich weiß; er hat's mir gesagt«, erwiderte Lord.

Der Kapitän ging nun auf die Brücke und begann zu erläutern, wie er durch das Eis und dann weiter nach Boston gelangen wollte. Stewart fragte, ob er nicht vorhabe, erst nach Süden zu fahren, um etwas über das Schiff herauszufinden, das die Raketen abgefeuert hatte. Lord sah durchs Fernglas und betrachtete das Dampfschiff mit den vier Masten. »Nein«, sagte er, »das scheint ganz in Ordnung zu sein und gibt auch keine Signale mehr.«

Aber natürlich war dies nicht das Schiff, das Stone beobachtet hatte. Dies war der Neuankömmling, den er erst wahrnahm, nachdem Stewart ihn darauf hingewiesen hatte. Sein Zustand – ob gut oder schlecht – war irrelevant. Trotzdem sagte Stewart dem Kapitän nicht, daß er das falsche Schiff beobachtete. Befragt, warum er das nicht getan habe, sagte er bei der britischen Untersuchung, er wisse es nicht.

Worüber Stewart und Lord in den nächsten fünfzig Minuten sprachen, ist kaum bekannt. Bei der Untersuchung sagte Stewart dazu nichts; Lord meinte nur, er hätte jetzt zum erstenmal gehört, daß mehr als eine Rakete abgefeuert worden sei – etwas, das unmöglich zu den Berichten von Stone, Gibson und Stewart selbst paßt.

Auf jeden Fall wurde es auf der *Californian* um 5 Uhr

20 plötzlich lebendig. Stewart stürzte in den Funkraum und rüttelte Cyril Evans, den Funker, wach. »Heute nacht hat ein Schiff Raketen abgefeuert. Können Sie schnell herausfinden, was da nicht in Ordnung ist – also was eigentlich los war?«

Evans brauchte keinen weiteren Anstoß. Normalerweise stand er erst um sieben auf, aber nun sprang er aus dem Bett und schaltete das Gerät ein. Ein Schiff nach dem anderen – die *Mount Temple*, die *Frankfurt*, die *Virginian* – berichteten ihm von der *Titanic*, und um 5 Uhr 45 hatte er eine offizielle Nachricht von der *Virginian* in Händen, die ihm die Position der *Titanic* lieferte – 41° 46'N, 50° 14'W. Die Position der *Californian* war 42° 5'N, 50° 7'W – eine Entfernung von etwa 19 Meilen.

Als es 6 oder 6 Uhr 15 war, hatte Kapitän Lord die *Californian* in Fahrt gebracht, aber zu Anfang kam sie nur sehr langsam voran. Die ersten drei oder vier Meilen schlich sie nach Westen und Süden durch dichte Eisschollen, die mit Eisbergen durchsetzt waren. Um 7 Uhr war sie wieder in offenem Wasser und fuhr mit dreizehn Knoten – ihrer Höchstgeschwindigkeit – nach Süden. Gegen 7 Uhr 30 befand sie sich nach Kapitän Lords Berechnungen auf der Position der *Titanic*, aber dort fand er nur die *Mount Temple* vor. Auch sie hatte nichts gefunden, aber beide Schiffe konnten sehen, daß die *Carpathia* fünf oder sechs Meilen östlich stoppte.

Über Funk erfuhren sie, daß die *Carpathia* die Boote der *Titanic* aufnahm, und deshalb steuerte Kapitän Lord sie an. Das Eis war zu dicht für einen direkten Kurs, also fuhr die *Californian* weiter nach Süden, bis sie eine Rinne im Eis fand und sich hindurchschlängelte. Schließlich näherte sie sich der *Carpathia* vom Südwesten, bzw. aus fast der entgegengesetzten Richtung, aus der sie losgefahren war. Als Kapitän Rostron die *Californian* zum erstenmal bemerkte, befand sie sich nach seiner Schätzung fünf oder sechs Meilen West-Südwärts von der *Carpathia*.

Inzwischen waren alle Mann auf der *Californian* alarmiert worden. Zusätzliche Ausguckposten waren zum Bug sowie in einen Kohlenkorb, den man noch oberhalb vom Krähennest hochgezogen hatte, beordert worden. Die Matrosen schwangen die Boote aus, klar zum Rettungsmanöver. Der Dritte Offizier Groves, der vom Leitenden Offizier Stewart geweckt worden war, nahm sich einen Augenblick Zeit, um den Zweiten Offizier Stone zu fragen, ob das mit der *Titanic* wirklich wahr sei. »Ja, Kamerad«, erwiderte Stone, »ich habe während meiner Wache Raketen gesehen.«

Um 8 Uhr 30 traf die *Californian* neben der *Carpathia* ein, gerade noch rechtzeitig, um zu sehen, wie Rostron Boot 12 aufnahm, als letztes der Rettungsboote der *Titanic*. Die beiden Schiffe verständigten sich durch Flaggensignale darüber, daß die *Californian* die Suche fortsetzen solle, während die *Carpathia* zurück nach New York fuhr.

Es wurde eine entmutigende Suche – weit und breit gab es keine weiteren Überlebenden, nicht einmal Tote; lediglich sieben aufgegebene Rettungsboote, einige Planken, Deckstühle, ein paar Holzpfeiler und einige grüne Kissen schwammen herum.

Die *Californian* gab schließlich die Suche auf und nahm wieder Kurs auf Boston. Wie bei allem anderen auf dieser höchst umstrittenen Reise bestand auch Uneinigkeit in der Frage, wann sie losfuhr. Kapitän Lord meinte, es sei um 11 Uhr 20 gewesen, nachdem das gesamte Gebiet gründlich abgesucht worden sei: dagegen erklärte Groves, der Dritte Offizier, es sei gegen 10 Uhr 40 gewesen, nach einer höchst oberflächlichen Erkundungsfahrt. Das Logbuch bestätigte Kapitän Lords Version, aber es war wohl kaum ein verläßliches Dokument. Von den Raketen, die man während der Nacht beobachtet hatte, stand kein einziges Wort darin.

Das schien allerdings die generelle Sprachregelung zu sein. Als die *Californian* am Morgen des 19. April in Boston eintraf, hatte niemand an Bord in dieser Nacht vom 14. auf den 15. etwas gesehen – weder Raketen noch Lichter noch sonst etwas Ungewöhnliches.

Und eine Zeitlang funktionierte diese Taktik. Die *Californian* wurde am 21., 22. und 23. April von der Bostoner Presse so gut wie ignoriert. Sie lag still an ihrer Pier an der Clyde Street und wurde ent- und beladen, ohne von Reportern oder anderen Neugierigen belästigt zu werden.

Doch hinter den Kulissen kochte das Hafenviertel vor Erregung. Es zeigte sich, daß außer Stone und Gibson mindestens noch ein Mitglied der Crew die Raketen bemerkt hatte. Ernest Gill, Hilfsmaschinenassistent, hatte sie hochsteigen sehen, als er auf dem Deck stand und eine Mitternachtszigarette rauchte. Außerdem hatten Evans, Stone und Gibson, so schweigsam sie jetzt auch waren, in den Tagen vor der Ankunft des Schiffs in Boston eine Menge geredet. In Versionen aus zweiter Hand verbreiteten sich nun ihre Erlebnisse in den Hafenbars.

Am 21. April besuchte W. F. McGregor, der Schiffszimmermann, seinen Vetter John H. G. Frazer in Clinton, Massachusetts. Er konnte nicht länger an sich halten und fing an zu erzählen. Ein Reporter des in Clinton erscheinenden *Daily Item* war zugegen, und am 23. erschien die Geschichte in dieser Zeitung. Darin stand, wie die Wache auf der *Californian* die von der *Titanic* abgefeuerten Raketen beobachtet habe:

> Der wachhabende Offizier, so heißt es, habe dem Kapitän des Schiffs Meldung gemacht, doch dieser schenkte den Signalen keine weitere Aufmerksamkeit, außer daß er anordnete, die Wache solle das Schiff weiter im Auge behalten. Zu dieser Zeit waren die beiden Schiffe etwa zehn Meilen voneinander entfernt. Da es Nacht war, schlief der Funker der *Californian*.
> Es heißt, daß die Männer an Bord der *Californian* die Lichter der *Titanic* sehr deutlich ausmachen konnten,

und es wird auch berichtet, daß man auf der *Titanic* die *Californian* sehen konnte. Schließlich beschloß der Erste Offizier der *Californian*, der zusammen mit mehreren der Offizieren die *Titanic* beobachtet hatte, nicht länger untätig zu bleiben und weckte deshalb den Funker. Man unternahm einen Versuch, mit der *Titanic* Verbindung aufzunehmen. Aber inzwischen war es zu spät ...

Erstaunlicherweise vergingen zwei Tage, bevor die Bostoner Zeitungen die sensationelle Story des *Daily Item* aufgriffen, doch zogen die Gerüchte immer weitere Kreise. Am 24. bekam die *Post* schließlich Wind davon und veröffentlichte ein Interview mit Kapitän Lord, der bestritt, daß die *Californian* irgend etwas Ungewöhnliches bemerkt habe. Sie sei zwar nur zwanzig Meilen entfernt gewesen, doch man habe »keine Raketen oder sonstigen Notsignale« gesichtet.

Am 25. brachte der *Morning Globe* die Darstellung des Zimmerers McGregor, so wie sie im *Daily Item* erschienen war. Darauf ergoß sich von der kampfbereiten *Californian* erneut ein Schwall von Dementis. »Die Geschichte ist vollkommen absurd«, erklärte J. H. Thomas, der Vertreter der Leyland Line in Boston. Und auch Kapitän Lord und seine Offiziere blieben fest: »Niemand aus der Crew war gestern bereit zu sagen, daß sie irgendwelche Notsignale oder Lichter in der Nacht des Sonntag, des 14. April, bemerkt hätten. Einer von ihnen erklärte, er glaube nicht, daß irgend jemand etwas gesehen habe.«

Später an diesem Morgen ließ der Bostoner *American* eine Bombe hochgehen, die weit mehr als bloßer Tratsch war. Die Zeitung druckte eine von dem Hilfsmaschinisten Ernest Gill unterzeichnete eidesstattliche Versicherung ab, in der er schilderte, was er in der Nacht vom 14. auf den 15. April gesehen hatte. Gills Schreiben lief darauf hinaus, daß er kurz vor Mitternacht die Lichter eines sehr großen

Dampfschiffs bemerkt habe, das in etwa zehn Meilen Entfernung mit voller Kraft voraus fuhr. Danach sei er unter Deck gegangen, habe aber nicht einschlafen können. Als er wieder nach oben gestiegen wäre, um eine Zigarette zu rauchen, sei von dem Dampfer nichts mehr zu sehen gewesen, doch am Horizont, etwa in derselben Richtung, habe er beobachtet, wie zwei weiße Raketen am Himmel zerplatzten. Er habe das nicht auf der Brücke gemeldet, weil »man sie dort zwangsläufig auch gesehen haben muß«.

Wieder stürzte sich die Presse auf Kapitän Lord. Was hatte er dazu zu sagen?

»Lüge«, »dummes Zeug«, »Blödsinn« äußerte der Kapitän gegenüber verschiedenen Interviewern und wies darauf hin, daß Gill 500 Dollar für seinen Bericht erhalten habe. Der Leitende Offizier Stewart, der Zweite Offizier Stone und ein nicht namentlich genannter Rudergänger standen alle hinter dem Kapitän. Vom Vertreter des *Herald* befragt, »verneinte Stone emphatisch, daß er Kapitän Lord Raketen gemeldet habe, denn schließlich habe er weder welche gesehen, noch seien ihm welche gemeldet worden«.

Doch inzwischen hörte niemand mehr richtig hin – die Aufmerksamkeit hatte sich Washington zugewendet. Am 25. wurden Kapitän Lord, Funker Evans und Gill selbst vorgeladen, bei der Senatsanhörung als Zeugen auszusagen. Lord, vor Abfahrt des Zuges angesprochen, versicherte dem Bostoner *Journal*: »Wenn ich nach Washington fahre, dann nicht wegen dieser Zeitungsstory, sondern um dem Komitee zu sagen, warum mein Schiff mit gestoppter Maschine im Wasser trieb, während die *Titanic* mit voller Kraft voraus fuhr. Das ist eine Sache von zehn Minuten.«

Es sollte jedoch sehr viel länger als zehn Minuten dauern – und es war mehr dazu nötig als eine überflüssige Ohrfeige für Kapitän Smith –, um die *Californian* aus ihrer mißlichen Lage herauszupauken. Am Nachmittag des 26. April hörte das Senatskomitee abwechselnd Gill, Lord und Evans an – und verwarf schließlich die vom Kapitän geschilderte Version der Ereignisse. Nach Anhörung aller Zeugenaussagen befand das Komitee, daß die *Californian* weniger als 19 Meilen entfernt gewesen war, die Raketen der *Titanic* gesehen hatte und »darauf nicht entsprechend den Geboten der Menschlichkeit, den internationalen Gepflogenheiten und den gesetzlichen Vorschriften reagierte«.

Inzwischen war McGregor, der reumütige Zimmermann der *Californian* nicht untätig. Sein Interview im *Daily Item* – und nicht Gills eidesstattliche Erklärung, wie allgemein angenommen wird – löste die ersten ernsthaften Vorwürfe gegen Kapitän Lord und seine Offiziere aus. Jetzt goß er Öl ins Feuer mit einem Brief an einen Freund in England, in dem er in etwa dasselbe aussagte. Schon bald wurde ein Ingenieur namens Gerard Jensen auf diesen Brief aufmerksam; er meinte, es sei seine »Bürgerpflicht«, dessen Inhalt umgehend an das Handelsministerium weiterzugeben. Auf diese Weise wurden McGregors Beschuldigungen auch die Grundlage für das Interesse des britischen Untersuchungskomitees an der *Californian*.

Am Ende hörte das Gericht nicht nur die inzwischen wohlbekannten Geschichten von Kapitän Lord, Maschinist Gill und Funker Evans, sondern auch die Darstellungen anderer Figuren des Dramas: von Groves, dem Dritten Offizier, der das fremde Schiff als erster erblickt hatte, von Stone und Gibson, die das Zünden der Raketen beobachtet hatten, und vom Leitenden Offizier Stewart, der für das Wecken des Funkers Evans ausschlaggebend gewesen war.

»Es gibt Ungereimtheiten und Widersprüche in der Geschichte, wie sie durch die verschiedenen Zeugen geschildert wurde«, bemerkte Lord Mersey abschließend, »aber die Wahrheit liegt offen zutage ... Als die *Californi-*

an zum erstenmal die Raketen sah, hätte sie ohne ernsthaftes Risiko durch das Eis ins offene Wasser vorstoßen und der *Titanic* zu Hilfe kommen können. Hätte sie dies getan, wäre vielen von denen, die umgekommen sind – wenn nicht allen – das Leben gerettet worden.«

Bis zu seinem Lebensende bestand Kapitän Lord darauf, daß die *Californian* nicht »vor Ort« gewesen sei. Ab und zu forderte er, daß der Fall wiederaufgenommen würde, aber das Handelsministerium konnte keine neuen Gründe für ein Revisionsverfahren erkennen, und so blieb es dabei. Im Laufe der Zeit sahen viele Leute in Lord so etwas wie eine Rittergestalt, die sich als Einzelkämpfer mit einem riesigen bürokratischen Koloß herumschlagen mußte – so lautete der Titel einer Artikelserie, die sich für ihn einsetzte: »In den Klauen des Molochs.«

In Wirklichkeit war Kapitän Lord durchaus kein einsamer Kämpfer. Er erfreute sich der Unterstützung durch die Mercantile Marine Services Association, die sich um die Interessen britischer Schiffsoffiziere kümmerte; er hatte gutplazierte Sympathisanten im Parlament; er konnte sich auf sehr gute Verbindungen zur Presse verlassen, und eine kleine, aber wortmächtige Schar von Marineschriftstellern stand hinter ihm.

Diese erwies sich als tatkräftig, einfallsreich – und ausgesprochen selektiv, was die Präsentation ihres Beweismaterials anging. So spielten sie die Zeugenaussage hoch, daß das von der *Californian* aus erblickte Schiff wie ein Frachter aussah, und zugleich wischten sie die Aussage von Groves, dem Dritten Offizier, beiseite, daß es sich um einen Passagierdampfer gehandelt habe. Da die *Californian* für die Nacht gestoppt war, führten sie stolz die Zeugen vor, die angaben, daß das Licht, das von der *Titanic* zu sehen war, sich bewegt habe und ließen die Zeugen außer acht, die der Meinung waren, daß sich das Licht immer an der gleichen Stelle befand. Und was das unsägliche Gespräch angeht, das Stone und Gibson führten, während die Raketen abgefeuert wurden, so wird es nur selten erwähnt.

Mit dem Argument, daß die *Titanic* eine falsche Position angab – also in Wirklichkeit viel weiter weg war –, bieten die Verteidiger der *Californian* eine Seekarte voller fachmännisch wirkender Krakel auf, die zeigen soll, daß die von der *Titanic* angegebene Position auf der anderen Seite eines undurchdringlichen Eisfelds lag. Nur selten erwähnen sie eine andere Karte aus weit zuverlässigerer Quelle. Sie wurde nämlich damals von der Hydrographischen Abteilung der amerikanischen Kriegsmarine angefertigt und basiert auf den Eisberichten neun verschiedener Schiffe, einschließlich dem der *Californian* selbst. In dieser Darstellung erstreckt sich das Eisfeld mehr von Nordost nach Südwest, so daß sich die angegebene Position der *Titanic* diesseits des Feldes befindet, wo sie natürlich auch hingehört. Die exakte Position des Eisfeldes bietet Stoff für endlose Spekulationen.

Zur Unterstützung der Theorie von der »falschen Position« führen die Verteidiger der *Californian* umfangreiche mathematische Berechnungen an, doch die von ihr selbst angegebene Position wird immer als Evangelium akzeptiert. Die Beobachter der *Titanic* fanden es nicht angebracht, ihre exakte Lage zu verraten, aber sie betonen, daß sie definitiv auf Kurs war. Was die *Californian* angeht, so werden wir ihre Position in jener Nacht nie mit Sicherheit wissen.

Auf dem Meer geschätzte Entfernungen, die Zeitbestimmung von bestimmten Vorfällen, die Position und die Peilungen von Schiff zu Schiff sind per se unpräzise – und ganz besonders gilt das für die Nacht, in der die *Titanic* unterging. Es gab nicht einmal eine Uhr auf der oberen Brücke der *Californian*, und die auffällige Klarheit der Atmosphäre machte diese Nacht, wie Kapitän Lord später selbst sagte, zu »einer sehr trügerischen«. Streitgespräche über derartige Variablen können unendlich lange fortgesetzt werden, so daß aus der Suche nach der Wahrheit eine Art *Titanic*-Version von Trivial Pursuit wird.

Das einzige Element, das die Nacht vom 14. auf den 15. April aus dem Reich der Imponderabilien hebt, ist das harte, unbestreitbare Faktum der Raketen – wie sie aussahen, was sie bedeuteten und wozu sie die Menschen veranlaßten. Und an dieser Stelle, denke ich, brachen die Argumente der Verteidiger der *Californian* wirklich in sich zusammen. Sie können sagen, was sie wollen, aber um diese Raketen kommen sie nicht herum.

Als Notsignale in der Nacht galten – so definierten es die Vorschriften der damaligen Zeit – »Leuchtraketen oder Feuerwerkskörper, die Sterne jeder Farbe oder Art produzieren und die einzeln und in kurzen Abständen gezündet werden«. Die *Californian* beobachtete acht solcher Raketen ungefähr zur gleichen Zeit, als die *Titanic* dieselbe Anzahl zündete. Im Laufe der Jahre haben die Verteidiger der *Californian* öfter versucht, diese Raketen zu entschärfen, indem sie sie als »Leuchtkugeln« bezeichneten. Aber in jener Nacht wurden sie von niemandem Leuchtkugeln genannt, sondern immer nur Raketen – Projektile, die in den Himmel schossen und zerbarsten, wobei ein Regen von weißen Sternen herabfiel. Einmal, als Gibson zufällig im richtigen Moment durch sein Fernglas blickte, hatte er sogar die dünne Leuchtspur erkennen können, als die Rakete nach oben zischte.

Alle Offiziere der *Californian*, eingeschlossen Kapitän Lord, waren sich einig, daß diese Raketen – ob selbst beobachtet oder beschrieben – Notsignalen ähnelten. Später wurde großzügig unterstellt, daß die Wache meinte, es könnten Reedereisignale irgendeiner Art sein. Aber in jener Nacht dachte das niemand.

Die beiden Männer auf der Brücke vermuteten, daß etwas nicht in Ordnung sei. Stone, der Zweite Offizier, gab zu, daß er sagte: »Ein Schiff zündet auf See keine Raketen für nichts und wieder nichts.« Offiziersanwärter Gibson sagte, daß sowohl er wie auch Stone das Gefühl gehabt hätten, das Schiff sei »irgendwie in Not«, und noch einmal »es muß irgend etwas mit dem Schiff los sein«. Gibson selbst war der Ansicht, daß es sich um »irgendeine Notlage« handelte.

Der Leitende Offizier Stewart dachte, die Raketen »könnten Notsignale sein«, als er Stone um vier Uhr morgens ablöste und dieser ihm erzählte, was er gesehen hatte. Bei der britischen Untersuchung gab Stewart zu, daß er gedacht habe, »es sei etwas passiert«.

Die *Californian* bemerkte und ignorierte in jener Nacht weitere Raketen, die noch von einem anderen Schiff abgefeuert wurden. Diese Raketen wurden zur selben Zeit gesehen, zu der die *Carpathia* Raketen abfeuerte, während sie sich dem Ort des Geschehens näherte, und sie kamen auch aus ihrer Richtung.

Sowohl Stone als auch Gibson verbanden diese Raketen sofort mit der *Titanic*, während die *Californian* sich am folgenden Morgen unterwegs zum Schauplatz befand – und zwar bevor Zeit zum Überlegen oder Wunschdenken vergangen war.

Kapitän Lord war informiert. Später gab er an, man habe ihm nur eine Rakete gemeldet, aber alle drei anderen Männer auf der Brücke stritten das ab.

Wie es seinen Gefühlen entsprach, behauptete der Kapitän, daß es keinen Grund gäbe, sich Sorgen zu machen. Aber er und Stewart waren besorgt genug, den Funker um 5 Uhr 20 zu wecken und ihn zu beauftragen, die Sache zu überprüfen. Das Tragische ist, daß dies nicht früher geschah.

Manche der Apologeten argumentieren, daß es sowieso nichts gebracht hätte: Die *Californian* war, wie sie meinen, zu weit entfernt, um helfen zu können. Sie weisen darauf hin, daß weder Stone noch Gibson die Raketen hörten, die (wie wir wissen) mit einem gewaltigen Knall detonierten, was leicht mehr als zehn Meilen weit zu hören ist. Allerdings weiß niemand, wie weit die Raketen der *Titanic* zu hören waren. Ein von mir befragter Ballistikexperte schätzte, es könnten zwei oder drei Meilen sein. Wie dem auch sei, auf jeden Fall wurden die Signale *gesehen* und ignoriert.

Angesichts all dieser Umstände bieten die Verteidiger der *Californian* zwei unterschiedliche Theorien an. Die erste lautet, daß es dort draußen zwei voneinander unabhängige Paare von Schiffen gegeben habe: die *Titanic* und ein unbekanntes fremdes Schiff sowie die *Californian* und ein unbekanntes fremdes Schiff. Die beiden Paare konnten sich untereinander nicht sehen. Bei jedem Paar kam eines der Schiffe von Osten, stoppte irgendwann zwischen 23 Uhr 30 und Mitternacht und begann später, Raketen abzufeuern. Bei jedem der beiden Paare wurden etwa acht Raketen abgefeuert. Bei jedem Paar verschwand das raketenabfeuernde Schiff nach und nach und war zweieinhalb Stunden nach dem ersten Stoppen völlig verschwunden. Bei beiden Paaren verging eine weitere Stunde, und dann erschien ein drittes Schiff am Horizont, das Raketen am südlichen Horizont abfeuerte. Selbst in dieser unglaublichen Nacht ist eine derartige Kette von Zufällen allzu weit hergeholt, als daß man sie akzeptieren könnte.

Bei der zweiten Theorie wird eingeräumt, daß die Raketen wahrscheinlich von der *Titanic* stammten, doch es wird behauptet, daß ein drittes, unbekanntes Schiff zwischen dem sinkenden Passagierdampfer und der *Californian* lag. Dabei habe es sich um das von Stone und Gibson beobachtete Schiff gehandelt, von dem die Beobachter fälschlicherweise meinten, daß die Raketen von ihm stammten. Da dieses Schiff aber aussah, als sei es in Ordnung, hätten sie keine Ursache gehabt, sich Sorgen zu machen.

Doch das Schiff, das sie beobachteten, sah keineswegs so aus, als sei es in Ordnung, und Stone wie Gibson waren ausgesprochen besorgt gewesen. Ganz gleich, was später gesagt wurde, in jener Nacht argwöhnten beide Männer, daß es in Schwierigkeiten war. »Wir haben die ganze Zeit darüber geredet«, sagte Gibson aus.

Außerdem verträgt sich die zweite Theorie, daß es ein dazwischenliegendes Schiff gab, nicht mit Stones Erklärung, warum die Lichter des fremden Schiffs »verschwanden«. Nach Stones Angaben verschwanden sie nicht deshalb, weil das von ihnen beobachtete Schiff sank, sondern weil es wegfuhr. Wenn das so war, so die Frage des britischen Gerichts, warum dampfte das geheimnisvolle Schiff dann nicht so davon, daß es den Blick auf das Schiff freigab, von dem die Raketen tatsächlich stammten? Stone wußte darauf keine Antwort.

Im übrigen wurde ein »dazwischen liegendes Schiff« niemals ausfindig gemacht. Als ewiger Kandidat wird der norwegische Robbenfänger *Samson* genannt, gestützt auf die maschinengeschriebene Abschrift eines Tagebuchs, das angeblich von einem Crewmitglied geführt wurde. Nach diesem Typoskript (das Original ist verschwunden) lag die *Samson* in der Nähe der *Titanic* und sah die Raketen, hatte jedoch Angst, sich zu zeigen, weil sie in illegalen Robbenfang verwickelt war.

Leider gibt dasselbe Dokument an, daß sich die *Samson* am vorhergehenden Nachmittag südlich von Kap Hatteras befand. Selbst die starken Turbinen der *Mauretania* hätten sie nicht rechtzeitig für das große Schauspiel in die eisigen Gewässer vor Neufundland befördern können.

Weitere Zweifel hinsichtlich der *Samson* ergeben sich aus einer bemerkenswerten Forschungsarbeit von Leslie Reade, einem weniger bekannten britischen *Titanic*-Forscher, der jedoch bei den Kennern, die sich intensiv mit dem Unglück beschäftigen, einen fast schon guruartigen Status genießt. Reade hat Informationen aus offiziellen isländischen Quellen ausgewertet, nach denen sich die *Samson* am 6. und dann wieder am 20. April im Fischereihafen von Isafjördhur befand. Dies bedeutet, daß die *Samson* nur vierzehn Tage hatte, um die 3000-Meilen-Reise zur *Titanic* und zurück hinter sich zu bringen – und das ist für ein 6-Knoten-Schiff absolut unmöglich.

Wie dem auch sei – spielte es denn eine Rolle, ob eventuell wirklich ein drittes Schiff zwischen der *Californian* und der *Titanic* lag? Raketen bleiben Raketen, und diese ähnelten offensichtlich Notsignalen, denn Stone wie Gibson vermuteten, daß sich ein Schiff in Not befand.

Man hat als mildernden Umstand angeführt, daß sie die Raketen fälschlich für Reedereisignale hielten oder für Signale zwischen Fischern, die vor den Neufundlandbänken ihrer Arbeit nachgingen. Damals benutzten Schiffe tatsächlich gelegentlich Nachtsignale, um zu erkennen zu geben, wer sie waren, aber dabei handelte es sich meistens um eine Kombination aus farbigen Leuchtkugeln und römischen Lichtern. Sie sahen nicht im entferntesten so aus wie die weißen Raketen, die Stone und Gibson sahen, und ebensowenig wie die weißen Raketen, die um die gleiche Zeit auf der *Titanic* gezündet wurden. Keinem der beiden Männer kam der Gedanke, daß das von ihnen beobachtete Schiff nur versuchte, sich zu erkennen zu geben. Noch einmal sei es gesagt – sie mutmaßten, daß es versuchte, Hilfe herbeizurufen.

Schließlich gab es noch die These, die beiden Männer auf der Brücke hätten die Raketen für ein Feuerwerk anläßlich einer Festlichkeit gehalten. Diese Theorie entwickelte sich aus einer sarkastischen Bemerkung von Butler Aspinall, dem Anwalt des Handelsministeriums, die während der britischen Untersuchung fiel, als er Stone nach der Bedeutung der Raketen befragte. Stone antwortete so ausweichend, daß Aspinall schließlich aufgebracht fragte: »Sie wußten, daß sie nicht zum Spaß abgeschossen wurden?« Dies wurde beim Weitererzählen irgendwie so verdreht, daß es uns als eine von Stone abgegebene Erklärung überliefert wurde und nicht als eine sarkastische Bemerkung Aspinalls.

Es wäre müßig, sich weiter zu fragen, welche Bedeutung Stone und Gibson den Raketen zuschrieben. Die wahre Frage ist die, warum Kapitän Lord nichts unternahm, als sie ihm gemeldet wurden.

Mit Sicherheit lag es nicht daran, daß der Kapitän betrunken war – er war nämlich Abstinenzler.

Ebensowenig ist es wahrscheinlich, daß er zu fest schlief, um die Meldungen, die ihm nach unten geschickt wurden, zu begreifen. Er hatte sich nicht in sein Bett gelegt und die Decke über die Ohren gezogen, sondern lag angezogen auf der Couch im Kartenraum. Seine Nachtruhe wurde zwischen 0 Uhr 40 und 2 Uhr 40 zu drei verschiedenen Malen gestört. Zweimal mußte er deshalb aufstehen und in seine eigene Kabine gehen, um mit Stone am Sprachrohr zu reden. Beim drittenmal wurde er von Gibson persönlich aufgesucht. Jedesmal machte er einen wachen und völlig klaren Eindruck. Er hatte auch keinen Grund, sehr erschöpft zu sein, denn es lag kein besonders anstrengender Tag hinter ihm.

Am Ende ist es schwer, sich nicht von der Schlußfolgerung von Sir Rufus Isaacs, dem ersten Kronanwalt bei der britischen Untersuchung, beeindrucken zu lassen:

> ... ich sehe mich außerstande, eine Erklärung für das Geschehene zu finden, außer der, daß der Kapitän des Schiffs eventuell zum erstenmal mit Eis zu tun hatte und nicht das Risiko auf sich nehmen wollte, einem anderen Schiff zu Hilfe zu kommen, das, wie er meinte, wohl deshalb in Schwierigkeiten geraten war, weil es in dem Eis weitergefahren war, während er selbst gestoppt hatte.

Man muß sich immer wieder klarmachen, daß damals der Untergang der *Titanic* ja noch nicht Geschichte war. Als Kapitän Lord beschloß, an Ort und Stelle zu bleiben, hatte er keine Ahnung, daß das berühmteste Schiffsunglück der

Welt seinen Lauf nahm. Er wußte nur, daß eine Menge Eis um ihn herum ihm zu schaffen machte und daß es am sichersten war, wenn man die Nacht über stoppte. Diese Entscheidung war richtig – vorausgesetzt, daß nichts passierte. Aber es passierte eben doch etwas, und Kapitän Lords Fehler war seine Unfähigkeit oder sein Mangel an Bereitschaft, sich auf eine gänzlich neue Situation einzustellen. Zugegeben, er hatte an sein eigenes Schiff und seine eigene Mannschaft zu denken, aber das war keine Entschuldigung dafür, gar nichts zu unternehmen. Er weckte nicht einmal seinen nur wenige Meter entfernten Funker, als die Raketen abgefeuert wurden. Etwas, das vor dem Auftreten der Raketen gute seemännische Haltung gewesen war, wurde danach zu einem jämmerlichen Mangel an Tatkraft.

Selbst als Kapitän Lord nach Washington vorgeladen wurde, schien er zu meinen, das eigentliche Thema sei seine Besonnenheit und nicht sein Versäumnis, auf die Raketen zu reagieren. Daher seine eigenartige Bemerkung, er habe die Absicht, »dem Komitee zu sagen, warum mein Schiff mit gestoppter Maschine trieb, während die Titanic mit voller Kraft voraus fuhr«.

Angesichts einer solchen Einstellung hätte es in dieser Nacht eines durchsetzungsfähigen Mannes auf der Wache bedurft – eines Offiziers, der keine Angst vor einem zögerlichen Kapitän hatte. Es ist die Frage, ob Herbert Stone der ideale Mann in einer solchen Situation war. Während damals grundsätzlich eine tiefe Kluft zwischen dem Schiffsherren und den Offizieren bestand, so scheint diese zwischen Kapitän Lord und dem Zweiten Offizier Stone besonders tief gewesen zu sein. Lord war ein strenger Autokrat; Stone nahm die Dinge eher leicht. Wie verlautet, hat er später gegenüber Freunden gesagt, daß er und Gibson die Raketen tatsächlich für Notsignale hielten, sie hätten jedoch »den Alten nicht dazu kriegen können, aus dem Kartenraum zu kommen«.

Wie sehr haben sie sich darum bemüht? Zwar machte Stone dem Kapitän zweimal Meldung von den Raketen und beschrieb sie jedesmal ganz genau, doch erwähnte er nicht die schlimmen Befürchtungen, die er und Gibson daran knüpften, noch wagte er es, eine Meinung hinsichtlich ihrer möglichen Bedeutung zu äußern. »Ich hielt sie einfach für weiße Raketen«, sagte er später bei der britischen Untersuchung. »Davon setzte ich den Schiffsherrn in Kenntnis und überließ ihm das Urteil.«

Der Leitende Offizier Stewart, der die Wache um vier Uhr morgens übernahm, war da schon ein wenig energischer. Als Kapitän Lord um 4 Uhr 30 auf die Brücke kam und über die Weiterfahrt nach Boston zu sprechen begann, fragte ihn Stewart immerhin, ob er nicht erst nach Süden fahren und nach dem Schiff sehen wolle, das während der Nacht Raketen abgefeuert hatte. »Nein, ich denke nicht«, erwiderte Kapitän Lord, während er das Schiff musterte, das eben erst im Süden aufgetaucht war. »Es scheint alles in Ordnung zu sein; es sendet jetzt auch keinerlei Signale.«

Natürlich sah er sich das falsche Schiff an, den Neuankömmling, von dem Stone extra gesagt hatte, daß es nicht dasjenige Schiff war, das die Raketen abgefeuert hatte. Stewart wußte dies, aber er korrigierte den Kapitän nicht. Die Gründe dafür kann sich jeder selbst denken. Ließ auch er sich von der unnahbaren Persönlichkeit des Kapitäns einschüchtern? Machte er sich solche Gedanken wegen der Raketen, daß er bereit war, so zu tun, als ob auch er den Neuankömmling für das richtige Schiff hielte, damit wenigstens irgend etwas unternommen wurde? Wir werden es niemals erfahren. Selbst auf nachdrückliche Befragungen gab er dem Gericht nie eine Erklärung.

So war die Situation um 4 Uhr 30 im wesentlichen nicht anders als während der ganzen Nacht. Die Raketen wurden immer noch ignoriert, und nun dachte Kapitän Lord nur noch daran, wie er nach Boston kommen sollte. Und doch, 50 Minuten später, um 5 Uhr 20 Uhr, wurde der Funker von Stewart unsanft wachgerüttelt: »Ein Schiff war hier, das Raketen abgefeuert hat. Versuchen Sie doch mal, herauszufinden, ob da irgend etwas los ist!«

Was war geschehen, daß alles innerhalb von 50 Minuten auf den Kopf gestellt wurde? Manchmal wünsche ich mir, daß mich eine Zeitmaschine zurückversetzen könnte und daß ich in der Lage wäre, in der Nacht vom 14. auf den 15. April 1912 eine Stunde an jedem von mir gewünschten Ort zu verbringen. Ich würde diese Stunde nicht auf der *Titanic* verbringen, sondern auf der Brücke der *Californian*, und zwar zwischen 4 Uhr 30 und 5 Uhr 30, um die Wache mit Kapitän Lord und dem Leitenden Offizier Stewart zu teilen. Was wurde da gesagt? Welche Ideen wurden ausgetauscht? Welcher Rat wurde höflich angeboten? Welche Vorschläge wurden gemacht? Welche Überlegungen teilten sie sich mit – oder auch nicht?

Wir haben nur wenige Anhaltspunkte. Wie ihr Auftritt in Boston zeigte, waren die Offiziere der *Californian* alles andere als redselig in bezug auf diese Nacht. Stewart behauptete sogar, daß er den Funker nur geweckt habe, um die Identität des Schiffs im Süden herauszufinden – eine Erklärung, die von der britischen Untersuchung emphatisch abgelehnt wurde.

Sowohl in seinem Interview mit dem *Daily Item* aus Clinton wie in seinem Brief nach London erklärte Schiffszimmermann McGregor, daß Stewart so wütend über die Passivität der *Californian* war, daß er schließlich Evans aus eigenem Antrieb weckte, anscheinend ohne sich vorher die Erlaubnis des Kapitäns zu holen. Das scheint zu weit zu gehen; Kapitän Lord muß zumindest sein stillschweigendes Einverständnis erklärt haben.

Was hat ihn veranlaßt, seine Meinung zu ändern? Ich vermute, daß es nicht die Logik oder Beredsamkeit Stewarts waren, sondern eine völlige Veränderung der äußeren Umstände. Ein ganz neues und beruhigendes Element trat nämlich in Erscheinung: das Tageslicht.

Um 5 Uhr 20 kam die Dämmerung herauf, und das Morgenrot breitete sich auf dem Meer aus und machte das Eisfeld zum erstenmal in allen Einzelheiten sichtbar – die großen und die kleinen Eisberge, die zerbrochenen, flachen Schollen des Treibeises. Jetzt konnte man auch die Rinnen erkennen, die sich durch das Eis schlängelten, ebenso wie die Gebiete mit undurchdringlichem Packeis. Endlich war es auch für einen bedächtigen Mann nicht mehr gefährlich, etwas zu unternehmen.

Es mußte nicht zwangsläufig so ablaufen. Kapitän Rostron, der »elektrische Funke«, hat das bewiesen. Aber die *Californian* war anders – ein schwerfälliger Frachtdampfer unter dem Kommando eines vorsichtigen Kapitäns und einer lahmen Wachmannschaft. Sechs Monate später, bevor die Fronten hoffnungslos verhärtet waren, schrieb Kapitän Lord einen Brief an seinen Parlamentsabgeordneten. Darin gab er zu, daß »in der fraglichen Nacht eine gewisse Trägheit an Bord der *Californian*« geherrscht habe. Wahrscheinlich hatte er dabei Stone im Sinn, aber dies ist ein Satz, der gut als Epitaph über dem Auftreten der gesamten Schiffsführung in jener Nacht stehen könnte – den Kapitän eingeschlossen.

15. KAPITEL

Urteile im nachhinein

Die braungebrannten Seeleute verließen schon bald die Bühne, und statt dessen nahm eine bleiche Schar von Juristen, Bürokraten, technischen Gutachtern und endlich auch Historikern ihren Platz ein. Noch bevor die *Carpathia* in New York eingetroffen war, erhoben sich Stimmen in Washington, die wissen wollten, wie es zu einer solchen Katastrophe hatte kommen können.

Der Chor wurde angeführt von Senator William Alden Smith, einem Mann, dessen Wählerschaft nichts mit dem Meer zu tun hatte; er kam aus Grand Rapids, Michigan, 720 Meilen von der Atlantikküste entfernt. Er war auch kein Experte in nautirschen Fragen, sondern Eisenbahnanwalt. Doch Senator Smith hatte ein gutes Gespür für heiße politische Themen und erkannte rasch, daß ihn dieses Ereignis schlagartig im ganzen Land bekannt machen würde.

Nominell zählte man Smith zu den Republikanern, doch im Grunde seines Herzens war er ein Einzelgänger, der weder in den konservativen noch den progressiven Flügel der Partei paßte. Er hatte eine Tendenz zum Populismus – so nahm er gern die Trusts aufs Korn –, und diese Neigung mochte ihn jetzt beeinflußt haben. Schließlich gehörte die White Star Line zu Pierpont Morgans Reedereikonzern. Smith gefiel sich in der Rolle des ungehobelten Rauhbeins vom Lande, der es mit den feinen Großstadtpinkeln aufnimmt, und die White Star mit ihrer Kombination aus britischen Handelsherrn und Wall Street Finanziers muß wohl ein allzu schönes Angriffsziel geboeten haben, als daß er hätte widerstehen können.

Als erstes mußte er anklopfen, was das Weiße Haus und die führenden Männer im Kongreß zu unternehmen gedachten, doch dort hatte man keine eigenen Pläne. Befriedigt boxte er eine Resolution durch den Senat, die das Committee of Commerce, den Handelsausschuß, anwies, einen Unterausschuß zur Untersuchung der Katastrophe zu ernennen. Es folgte ein kurzfristiges Treffen mit Knute Nelson, dem Vorsitzenden des Handelsausschusses, und am Mittag des 17. April war der Unterausschuß bereits aufgestellt. Daß Smith den Vorsitz führte, kam für niemanden überraschend.

Es war typisch für ihn, daß er bei der Auswahl der übrigen sechs Mitglieder des Unterausschusses darauf achtete, daß sie ohne Berücksichtigung ihrer nautischen

Kenntnisse ausgewählt wurden. Ihm ging es allein um politische Ausgewogenheit. Daher bestand der Unterausschuß aus drei Republikanern und drei Demokraten, wobei die Parteien jeweils einen Konservativen, einen Liberalen und einen Gemäßigten stellten.

Das brisanteste Merkmal des Unterausschusses war es, da er ermächtigt wurde, Zeugen unter Strafandrohung vorzuladen. Schließlich würde ein Großteil der wichtigsten Zeugen die britische Staatsangehörigkeit haben. Niemand wußte genau, ob diese Befugnis auch für Ausländer galt, doch falls es so war, konnte keiner vorhersagen, ob sich das mit dem empfindlichen Stolz der britischen Seeleute vereinbaren ließe.

Smith ging das Risiko ein, denn er hatte keine Zeit zu verlieren. Wenn die *Carpathia* schon nicht auf Präsident Tafts Anfragen reagierte, so gab es doch Beweise, daß in ihrer Funkerbude mehr abgelaufen war als die traurige Pflicht, die Namensliste der Überlebenden einzutippen. Am 17. April fing der amerikanische Kreuzer *Chester* einen interessanten Funkspruch des kleinen Cunard-Schiffs an das Büro der White Star in New York auf:

> Am besten Crew der *Titanic* so schnell wie möglich nach Hause schicken. Schlage vor, Abreise *Cedric* zu verschieben auf Tagesanbruch Freitag ... Schlage vor, selbst mit ihr zurückzukehren. (Unterschrift) YAMSI

Auch ohne scharfsinnige Geheimdienstler ließ sich dieser Code unschwer knacken: ›YAMSI‹ war Ismay, rückwärts geschrieben. Anscheinend plante der Präsident der White Star, sich samt der Crew des untergegangenen Schiffs aus dem Bereich der amerikanischen Gerichtsbarkeit abzusetzen, noch bevor mit einer Untersuchung begonnen werden konnte.

Smith und die Mitglieder des Unterausschusses nahmen sofort mit einem kleinen Heer von Bundesvollzugsbeamten Kurs auf New York. Sie kamen am Abend des 18. April an, gerade als die *Carpathia* die Quarantänestation erreicht hatte. Per Taxi rasten sie zur Cunard-Pier und trafen dort in dem Augenblick ein, als das Schiff unter dem Blitzlichtgewitter der Photographen langsam anlegte. Kaum hatte sich die Gangwaybrücke gesenkt – und noch bevor die ersten Überlebenden an Land gehen konnten –, stürmten der Senator und seine Beamten an Bord.

Sie fanden Ismay in der Kabine des leitenden Schiffsarztes, wohin er sich nach seiner Rettung am Montagmorgen zurückgezogen hatte. Auf dem Schiff ging das Gerücht um, er sei vor Trauer und Erschütterung von Sinnen, doch der Mann, der sie empfing, machte einen völlig gefaßten Eindruck.

Nein, sagte ›YAMSI‹, er hätte nicht im Traum daran gedacht, sich vor einer amerikanischen Untersuchung zu drücken. Er wolle in jeder Weise kooperieren. Gewiß würde er morgen um zehn Uhr vormittags im East Room des Waldorf-Astoria erscheinen, den man zu einem Anhörungszimmer für den Unterausschuß in New York umfunktioniert hatte.

Seinem Wort getreu, saß Ismay bereits am Konferenztisch, als Senator Smith und seine Leute am folgenden Morgen den East Room betraten. Um 10 Uhr 30 eröffnete Smith das Verfahren und rief als ersten Zeugen Ismay auf. Ob er freundlicherweise dem Komitee alle Informationen, die er für nützlich erachte, mitteilen und die Geschichte »so kurz wie möglich« berichten könne?

Ismay stellte schnell unter Beweis, wie kurz er sich fassen konnte. Nachdem er die Leistung der Maschinen der *Titanic* für jeden Tag der Reise – und die daraus resultierende Tagesdistanz – angegeben hatte, kam er auf den Sonntagabend zu sprechen. »Ich selbst war im Bett und schlief, als das Unglück geschah«, erklärte er. »Das Schiff sank, so sagte man mir, um 2 Uhr 20. Das, Sir, ist, glaube ich, alles, was ich Ihnen dazu sagen kann.«

Ungerührt fragte Smith weiter, was Ismay nach dem Zusammenstoß getan habe, und vielleicht wurde dem Präsidenten der White Star erst jetzt klar, daß ihm ein Verhör bevorstand, bei dem er so in die Mangel genommen wurde, daß das Protokoll schließlich auf 58 Seiten anschwoll.

Auf der anderen Seite des Atlantik reagierten die Briten erst mit Unglauben und dann mit Bestürzung auf die Senatsuntersuchung. Was fiel diesen dreisten Amerikanern überhaupt ein, eine britische Familienangelegenheit zu untersuchen? Joseph Conrad äußerte sich im *English Review* vom Mai 1912 dazu folgendermaßen:

> Warum ein Offizier der britischen Handelsmarine die Fragen irgendeines Königs, Kaisers, Diktators oder Senators einer fremden Macht beantworten soll (noch dazu zu einem Ereignis, das einzig ein britisches Schiff betraf und sich nicht einmal in den Hoheitsgewässern dieses Staates ereignete), geht über mein Vorstellungsvermögen.

Die Tatsache, daß die *Titanic* immerhin amerikanische Häfen anlief und amerikanische Passagiere umwarb, schien kaum von Bedeutung zu sein, und die Tatsache, daß die White Star Line, wenn man den Firmenschleier lüftete, im Grunde in amerikanischem Besitz war, wurde kein einziges Mal auch nur erwähnt. Alles in allem, meinte Conrad naserümpfend, war die Einmischung des Senats eine »sehr provinzielle Machtdemonstration«.

Auch Senator Smith war im Laufe der Untersuchung seiner eigenen Sache nicht sehr dienlich. Er legte eine fast vollständige Unkenntnis in bezug auf Schiffe und die See an den Tag – so fragte er einmal einen Zeugen: »Ging die *Titanic* zuerst mit der Spitze oder mit dem Bug unter?«

Sein berühmtester Lapsus war seine Frage an den Fünften Offizier Lowe: »Wissen Sie, woraus ein Eisberg besteht?«

»Aus Eis, nehme ich an, Sir«, erwiderte Lowe, um einen Lacher zu erzielen.

Angesichts der auf beiden Seiten des Atlantiks anzutreffenden Unkenntnis über Eisberge und was sie anrichten können, war Smiths Frage allerdings nicht ganz so dumm. Es war ja auch kaum zu glauben, daß ein bloßes Stück Eis, auch wenn es noch so groß war, einen stählernen Schiffsrumpf aufreißen konnte. Smith überlegte deshalb, ob Eisberge vielleicht auch bekanntere tödliche Materialien enthielten wie zum Beispiel Felsen und Steine. Er hatte dieselbe Frage schon früher einmal gestellt, und zwar an den Vierten Offizier Boxhall, und eine klare Auskunft bekommen: »Ich habe von einigen Leuten gehört, sie hätten Sand, Kies, große Steine und ähnliche Sachen im Eis eingeschlossen gesehen.« Damals hatte keiner gelacht. Es mußte erst Lowe kommen, um festzustellen, daß sich hier eine passende Blöße für einen Seitenhieb bot.

»Ein Trottel, wie er im Buche steht«, folgerte denn auch die Londoner Presse, und zu dem Chauvinismus in den ständigen Attacken gegen die Senatsuntersuchung gesellte sich Verachtung. Es herrschte allgemein der Eindruck, daß alles anders verlaufen würde, wenn die Briten erst ihre eigene Untersuchung der Tragödie in Gang brachten. So erklärte der *Daily Telegraph* mit höflicher Zurückhaltung:

> Die Untersuchung, die seit einiger Zeit in Amerika abläuft, hat eindringlich vor Augen geführt, daß Laien unfähig sind, das Problem der Navigation auf See zu verstehen. Wir können uns dazu gratulieren, daß die britischen Gepflogenheiten eine befriedigendere Methode zur Untersuchung der Umstände eines Schiffsunglücks vorsehen.

Die »befriedigendere Methode« war ein vom Handelsministerium einberufener Sondergerichtshof unter dem Vorsitz von Lord Mersey, eines prominenten Juristen, der auf

Antrag des Handelsministeriums vom Lordkanzler dazu berufen worden war. Er hatte fünf sogenannte ›Assessoren‹ zur Seite, die aber keine beigeordneten Richter waren, sondern ausschließlich technische Sachverständige, deren Aufgabe es war, Lord Mersey zu helfen, sofern er sie dazu aufforderte. Als »Kommissar für Schiffsunglücke« hatte er in allem das letzte Wort – zum Beispiel bei der Frage welche Umstände untersucht werden sollten, welche Zeugen geladen, welche der beteiligten Kreise vertreten sein mußten und schließlich, was das Gericht abschließend urteilen würde.

Der *Daily Telegraph* bezeichnete Lord Mersey als »eine der führenden Autoritäten unseres Landes auf nautischem Gebiet«, doch in Wirklichkeit war er davon weit entfernt. Er war zwar ein erfahrener Richter, doch sein Spezialgebiet war Handelsrecht. Als Präsident der Abteilung für Nachlaß-, Ehe- und Seerecht des High Court fungierte er erst seit einem Jahr. Doch er war scharfsinnig und geistreich und verfügte über die Art juristischen Verstandes, der die Einzelheiten eines komplizierten Falls im Handumdrehen erfaßt und verarbeitet.

Die Untersuchung begann am 2. Mai in der Londoner Scottish Drill Hall, einem riesigen scheunenartigen Gebäude mit verheerender Akustik, das aber als einziger verfügbarer Ort groß genug war, um alle Leute zu fassen, die Veranlassung hatten zu kommen. 36 Tage lang wurde die Geschichte der *Titanic* noch einmal aufgeblättert. Dazu wurde eine endlose Prozession von Zeugen befragt, durch Anwälte, die so unterschiedliche Beteiligte vertraten wie die White Star Line, die Nationale Union der Seeleute und Feuerwehrmänner, die Passagiere der Dritten Klasse, die Eigner und Offiziere der *Californian* und das Handelsministerium selbst. Insgesamt waren über fünfzig Anwälte anwesend, die ständig irgendwelche Schachzüge machten, um die Interessen ihrer Klienten zu schützen oder zu fördern.

Bei all dem behielt Lord Mersey die Zügel fest in der Hand. Im allgemeinen beschränkte er sich darauf, die Aussage des jeweiligen Zeugen anzuhören, doch wenn er zu der Meinung kam, daß diese unergiebig war, unterbrach er ihn mit einem gereizten: »Das bringt mich keinen Schritt weiter.« Vor allem ärgerten ihn ausweichende Zeugen. Bei der Befragung des unglücklichen Herbert Stone, des Zweiten Offiziers auf der *Californian*, verkündete Mersey einmal plötzlich: »Also wissen Sie, Sie machen gegenwärtig keinen guten Eindruck auf mich.«

Vor allem aber konnte er Menschen, die sich lächerlich machten, nicht mit Gelassenheit ertragen. Alexander Carlisle, der Konstrukteur der *Titanic*, beschrieb im Laufe seiner Aussage ein Treffen, bei dem auch er und Harold Sanderson von der White Star Line anwesend waren, ohne sich aber zu anstehenden Problemen zu äußern. »Mr. Sanderson und ich spielten nur eine stumme Rolle«, erklärte Carlisle. »Oder eine dumme«, bemerkte Lord Mersey. »Das möchte ich nicht völlig ausschließen.«

Außer der Weltläufigkeit des Kommissars sowie der gelassenen Atmosphäre, in der sich gegnerische Anwälte höflich mit »mein guter Freund« anredeten, unterschied sich die britische Untersuchung noch in einer weniger auffälligen, aber gleichwohl wichtigeren Weise von der wüsten Keilerei bei der Senatsuntersuchung. Man legte hier sehr viel mehr Wert auf die technische Seite des Unglücks, also die fehlerhafte Konstruktion der *Titanic*, die veralteten Vorschriften des Handelsministeriums in bezug auf die Rettungsboote, die lässige Art und Weise, in der das Ministerium die unzulänglichen Rettungsübungen hinnahm, sowie auf die von den Kapitänen praktizierte leichtsinnige Navigation in dem Wettkampf um die Nordatlantikroute.

Ohne sich darauf kapriziert zu haben, allein durch die Aussagen der Zeugen, brachte die Untersuchung auch die Laxheit des Handelsministeriums bei der Durchführung seiner eigenen Verordnungen ans Licht. Kapitän Maurice Henry Clarke, der Inspektor, der die *Titanic* zur Reise freigab, billigte eine ›Rettungsübung‹, die aus dem Fieren zweier Rettungsboote bestand, die mit einer handverlesenen Crew bemannt waren, während das Schiff noch festgemacht an der Pier lag. Als er einräumte, daß er seine Anforderungen seit dem Unglück verschärft habe, fuhr Lord Mersey dazwischen:

»Dann glauben Sie also nicht, daß Ihr System vor der *Titanic*-Katastrophe sehr befriedigend war?«
»Nein, Sir.«
»Hielten Sie es vor der *Titanic*-Katastrophe für befriedigend?«
»Nein, Sir.«
»Warum haben Sie es dann so gemacht?«
»Weil es so üblich war.«
»Folgen Sie einer Üblichkeit, weil sie schlecht ist?«
»Nun, ich bin Beamter, Sir, und wir richten uns zu einem guten Teil nach dem, was üblich ist.«

Sogar noch deprimierender war die Zeugenaussage von Sir Alfred Chalmers, der 1896–1911 »Nautischer Beirat der Marineabteilung des Handelsministeriums« gewesen war. Man meinte, er würde besser als sonst jemand wissen, warum die Vorschriften für Rettungsboote nicht modernisiert worden waren, um der Tatsache Rechnung zu tragen, daß die Schiffe seit 1896 immer größer wurden. Wie sich herausstellte, hatte Sir Alfred aber kein Interesse daran, die Vorschriften anzupassen – seiner Meinung nach gab es ohnehin schon zu viele. Er fand es besser, alle Vorschriften so weit wie möglich abzuschaffen und solche Dinge wie Rettungsboote der »freiwilligen Entscheidung des Schiffseigentümers« zu überlassen. Kurzum, er war der Traum jedes Reeders: ein für Vorschriften verantwortlicher Mann, der selbst nicht an Vorschriften glaubte.

Was die *Titanic* betreffe, erklärte Chalmers, so sei niemand nur deshalb ums Leben gekommen, weil die vorgeschriebene Anzahl von Rettungsbooten seit 1896 nicht erhöht worden wäre. Nicht zu wenige, sondern zu viele Rettungsboote seien das Problem der *Titanic* gewesen. Er wies darauf hin, daß viele der Boote halbvoll ausgesetzt worden waren. Dies habe oft damit zu tun, daß sich die Menschen zu sehr in Sicherheit wiegten. Hätte es weniger Rettungsboote gegeben, wären die Leute nicht so unbesorgt gewesen, die Boote wären dann voll besetzt gewesen, und letztendlich wären mehr Leben gerettet worden.

Während bei der britischen Untersuchung selbst Leute, die nur dunkle Vorstellungen in ihren Köpfen hatten, nach technischen Aspekten der Katastrophe befragt wurden, schien Lord Mersley relativ wenig Interesse an dem Martyrium der Passagiere zu haben. Von den 102 Zeugen, die eine Aussage machten, waren nur zwei Passagiere, nämlich Sir Cosmo und Lady Duff Gordon. Zusammen mit Lady Duffs Sekretärin Miß Francatelli gehörten sie zu den zwölf Personen, die die *Titanic* in Boot Nr. 1 verließen, das für vierzig Personen gedacht war. Es hatten sich inzwischen häßliche Gerüchte verbreitet, nach denen Sir Cosmo die Bootsmannschaft bestochen habe, wegzurudern, und jetzt versuchen wolle, sich von diesem Verdacht reinzuwaschen.

Am 17. Mai trafen die Duff Gordons in Begleitung ihrer Anwälte bei der Anhörung ein. Von der Aussicht auf einen möglichen Skandal in hochgestellten Kreisen angelockt, drängte sich die Prominenz auf der Zuschauergalerie, unter ihnen der Graf von Clarendon, der russische Botschafter, Fürst Leopold von Battenberg, und Mrs. Asquith, die Gattin des Premierministers. Falls sie auf eine sensationelle Enthüllung gewartet hatten, stand ihnen eine Enttäuschung bevor. Sir Cosmo überzeugte das Gericht davon, daß er keinen Befehl gegeben habe, das Boot fortzurudern, und daß die fünf Pfund Sterling, die er später allen Männern der Crew gegeben hatte, nichts weiter waren als ein Geschenk, damit sie sich neue Ausrüstungen kaufen konnten. Er hatte nichts Unschickliches getan, und das einzige, was Lord Mersey zu kritisieren fand, war, daß er vielleicht ein wenig positive Führerschaft hätte an den Tag legen können, als das Boot weitgehend leer dahintrieb und noch nahe genug an den Hunderten von Menschen war, die im Wasser um ihr Leben kämpften. Nachdem der Verdacht gegen die Duff Gordons ausgeräumt war, wandte sich die Untersuchung wieder der minuziösen Erforschung der Ursachen des Schiffsunglücks zu.

Im Gegensatz dazu konzentrierte sich die Untersuchung des amerikanischen Senats sehr viel stärker auf das, was man als den menschlichen Aspekt der Katastrophe bezeichnen könnte. Von Bruce Ismay einmal abgesehen, machten etwa zwanzig Passagiere aus allen drei Klassen Zeugenaussagen und brachten damit Licht in so wichtige Fragen wie zum Beispiel, auf welche Weise der Alarm nach dem Zusammenstoß weitergegeben wurde, wie viele Warnungen es gegeben hatte, wie das Anstehen für die Boote organisiert war, wie das unterschiedliche Vorgehen auf der Backbord- und Steuerbordseite und die unterschiedliche Behandlung, die den drei Klassen zuteil geworden war, sich ausgewirkt hätten.

Am Ende erwiesen sich sowohl die amerikanische als auch die britische Vorgehensweise als nützlich zur Wahrheitsfindung. Beide demonstrierten keine »richtige« oder »falsche« Art der Untersuchungsführung. Ebensowenig waren sie in irgendeiner Hinsicht überflüssig. Im Gegenteil, sie ergänzten einander und trugen zusammen viel zur Aufklärung der Katastrophe bei; nebenbei bemerkt, wurden dabei 2111 Seiten von Informationen aus erster Hand produziert, die später wieder und wieder gesichtet und überprüft werden sollten.

Trotz ihrer unterschiedlichen Ansätze war es deshalb

nicht allzu verwunderlich, daß die beiden Untersuchungen zu den gleichen Schlüssen kamen: Die *Titanic* fuhr zu schnell; es war kein guter, ordnungsgemäßer Ausguck vorhanden; das Bemannen und Wegfieren der Rettungsboote war schlecht organisiert; die *Californian* befand sich in Sichtweite, sah die Raketen und hätte helfen können; es hatte keine Diskriminierung der Dritten Klasse stattgefunden.

Beide Untersuchungen sprachen die Empfehlung aus, daß Passagierschiffe Rettungsboote für alle an Bord haben sollten, daß es bessere und häufigere Rettungsübungen geben müsse, daß die Funker 24 Stunden am Tag Dienst tun sollten und daß man etwas unternehmen müsse, um die Sicherheitsmaßnahmen gegen Wassereinbrüche bei den immer größer werdenden Linienschiffen, die nun die Meere befuhren, zu verbessern.

Bei beiden Untersuchungen waren die Ergebnisse in bezug auf die Dritte Klasse verwunderlich. Es mag vielleicht noch verständlich sein, daß Lord Mersey keine Diskriminierung erkennen konnte, aber auch Mr. Harbinson, der offizielle Vertreter der Interessen der Dritten Klasse, lud keinen einzigen Überlebenden aus dem Zwischendeck zur Zeugenaussage vor. Er versicherte dem Gericht persönlich, daß es »nicht das allergeringste Anzeichen, kein Fitzelchen eines Beweises« dafür gebe, daß irgendein Passagier der Dritten Klasse behindert worden sei.

Weniger verständlich waren die Erkenntnisse der Senatsuntersuchung. Zwei der drei befragten Zeugen aus der Dritten Klasse sagten klar und deutlich aus, daß Angehörige der Crew Maßnahmen ergriffen hätten, damit sie unter Deck blieben. Und trotzdem, daß muß eingestanden werden, sagten sie auch, daß sie nicht glaubten, benachteiligt worden zu sein. Daraus kann man nur eines schließen: Im Zwischendeck hatte man keine großen Erwartungen – im Jahre 1912 war es genug, wenn man einen Rettungsgürtel erhielt.

Auch zwischen den beiden Untersuchungsberichten bestanden Unterschiede. Lord Merseys Feststellungen waren eindeutig vorsichtiger. In Anbetracht seiner schneidenden Kommentare zu den Zeugenaussagen hätte man etwas von dieser Deutlichkeit auch in seinem Bericht erwarten können, aber das war nicht der Fall. »Hier wird die Zurückhaltung auf die äußerste Spitze getrieben«, monierte die *Daily Mail*. Noch enttäuschter war das *Nautical Magazine*, die Fachzeitschrift der Offiziere der Handelsmarine:

> Nach Lord Merseys Urteil bei der *Titanic*-Untersuchung sind wir so klug wie zuvor. Es ist blaß, ängstlich und vorsichtig. Wir hatten von Lord Mersey mehr Rückgrat erwartet ...

Zur Frage der Rettungsboote zum Beispiel forderte Senator Smith rundheraus, daß es in Zukunft Boote für alle geben müsse, für die Passagiere wie für die Crew. Lord Mersey dagegen begnügte sich damit zu sagen, daß »die Unterbringung für alle Personen an Bord ausreichen sollte, jedoch mit der Einschränkung, daß in besonderen Fällen, wo solche Vorkehrungen nach Meinung des Handelsministeriums undurchführbar sind, die Anforderungen nach Maßgabe des Ministeriums modifiziert werden können«.

Diese Einschränkung eröffnete den Schiffseignern ein ausreichend großes Schlupfloch und machte die Empfehlung praktisch bedeutungslos.

Der größte Unterschied zwischen den beiden Berichten zeigte sich in der Frage nach Kapitän Smiths Verantwortlichkeit. Er war so beliebt – und hatte dem Tod so tapfer ins Auge gesehen –, daß es schon fast brutal schien, ihn überhaupt zu kritisieren. Eher bekümmert als zornig tadelte Senator Smith schließlich den Kapitän so sanft er konnte:

Kapitän Smith kannte die See, und sein klares Auge und seine sichere Hand hatten sein Schiff schon durch viele Fährnisse gelenkt ... Seine Gleichgültigkeit gegenüber der Gefahr war einer der Umstände, die zu dieser unnötigen Tragödie direkt beigetragen haben ... Übersteigertes Selbstvertrauen scheint die sonst so wachsamen Kräfte geschwächt zu haben.

Lord Mersey kam zum entgegengesetzten Schluß. Die White Star Line hatte elf Seekapitäne vor Gericht aufmarschieren lassen, die einer wie der andere aussagten, daß sie, wenn Eis voraus und das Wetter gut war, solange mit Höchstgeschwindigkeit fuhren, bis das Eis tatsächlich gesichtet wurde. Kapitän Smith hatte also lediglich dasselbe getan wie alle anderen, und die Tatsache, daß in diesem Fall der Eisberg erst gesichtet wurde, als das Schiff ihn fast schon gerammt hatte, machte keinen Unterschied.

Ich kann Kapitän Smith keine Schuld geben ... Er tat nur das, was andere erfahrene Männer in der gleichen Lage auch getan hätten ... Er hat einen Fehler gemacht, einen höchst bedauerlichen Fehler, aber einen, bei dem man, angesichts der Praxis und der Erfahrung der Vergangenheit, nicht sagen kann, daß Fahrlässigkeit eine Rolle dabei gespielt hat; und wenn Fahrlässigkeit ausgeschlossen ist, dann ist es nach meiner Meinung unmöglich, Kapitän Smith die Schuld zu geben.

Die Frage der Schuld wurde immer wichtiger, denn nun begannen sich die Schadenersatzansprüche zu häufen. Am Ende beliefen sie sich auf etwa 16 Millionen Dollar, was nach heutiger Kaufkraft etwa 176 Millionen sind. Das war 1912 eine gewaltige Summe, gefordert in einer Epoche, als prozeßführende Parteien noch leichter zu befriedigen waren als heute.

Die auf Todesfälle gestützten Forderungen waren besonders aufschlußreich. Die höchste Forderung betrug eine Million Dollar und wurde von der Witwe von Henry B. Harris gestellt, des Theaterbesitzers und Produzenten vom Broadway. Seine magische Intuition sei eine einzigartige Gabe, die Mrs. Harris nach ihrem Empfinden nie würde ersetzen können.

Ganz im Gegensatz dazu wollten einige der reichsten und prominentesten Familien gar nichts haben. Im Jahr 1912 schien es irgendwie unwürdig, das Leben eines Gentleman mit einem Preisschild zu versehen, und so machten die Astors, Wideners, Guggenheims und Straus' keinerlei Ansprüche geltend. Die Thayers wollten Schadenersatz für das Gepäck von John B. Thayer, aber als Ersatz für den Verlust seines Lebens forderten sie nichts.

Während der Strom der Forderungen nicht abriß, sah Charles C. Burlingham, der New Yorker Anwalt der White Star Line, der Lawine mit der Kaltblütigkeit ins Auge, wie sie ein guter Wall-Street-Anwalt jederzeit aufbringt, wenn er in der Klemme steckt. Schließlich hatte er bereits den gebieterischen Bruce Ismay sicher durch die Senatsanhörungen geleitet, und schwieriger als das konnte kaum etwas sein. Außerdem stand ihm hier eine starke Waffe zu seiner Verteidigung zur Verfügung – die Doktrin der beschränkten Haftung.

Sowohl das amerikanische wie das britische Recht hatte seit langem Reedern, deren Schiffe aufgrund von Fahrlässigkeit einem Dritten schuldhaft Schaden zufügten, besonderen Schutz gewährt. Wenn man Schiffe auf See schickte, waren die Risiken so groß, daß ein besonderer Anreiz nötig war, wenn seefahrende Nationen wachsen und gedeihen sollten. Außerdem war es an Land zumindest theoretisch möglich, daß ein Fabrikbesitzer die Handlungsweise seiner Angestellten überwachte, doch ein Schiffseigner übt keine derartige Kontrolle über seinen Kapitän und die Mannschaft aus. Auf Grund der speziellen Gegebenheiten seines Unternehmens hatte er für gewöhnlich keinen direkten Einfluß, und es schien unbillig, ihn in derselben Weise in die Verantwortung zu nehmen, wenn etwas schiefging. Solange er also nicht »Einfluß auf oder Kenntnis von« der Fahrlässigkeit hatte, war seine Haftung beschränkt.

Beschränkt worauf? Eine gute Frage, denn die beiden Länder wendeten völlig unterschiedliche Formeln an, um den Geldbetrag zu errechnen, den die White Star Line aufzubringen hätte, um die Schadenersatzansprüche zu befriedigen. In England lautete die Formel 8 Pfund (40 Dollar) pro Registertonne für Sachschaden und 15 Pfund (75 Dollar) pro Registertonne bei Unfall oder Tod. Für die *Titanic* mit ihren 46000 Bruttoregistertonnen bedeutete dies eine Gesamtsumme von etwa 690000 Pfund (3450000 Dollar).

In Amerika galt eine völlig andere Formel. Es war der Gesamtwert von ›Schiff und Fracht‹, d. h. von allem, was aus dem Schiff geborgen wurde zuzüglich dem bereits eingezahlten Geld der Verschiffer und Passagiere, die ihr Ziel nie erreicht hatten. Doch das einzige, was man von der *Titanic* geborgen hatte, waren die 13 Rettungsboote, die von der *Carpathia* aufgenommen und nach New York zurückgebracht wurden, und das von den Passagieren und Verschiffern eingezahlte Geld betrug kaum 40000 Dollar; das hieß, daß die Gesamtsumme, aus der Schadenersatz gezahlt werden sollte, gerade einmal 97772,12 Dollar ausmachte.

Am 8. Oktober 1912 stellte die White Star Line beim Bundesbezirksgericht in New York einen formellen Antrag auf beschränkte Haftung nach amerikanischem Recht. Die Anspruchsteller, deren Anwälte inzwischen eine lose Koalition gebildet hatten, widersprachen dem Antrag mit dem Argument, daß das weitaus großzügigere englische Recht angewendet werden solle. Auch wenn der Gerichtstand Amerika war, so argumentierten sie, sei der Unfall auf hoher See geschehen, die in überhaupt keinen Zuständigkeitsbereich fiele; in solchen Fällen sollte das anzuwendende Recht das desjenigen Landes sein, in dem das Schiff handelsgerichtlich eingetragen war.

Das Bezirksgericht entschied zu Gunsten der White Star Line, doch wurde das Urteil in der Berufung aufgehoben, und schließlich fällte der Supreme Court selbst die endgültige Entscheidung. Er entschied, daß ein amerikanisches Gericht nur amerikanisches Recht sprechen könne und daß deshalb die White Star Line korrekt handeln würde, wenn sie beschränkte Haftung nach amerikanischem Muster beantragte. Ob die Reederei einen berechtigten Anspruch auf beschränkte Haftung habe, sei eine Sache für sich, die separat entschieden werden müsse.

Inzwischen kam es auch in England zu juristischen Auseinandersetzungen. Ein irischer Farmer namens Thomas Ryan klagte vor der King's Bench Division des High Court of Justice wegen des Verlusts seines Sohnes, und sein Anwalt argumentierte, daß die Doktrin der beschränkten Haftung hier nicht angewendet werden könne, weil nicht nur die Mannschaft des Schiffs, sondern die White Star Line selbst fahrlässig gehandelt habe. Lord Mersey hatte zwar nirgendwo auf Fahrlässigkeit erkannt, doch eine Jury von zwölf unabhängigen Bürgern befand, daß die White Star Line zumindest teilweise die Schuld an der überhöhten Geschwindigkeit der *Titanic* trage. Farmer Ryan wurden 125 Pfund Schadenersatz zugesprochen, und das Urteil wurde auch in zweiter Instanz bestätigt.

Kein Wunder, daß diese Entscheidung einen kleinen Ansturm amerikanischer Kläger auf die britischen Gerichte auslöste, weil es so aussah, als hätten sie dort eine bessere Gewinnchance. Die amerikanischen Gerichte beobachteten diesen Exodus recht zufrieden – sollten die britischen Gerichte doch selbst ihr Haus in Ordnung halten.

Die meisten amerikanischen Anspruchsteller blieben

jedoch, wo sie waren, und am 22. Juni 1915 kam der Fall schließlich zur Verhandlung. In seiner Eigenschaft als Hauptanwalt von White Star vertrat C. C. Burlingham die Auffassung, daß es keinerlei Fahrlässigkeit gegeben habe, und falls doch, dann seien jedenfalls nicht die Eigentümer dafür verantwortlich zu machen; ihre Haftung sollte auf die nach amerikanischem Gesetz vorgeschriebenen 97772,12 Dollar beschränkt bleiben.

Die Kläger setzten sich zur Wehr und argumentierten, daß es sehr wohl Fahrlässigkeit in der Handhabung des Schiffes gegeben habe und daß die Eigentümer daran einen Anteil hatten, nämlich durch die Anwesenheit von Bruce Ismay an Bord. Er wurde als eine Art Überkapitän geschildert, der den Befehl zu Geschwindigkeitstests und dem Anheizen der zusätzlichen Dampfkessel gegeben habe.

Noch einmal wurde die berühmte Zusammenkunft vor dem Mittagessen an jenem schicksalhaften Sonntag heraufbeschworen, als Kapitän Smith die Eiswarnung der *Baltic* an Ismay weitergegeben hatte und dieser sie in die Tasche steckte. Das stelle mit Sicherheit, so behaupteten die Kläger, »Einfluß auf oder Kenntnis von« einer fahrlässigen Handlung dar und entzöge damit der Reederei den Schutz der beschränkten Haftung. Die Schlußplädoyers wurden vom 27. bis 29. Juli gehalten, und dann vertagte Richter Julius M. Mayer den Fall, bis er mit seiner Beurteilung fertig wäre. Äußerlich beruhigte sich das Leben, und eine lange Periode des schweigenden Abwartens begann.

Hinter der Fassade herrschte hektische Aktivität. Dem Anschein nach war C. C. Burlingham nicht so zuversichtlich, wie er sich gab. Sein Auftritt war makellos gewesen, doch im Land herrschte eine fortschrittliche Stimmung, und viele Menschen fanden, daß die Eigentümer der *Titanic* mit 97772 Dollar einen skandalös niedrigen Preis zu zahlen hatten. Allerdings herrschten auch Zweifel in bezug auf die Kläger. Die Ansprüche beliefen sich jetzt insgesamt auf über 16 Millionen Dollar, und manche wirkten übertrieben oder sogar mißbräuchlich. Mit Sicherheit steigerte es die Glaubwürdigkeit nicht, daß Edith Rosenbaum auch zwei Dollar für eine Wärmflasche und zwanzig Dollar für Parfüm, Puder und Rouge angab. Ebensowenig, daß Mary McGovern noch zwanzig Dollar zu ihrem Anspruch hinzufügte für die Zeit, die sie vor Gericht mit dem Anhören von formaljuristischen Argumenten verbracht hatte.

Wer den ersten Anstoß gab, ist nicht sicher, doch die Anwälte beider Seiten begannen sich in aller Stille zu beraten, um einen akzeptablen Kompromiß zu finden. Die Anspruchsteller schraubten nach und nach ihre Forderungen von ursprünglich 16 Millionen Dollar auf weniger als drei Millionen herunter, während die White Star zentimeterweise die 97772 Dollar, die sie unter beschränkter Haftung schuldete, nach oben gleiten ließ.

Am 17. Dezember 1915 verkündete Burlingham plötzlich, daß die Parteien kurz vor einem Vergleich stünden. White Star erklärte sich bereit, 664000 Dollar zu zahlen, die unter den Antragstellern entsprechend ihrer heruntergeschraubten Tabelle verteilt werden sollten. Im Gegenzug waren die Kläger einverstanden, alle in Amerika oder England angestrengten Klagen fallenzulassen; außerdem erklärten sie, daß die White Star Line keinen »Einfluß auf oder Kenntnis von« irgendeiner Fahrlässigkeit auf der *Titanic* gehabt habe. Letzteres bedeutete die Anerkenntnis, daß die Schiffseigentümer tatsächlich durch beschränkte Haftung geschützt waren, und würde voraussichtlich zukünftige Prozesse verhindern. Die Anwälte fast aller Kläger waren mit dem Vergleich einverstanden; nur noch einige offene Fragen blieben zu klären.

Es dauerte dann doch noch sechs Monate, bis auch darauf Antworten gefunden waren. Einen Großteil der Zeit beanspruchte die gerechte Aufteilung der 664000 Dollar. Als Maximum sollte zum Beispiel eine Summe von 50000

Dollar für Todesfälle unter bestimmten Bedingungen galten; das hieß, daß Renée Harris von der ursprünglich geforderten Million einen erheblichen Abstrich machen mußte. Andererseits war die Kürzung in bezug auf Todesfälle im Zwischendeck weit weniger drastisch. Die durchschnittliche Forderung hatte bei 1500 Dollar gelegen; der durchschnittliche Schadenersatz betrug 1000 Dollar.

Am 28. Juli 1916 wurde der Vergleich formell unterzeichnet und besiegelt. Am Ende bezahlte die White Star Line sechsmal soviel, wie sie unter beschränkter Haftung als Schuldsumme geltend gemacht hatte – aber nur 22 Prozent der heruntergeschraubten Forderungen und weniger als vier Prozent der ursprünglich geforderten 16 Millionen. Alles in allem hatte C. C. Burlingham seine Klienten also nicht schlecht bedient. Nach vier Jahren, drei Monaten, einer Woche und sechs Tagen war der Rechtsstreit über die *Titanic* endlich abgeschlossen.

16. KAPITEL

Warum wurde Craganour disqualifiziert?

Die Schadenersatzansprüche waren nur geregelt, aber die Geschichte der Menschen, die den Untergang der *Titanic* überlebten, war noch nicht zu Ende.

Bruce Ismay sollte es nie gelingen, die Sache vergessen zu machen. Als Präsident und Generaldirektor der White Star Line trug er letztendlich die Verantwortung dafür, daß es zu wenig Rettungsboote gab, und doch fuhr er in einem dieser Boote davon, während Hunderte von Menschen ausweglos auf den immer abschüssiger werdenden Decks zurückblieben. Kapitän Smith, so war die allgemeine Meinung, hatte wenigstens soviel Anstand gehabt, mit dem Schiff unterzugehen. In Chicago schrieb ein junger

Zeitungsreporter namens Ben Hecht ein Gedicht, das diesen Kontrast in Verse faßte:

> Der Käpten blieb, wie das Gesetz es beschrieb,
> denn hart geht es zu auf den Meeren.
> Der Eigner sprang, bevor das Schiff sank,
> was soll'n ihn Gesetze scheren.
>
> Der Käpten stand, an der Mütze die Hand,
> wollt mit dem Schiff versinken.
> Bei den Frauen im Boot kennt der Eigner keine Not,
> denn ein Eigner darf nicht ertrinken.
>
> Der Kapitän sank als ein Mann von Rang.
> Feig kehrt der Eigner den Rücken,
> wendet ab den Blick von des Seemanns Geschick,
> der fand sein Grab auf der Brücken.
>
> Zu bleiben, wenn die Nacht sich neigt,
> und der Tod sein grausiges Antlitz zeigt,
> das ist des Seemanns Pflicht.
> Sich abzusetzen und fortzuhetzen
> ist das Vorrecht des Eigners nicht!

Selbst eine weithin geschätzte nautische Autorität, der Konteradmiral A. T. Mahan, feuerte eine gelehrte Breitseite ab. Er billigte Ismay zwar zu, in keiner Weise für den Zusammenstoß verantwortlich zu sein. Doch nachdem das Unglück geschehen wäre, sei Ismay – so argumentierte er – mit einem völlig neuen Umstand konfrontiert gewesen, für den er (und nicht der Kapitän) die Verantwortung trug – nämlich der nicht ausreichenden Zahl von Rettungsbooten ...

> Sollte ihn diese Tatsache nicht zu einem besonders untadeligen Verhalten verpflichten? Ich bin der Meinung,

solange es noch eine einzige Seele gab, die man hätte retten können, wäre es die sittliche Verpflichtung Mr. Ismays gewesen, dafür zu sorgen, daß eben diese Person im Boot saß, und nicht er selbst.

Der Sturm der Entrüstung legte sich nicht so schnell. Die größte Demütigung war es vielleicht, als die Einwohner von Ismay, einem neugegründeten Städtchen in Jackson County, Texas, sich entschieden, dessen Namen in einen – egal welchen – weniger schimpflichen zu ändern. Die Bürger von Ismay, Montana dagegen, die vor demselben Problem standen, beschlossen, an dem Namen festzuhalten: »Niemand von uns«, erklärte das *Ismay Journal*, »braucht sich dafür zu schämen, daß er aus Ismay stammt, einem der hübschesten, saubersten und solidesten Städtchen an der Straße zum Pugetsund, nur weil eine Person mit demselben Namen den von einigen selbsternannten Kritikern aufgestellten hohen ethischen Ansprüchen nicht genügt hat.« Der Herausgeber fragte sich sogar, ob Bruce Ismay vor Gericht fair behandelt worden sei.

Er befand sich damit in der Minderheit. Typischer war die Sensationspresse, die von Bruce Ismay als »J. BRUTE Ismay« zu sprechen begann (engl. brute bedeutet soviel wie Rohling oder Untier, Anm. d. Ü.).

Auf der anderen Seite des Atlantiks, in Liverpool, verbreitete sich am 21. April das Gerücht, die Belastung sei für Ismay so groß geworden, daß er in New York Selbstmord begangen habe. Von dieser Vorstellung schockiert, schrieb ein dortiger Bürger umgehend einen bitteren Protestbrief an das Auswärtige Amt: » ... daß ein britischer Untertan und englischer Gentleman solchen Demütigungen ausgesetzt ist, ruft erhebliche Empörung in Liverpool hervor, und ich muß Sie nun ergebenst ersuchen, bei der Regierung der Vereinigten Staaten zu seinen Gunsten Protest einzulegen«.

Allerdings hatte Ismay auch mit britischen Kritikern Unannehmlichkeiten. In einem gereizten offenen Brief in der Zeitschrift *John Bull* wurde er von dem Herausgeber Horace Bottomley gefragt: »Wie kommt es, daß ausgerechnet Sie sich in einem der Rettungsboote befanden …? Ihr Platz war an der Seite des Kapitäns, bis alle Männer, Frauen und Kinder das Schiff wohlbehalten verlassen hätten.« Die meisten kritischen Stimmen waren aber etwas gedämpfter. »Nicht jeder hat das Zeug zum Helden«, bemerkte das *Nautical Magazine*, die Bibel der Handelsmarine.

Am Ende sprach ihn die Britische Untersuchungskommission frei. Lord Mersey befand, daß für Ismay keine moralische Verpflichtung bestanden habe, auf dem Schiff zu bleiben. Das Rettungsboot sei gerade weggefiert worden, niemand sonst sei in der Nähe gewesen, es habe genügend Platz gegeben, und so sei er eben hineingesprungen. »Wäre er nicht ins Boot gesprungen, hätte er nur noch ein weiteres Leben, nämlich sein eigenes, der Zahl der verlorenen hinzugefügt.« Alles schön und gut, doch viele Menschen fanden es schwer zu glauben, daß keine anderen Passagiere in der Nähe waren. Man betrachtete ihn weiter mit Argwohn.

Eine Zeitlang wehrte er sich, sogut es ging. Schon lange vor dem Untergang der *Titanic* hatte Ismay vorgehabt, als Präsident der White Star Line und weiterer Tochtergesellschaften zurückzutreten und sich zur Ruhe zu setzen. Jetzt sah das zu sehr wie ein erzwungener Rückzug aus, weshalb er versuchte, wenigstens noch an der Spitze der White Star im Amt zu bleiben. Doch die amerikanischen Eigentümer wollte davon nichts wissen. Allenfalls wollten sie ihm die Möglichkeit einräumen, ein bißchen das Gesicht zu wahren. »Die Entscheidung, zu der man hier gekommen ist«, schrieb sein Freund und Mitdirektor Harold Sanderson, »soll einem überlegten und abgeschlossenen Vorgehen zugeschrieben werden und nicht irgendwelchen persönlichen Gefühlen Dir gegenüber.«

Am 30. Juni 1913 legte Bruce Ismay das Präsidentenamt der White Star Line nieder und zog sich allmählich immer mehr aus der Öffentlichkeit zurück. Er blieb zwar in einer Reihe von Vorständen, doch waren dies zumeist ehrenamtliche Tätigkeiten, und so verbrachte er die meiste Zeit auf einem abgelegenen Gut in einem fernen Zipfel Nordirlands. Viele Autoren haben ihn als Einsiedler bezeichnet. Der Verfasser seiner Biographie, der wohlmeinende und ihm ergebene Wilton J. Oldham, protestiert gegen den Ausdruck, doch bleibt das letztendlich eine Frage der Semantik.

Nach dem Unglück besuchte Ismay nie wieder eine öffentliche gesellschaftliche Veranstaltung. Ebensowenig nahm er jemals wieder an den Bridge-Partys und Bällen teil, die seine Frau so oft veranstaltete. Er reiste auch nie wieder nach Amerika. Wenn er sich ein Vergnügen machen wollte, setzte er sich am liebsten auf eine Parkbank und unterhielt sich unerkannt mit Obdachlosen oder Bettlern. Auch sah er sich gern Paraden an, allerdings nur, wenn er sich in der Menge verstecken konnte. Er starb am 17. Oktober 1937 in seinem Haus in London nach einem Schlaganfall.

Doch die Legenden rankten sich weiterhin um seine Person. Im November 1955, kurz nachdem mein Buch *Die Titanic-Katastrophe* veröffentlicht wurde, erhielt ich einen Brief von einem Pferderennen-Fan in England, der das außergewöhnliche Finish des Derbys in Epsom Downs im Jahre 1913 schilderte. Der Favorit Craganour kam als erster ins Ziel und wurde als Gewinner zum Führring gebracht. Dann aber wurde er ganz plötzlich, und zwar ohne daß der Besitzer oder Jockey eines anderen Pferdes protestiert hätte, von der Rennkommission disqualifiziert. Diese erklärte statt dessen den zweitplazierten Aboyeur zum Sieger, bei dem die Wetten 100:1 standen, und behauptete, er sei von Craganour auf der Zielgeraden angerempelt worden. Die meisten der Zuschauer hatten aber von einer Rempelei nichts gesehen; auf einem Foto des Finish sieht es sogar so aus, als ob Aboyeur Craganour anrempelt und nicht andersherum. Craganour gehörte Bruce Ismay, wie der Briefschreiber hervorhob, und was er damit sagen wollte, war klar: Das englische Rennsport-Establishment hätte das geheiligte Derby niemals von einem Pferd gewinnen lassen, das Ismay gehörte.

Es reizte mich, dieser Geschichte auf den Grund zu gehen, und ich konnte feststellen, daß sich alles genauso verhielt, wie es in dem Brief beschrieben war, mit Ausnahme eines wichtigen Details: Craganour gehörte nicht Bruce Ismay, sondern Bower Ismay, seinem jüngeren Bruder. Sofern das gesellschaftliche Stigma nicht so groß war, daß es die gesamte Familie miteinschloß, gibt es also wohl kaum einen Grund zu der Annahme, daß Craganours Disqualifikation irgend etwas mit der *Titanic* zu tun hatte.

Sicherlich kann man auch andere Gründe anführen, die plausibler sind und für den beispiellosen Eingriff der Rennkommission verantwortlich gewesen sein können. Craganours englischer Jockey war nämlich in letzter Minute durch Johnny Reiff ersetzt worden, einem amerikanischen Reiter, den man aus Frankreich »importiert« hatte. Dieser Tausch war ungeheuer unpopulär, und als die Mitglieder der Rennkommission mit einigen der anderen Jockeys, die am Rennen teilgenommen hatten, vor der Verkündung ihrer Entscheidung miteinander diskutierten, bot sich diesen eine ideale Gelegenheit, Reiff in Mißkredit zu bringen. Aber damit ist die Geschichte noch lange nicht aus der Welt geschafft; es flattern mir immer noch Briefe ins Haus, in denen Craganour und Bruce Ismay in Zusammenhang gebracht werden.

Ismays eifrigster Verteidiger war Billy Carter aus Philadelphia, ein Passagier der Ersten Klasse, doch erwies sich dies als zweifelhafte Wohltat. Carter war nämlich der einzige andere männliche Passagier im Klappboot C gewesen.

Auch über ihn gab es allerlei Spekulationen, und das Gerede nahm noch zu, als seine Frau im Januar 1914 die Scheidung einreichte. Man bemühte sich zwar, keine Einzelheiten durchsickern zu lassen, doch wenn man den Gerüchten Glauben schenken wollte, spielte der Untergang der *Titanic* durchaus eine Rolle in diesem Fall.

Am 21. Januar 1915 gab jemand – niemand weiß genau, wer es war – Mrs. Carters Aussage zur Veröffentlichung frei. Als Gründe für den Scheidungsantrag nannte sie »grausame und barbarische Behandlung und persönliche Demütigungen«, und insbesondere ein Abschnitt erregte das Interesse des Publikums:

> Nach dem Zusammenstoß der *Titanic* kam mein Gatte in unsere Kabine und sagte: »Steh auf und zieh dich und die Kinder an.« Das war das letzte, was ich von ihm sah, bis ich am nächsten Morgen um acht Uhr an der *Carpathia* anlangte, wo ich ihn an der Reling lehnend entdeckte. Das einzige, was er mir mitzuteilen hatte, war, daß er ein prima Frühstück bekommen habe und daß er nie gedacht hätte, daß ich es schaffen würde.

Carter wies alle Beschuldigungen zurück und betonte, er habe dafür gesorgt, daß seine Frau und die Kinder in eines der Boote gebracht wurden, bevor er und Ismay in das Klappboot C gesprungen seien, um dort beim Rudern zu helfen. Doch diese Version erscheint recht fragwürdig, da bei der britischen Untersuchung festgestellt wurde, daß das Klappboot C die *Titanic* mindestens 15 Minuten vor dem Zeitpunkt verließ, an dem Mrs. Carter und die Kinder in Boot 4 stiegen.

Nach der Scheidung heiratete Mrs. Carter einen Gentleman namens George Brooke und lebte glücklich und ohne größere Zwischenfälle bis zu ihrem Tod im Jahr 1934. Billy Carter, der zur Zeit der Katastrophe vage als

Polospieler und Klubmensch beschrieben wurde, fuhr fort, Polo zu spielen und in seine Klubs zu gehen; er starb schließlich 1940 in Palm Beach.

William T. Sloper aus New Britain, Connecticut, war ein weiterer Passagier der Ersten Klasse, der sich zu Rechtfertigungen genötigt sah. Am 19. April, also einen Tag, nachdem die *Carpathia* im Hafen eingetroffen war, identifizierte das *New York Journal* ihn als »den Mann, der in Frauenkleidern entkam«, eine Figur, die blitzschnell zu einer *Titanic*-Legende wurde.

Es gab jedoch keinerlei Beweise für diese Behauptung. Sloper verließ die *Titanic* mit Nr. 7, dem ersten Boot, das heruntergelassen wurde. Zu diesem Zeitpunkt glaubten nur wenige Leute, daß sie in ernster Gefahr schwebten, und der Erste Offizier Murdoch hatte Schwierigkeiten, das Boot überhaupt zu bemannen. Nach Slopers Erinnerung hatte Murdoch zu den Passagieren gesagt: »Jeder, der will, kann in dieses Rettungsboot steigen.« Es ist zwar schwer zu glauben, daß er soweit ging – »Frauen und Kinder zuerst« war ganz klar die Vorschrift –, aber mit Sicherheit hat er Ehepaare sowie Herren und Damen, die gemeinsam reisten, ins Boot gelassen. Sloper ging zusammen mit den Leuten an Bord, mit denen er an diesem Abend Bridge gespielt hatte, nämlich mit Fred Seward, der Filmschauspielerin Dorothy Gibson und deren Mutter. Selbst dann wurde das Boot mit nur 28 Personen heruntergelassen – also mit weniger als der Hälfte seiner Kapazität. Um als Mann in Boot 7 zu steigen war es wirklich nicht nötig, sich als Frau zu verkleiden.

Woher stammte die Geschichte dann? Die Erklärung hat nichts mit irgend etwas zu tun, das auf den Decks der *Titanic* geschehen war, sondern ist auf einen Vorfall auf den Korridoren des Waldorf-Astoria-Hotels zurückführen, der sich in der Nacht der Rückkehr der *Carpathia* abspielte.

Sloper wurde von seinem Bruder Harold und seinem

Vater Andrew Jackson Sloper an der Pier erwartet. Sie brachten ihn auf schnellstem Wege mit dem Taxi zum Waldorf-Astoria, wo er sich als erster Überlebender meldete. Die Neuigkeit verbreitete sich sofort, und schon bald drängelten sich auf dem Korridor vor seinem Zimmer laut schreiende Reporter, die unbedingt ihre Story haben wollten. Sloper wollte aber nicht mit ihnen sprechen, vor allem, weil er bereits in aller Eile eine »Exklusiv-Story« für seinen Freund Jack Vance geschrieben hatte, der den *Herald*, die Zeitung seiner Heimatstadt New Britain, herausgab. Als Harold Sloper versuchte, die Reporter loszuwerden, gab es einen Ansturm auf seine Tür, den Harold vielleicht ein bißchen zu heftig abwehrte. Jedenfalls beschloß der Vertreter des *Journal*, es sei an der Zeit, den Slopers ein bißchen Respekt vor der Presse beizubringen – und so war es dann seine Story, durch die William Sloper in Frauenkleider gesteckt wurde.

Eine Zeitlang überlegte Sloper, ob er eine Verleumdungsklage anstrengen solle. Sein Vater riet ihm mit dem Argument ab, daß ein guter Anwalt ihn mehr kosten würde, als er durch den eventuellen Schadenersatz wieder hereinbekäme. Außerdem wüßten alle seine wahren Freunde ja, wie es sich in Wirklichkeit abgespielt hatte, und wenn jemand lieber einem rachsüchtigen Reporter Glauben schenken wolle, könne man sowieso nichts daran ändern.

Leider ging die Rechnung nicht ganz auf. William Sloper verbrachte so manche Stunde in den folgenden Jahren damit, zu erklären, wie er wirklich von der *Titanic* heruntergekommen war.

Aber wenigstens stellte er sich der Sache mit Anstand. Auch andere wurden als »der Mann, der in Frauenkleidern entkam« identifiziert. Es traf zwar auf keinen von ihnen zu, doch da sich niemand von ihnen gerichtlich dagegen gewehrt hat, stehen sie selbst heute noch im Zwielicht.

Auch Sir Cosmo und Lady Duff Gordon verbrachten den Rest ihres Lebens im Schatten der *Titanic*-Katastrophe. Sie hatten das Schiff in Boot 1 (Tragfähigkeit 40 Personen) verlassen, das mit nur zwölf Menschen davongerudert war und dann nicht auf die Schreie reagiert hatte, von denen das Wasser widerhallte, nachdem das Schiff versunken war. Man flüsterte sich zu, Sir Cosmo habe die Bootsmannschaft bestochen, damit sie nicht zurückruderte.

Lord Mersey sprach Sir Cosmo von jedem Verdacht frei, wenn er auch anmerkte, daß dieser durchaus ein wenig mehr Initiative hätte zeigen können. Statt gar nichts zu tun, wäre es unter seiner Leitung vielleicht möglich gewesen, einige Leute aus dem Wasser zu retten.

Doch Sir Cosmo war einfach nicht der Typ dafür. Von Natur aus reserviert, wollte er auf keinen Fall auffallen. Er war ein ehemaliger Eton-Schüler, der aber nie eine Universität besucht hatte, sondern ein zurückgezogenes, von Komfort und Privilegien geprägtes Leben führte. Anscheinend nahm er die gewöhnlichen Sterblichen in seiner Nähe gar nicht wahr. Deshalb kam ihm auch nicht in den Sinn, daß man die fünf Pfund, die er jedem von der Bootsmannschaft geschenkt hatte, falsch auslegen konnte. (Es war doch ganz normal: Wenn Bedienstete ihre Sache gut gemacht haben, gibt man ihnen ein Trinkgeld.) Ebensowenig kam er darauf, daß es auf die sowieso schon nervösen Überlebenden der Katastrophe erschreckend wirkte, als er seine Bootsmannschaft auf dem Rückweg nach New York noch einmal ihre Rettungswesten anziehen ließ und sie für ein ›Mannschaftsphoto‹ aufstellte. Und er hatte nicht die blasseste Ahnung, daß es vielleicht taktlos sein könnte, daß er nach der Landung der *Carpathia* ein festliches Champagner-Dinner im Ritz bestellte.

Aber für ihn ging das Leben eben so weiter wie immer. Sir Cosmo wurde kein Einsiedler; er benahm sich so wie zuvor – stolz, unnahbar, sich der Tatsache bewußt, daß er eine Zielscheibe des Gespötts war, doch ohne sich je so weit herabzulassen, mit irgend jemand darüber zu sprechen. Er äußerte sich nur wenig zum Untergang der *Titanic*, doch seine Frau hatte den Eindruck, daß der Sturm der Mißbilligung und des Spotts, der über ihn hereingebrochen war, »ihm schier das Herz brach«. Er starb im April 1931.

Seine Frau Lucy, Lady Duff Gordon, war aus anderem Holz geschnitzt. Als Designerin kostspieliger Kleider hatte sie sich in intensivem Wettbewerb an die Spitze der Modewelt hochgearbeitet und obendrein Sir Cosmo an Land gezogen. Jetzt war sie nicht bereit, einen Zentimeter von dem gewonnenen Boden wieder herzugeben. Sie trat ihren Kritikern kampfeslustig entgegen, fast schon trotzig. Was mit den fünf Pfund sei, die Sir Cosmo den Mitgliedern der Bootsmannschaft gegeben habe? Die Antwort darauf fiel ihr nicht schwer: Die anderen *Titanic*-Passagiere hätten ebenso großzügig sein sollen!

Bis an ihr Ende hatte sie ein hitziges Temperament. Um das Jahr 1934 existierte ihr Unternehmen nicht mehr, und sie war eine welke alte Dame, die an ihr winziges Häuschen in Hampstead Heath gefesselt blieb. Aber als der Korrespondent einer New Yorker Zeitung auf der Suche nach einer Story zum Jahrestag des Unglücks sie fragte, ob sie Reue in bezug auf die *Titanic* verspüre, konterte sie: »Reue? Ich bereue gar nichts. Der Untergang der *Titanic* hat meinen Namen bekannt gemacht und mir ein Vermögen eingebracht. Sehen Sie sich doch nur an, welche Unmengen von Publicity ich dadurch hatte ... Als ich meine Bekleidungshäuser in New York und Chicago eröffnete, haben die Leute sie gestürmt. Ich habe damals einen Haufen Dollars verdient.«

Sie verdiente tatsächlich sehr viel Geld, aber das hatte nichts mit der *Titanic* zu tun. Im Zweiten Weltkrieg mußten die großen Pariser Couturiers ihre Häuser schließen, und auch in London herrschte kriegsbedingte Sparsamkeit. Die einzigen, die noch mit beiden Händen Geld hinauswerfen konnten, waren die reichen Amerikaner, und ihnen mangelte es an entsprechenden Gelegenheiten. Lady Duff Gordon war so clever, dies zu erkennen, und eröffnete neue Filialen in New York und Chicago. Eine Zeitlang ging es ihr blendend, doch gegen Ende des Krieges hatte schließlich niemand mehr soviel Geld, wie ihre Modelle kosteten (bei einem ihrer Kleider wurden fast 30 Meter Seide allein für die Einfassungen der Säume gebraucht), und der schmale, knabenhafte Look der zwanziger Jahre brachte ihr dann den Ruin. Völlig mittellos, aber immer noch von herausforderndem Trotz beim Thema *Titanic*, starb sie im April 1935.

Für Mrs. Henry B. Harris bedeutete die Katastrophe den Anfang eines neuen Lebens. »Henry B.«, wie sie ihren verstorbenen Ehemann zu nennen pflegte, war einer der erfolgreichsten Produzenten am Broadway gewesen. Doch das Geld war laufendes Einkommen und nicht ererbter Reichtum wie bei den Astors oder Wideners. Mit seinem Tod hörten die Dollars auf zu fließen, und darauf beruhte auch ihr Schadensersatzanspruch von einer Million Dollar für den Verlust seiner ›Fähigkeiten‹. Als dieser auf 50000 Dollar heruntergekürzt wurde, waren ihre Aussichten trübe, da nach allgemeiner Übereinkunft Frauen mit der geschäftlichen Seite des Theaters nichts zu tun hatten.

Aber warum eigentlich nicht? Henry B. hatte sich oft auf ihre Intuition und ihr Köpfchen verlassen. Außerdem besaß sie ja bereits ein Theater, nämlich das ausgesucht gute Hudson in der West 43rd Street. So betrat sie Neuland und wurde als erste Frau Produzentin am Broadway.

Sie hatte auch viel Erfolg, denn sie setzte sich für gute Stücke ein und brachte Stars wie Ina Claire und Charles Coburn heraus. Nicht zuletzt entdeckte sie den Bühnenschriftsteller Moss Hart und produzierte sein erstes Stück *The Beloved Bandit* (Der geliebte Band). In seiner Autobiographie *Act One* zeichnete Hart ein unvergeßliches Bild von Renée Harris als einer unverbesserlichen Optimistin angesichts jedweder Premierenkatastrophen.

Im Ersten Weltkrieg widmete sie ihre Energie der guten Sache und ging zur Truppenbetreuung, wo sie Fronttheater für die Soldaten machte. General Pershing schickte ihr eine persönliche Dankesnote, die sie begeistert an die Wand hängte, mitten zwischen die überschwenglichen Glückwünsche und Danksagungen der Theaterleute, zu denen sie eigentlich gar nicht paßte.

Die Zwanziger Jahre waren für sie eine goldene Zeit. Geld strömte ins Haus, und sie kaufte ein – ein Apartment mit Blick auf den Central Park, ein Haus in Florida, ein Camp in Maine, eine Yacht – und nacheinander vier Ehemänner. Letztere seien nur Flirts gewesen, betonte sie immer. Henry B. blieb der einzige Mann, der ihr je wirklich etwas bedeutet hatte, und sie führte seinen Nachnamen Harris bis an ihr Ende.

1929 begab sie sich auf eine längere Weltreise – und dann zersprang alles in Scherben. Der Aktienmarkt brach zusammen, und Renée Harris' Vermögen verflüchtigte sich noch schneller, als es sich angesammelt hatte. Sie beeilte sich, heimzukehren, aber es war zu spät. Alles, auch das Hudson Theater, war verloren. Die letzten Stücke ihrer Antiquitätensammlung wurden 1931 versteigert.

1940 mußte sie in einem kleinen Zimmer in einem Hotel für Fürsorgeempfänger leben. Nichts war ihr geblieben außer ihrem sonnigen Gemüt. Aber das ließ sie niemals im Stich und war ihre augenfälligste Eigenschaft, als ich sie für mein Buch *Die Titanic-Katastrophe* interviewte.

Auf der Suche nach etwas, das sie an die schönen alten Zeiten erinnern könnte, brachte ich ihr einmal ein kleines Glas Kaviar mit. Sie nahm einen Löffel, dann schob sie es behutsam zur Seite. Ich verstand ihre Geste als Herausforderung und versuchte, es ihr ab und zu noch einmal anzubieten. Doch ihre fröhliche Reaktion war immer die gleiche: ›*Das* nennen Sie Kaviar?‹ pflegte sie mit belustigter Ungläubigkeit auszurufen.

Sie sprach gern über die *Titanic*, und ihrem vom Theater geschärften Blick waren die unterschiedlichsten Details aufgefallen. Arm wie eine Kirchenmaus, aber heiter und strahlend starb sie mit 93 Jahren im September 1969.

Helen Churchill Candee war eine weitere *Titanic*-Überlebende, der es gelang, mit einem widrigen Schicksal fertigzuwerden. »Unser kleiner Kreis«, wie Colonel Gracie ihren Zirkel von Verehrern an Bord des Schiffes genannte hatte, war für immer zerbrochen: Colley, Kent und Clinch Smith waren ertrunken, Gracie an Spätfolgen innerhalb von neun Monaten gestorben. Nur Hugh Woolner und Bjornstrom Steffanson überlebten, doch soweit es sich feststellen ließ, hatte sie nie mehr Kontakt mit den beiden.

Mrs. Candee ließ die Vergangenheit hinter sich und wandte sich den Korrekturfahnen ihres neuen Buchs über Gobelins zu. Es erschien 1913 unter dem schlichten Titel *The Tapestry Book* (Das Gobelinbuch) und wurde in der *Times* gut besprochen. In den Zwanziger Jahren baute sie sich eine völlig neue Karriere als Vortragsreisende auf. Sie sprach über exotische Schauplätze insbesondere in China und Südostasien; für ihr Buch *Angkor, the Magnificent* (Das prächtige Angkor) ehrten sie sowohl die französische Regierung als auch der König von Kambodscha mit einem Orden. Dabei beschränkte sie sich nicht auf bloßes Sightseeing; schon 1927 warnte sie ihre Zuhörer vor der wachsenden antikolonialistischen Stimmung in diesen Gebieten.

Und die ganze Zeit über bezauberte sie weiterhin alle, die sie kennenlernten, mit ihrem Charme. Bis kurz vor ihrem Tod führte sie ein tätiges Leben und starb mit neunzig Jahren in ihrem Sommerhaus in York Harbor, Maine.

Viele der *Titanic*-Witwen heirateten wieder – ein weiteres Zeichen, daß das Viktorianische Zeitalter mit seinen endlosen Trauerjahren und wallenden schwarzen Schleiern vorbei war. Außer Renée Harris waren es auch Witwen mit so prominenten Namen wie Astor, Widener und – etwas später – Ryerson. Unter ihnen verdient Mrs. Lucien P. Smith besondere Erwähnung, denn ihr neuer Ehemann war Robert Daniel, ebenfalls ein Überlebender, den sie auf der *Carpathia* kennengelernt hatte. Auch der Tennisspieler Karl Behr heiratete eine Überlebende des Unglücks, doch in diesem Fall war es keine zufällige Begegnung. Er war Helen Newsom schon länger hinterhergereist, erst nach Europa und dann wieder zurück.

Die meisten Geretteten nahmen das Leben wieder auf, das sie vorher geführt hatten. Ein Mann war sogar wieder im Geschäft, bevor er noch einen Fuß aufs Trockene gesetzt hatte. Es war der Falschspieler und Trickbetrüger George Brayton. Als das Schiff mit dem Eisberg zusammenstieß, hielt er sich im Rauchzimmer der *Titanic* auf, wo er gerade einen Dummen gefunden hatte. Natürlich entkam er in einem der Steuerbordboote, und bei der Ankunft in New York hatte er sich bereits ein neues Opfer ausgesucht.

Henry C. E. Stengel war ein Lederfabrikant aus Newark, New Jersey, einer der beiden Passagiere, die zusammen mit den Duff Gordons und ihrem Anhang in Boot 1 gewesen waren. Als er am zweiten Tag nach der Rettung einen Spaziergang auf dem Deck der *Carpathia* machte, fiel ihm ein Mann auf, der sehr niedergeschlagen aussah, und er fragte ihn höflich, was ihn denn bedrücke. Der Mann – es war George Brayton – erklärte, er müsse nach Los Angeles fahren, doch habe er sein gesamtes Geld verloren. Stengel gab ihm den Rat, sich das Geld für die Fahrkarte von der White Star Line vorschießen zu lassen.

Weiter wurde nichts geredet, doch kurz nachdem die *Carpathia* in New York eingetroffen war, erhielt Stengel einen Anruf von Brayton, daß White Star seinem Wunsch nachgekommen sei; er würde bald nach Los Angeles fahren und wolle sich nur bei Stengel für sein Interesse bedanken. Geschmeichelt lud Stengel Brayton für denselben Abend zum Dinner zu sich nach New York ein.

Im Laufe des Abends erwähnte Brayton eine noch in der Schwebe befindliche »große Sache« in New York, die zum Abschluß kommen würde, sobald sein Schwager, ein leitender Angestellter bei der Western Union, von einer Mexikoreise zurück sei. Mehrere Wochen später erhielt Stengel einen weiteren Anruf von Brayton – der Schwager sei wieder da und habe eine gute Geldanlage an der Hand. Er wollte Stengel anbieten, ihn an der Sache zu beteiligen.

Stengel eilte nach New York und landete schließlich mit Brayton und dem Schwager in einem Zimmer im Hotel Seville. Hier erklärte der Schwager, daß er für die ›RD‹-Abteilung bei der Western Union zuständig sei, also der Abteilung, die für die telegraphische Weitergabe der Ergebnisse der Pferderennen verantwortlich wäre. Seine Position ermögliche es ihm, ein Ergebnis mindestens acht Minuten lang zurückzuhalten – wodurch sich eine wunderbare Gelegenheit ergebe, eine todsichere Wette abzuschließen. Mit 1000 Dollar sei Stengel dabei.

Stengel gab später an, daß er an dieser Stelle auf den Schwager losgegangen sei, und als Brayton ihn anflehte, sie nicht zu verpfeifen, habe er auch diesem einige Schläge versetzt. Schließlich endete die Prügelei, doch als die Polizei eintraf, hatten sich die Betrüger bereits aus dem Staub gemacht.

Dies war George Braytons letzter Auftritt in der Geschichte der *Titanic*. Doch angesichts seiner zahlreichen falschen Namen, seiner geschickten Schachzüge und seines Überlebensinstinkts kann man wohl davon ausgehen, daß er weiter sein Handwerk, wenn auch unter einem anderen Namen, auf der Nordatlantikroute ausgeübt hat.

Zu guter Letzt noch die Frage: Was wurde aus den überlebenden Offizieren der *Titanic*? Angesichts ihrer hervorragenden Disziplin in jener letzten Nacht und ihrer im

Zeugenstand bewiesenen Loyalität gegenüber der White Star Line sollte man annehmen, daß sie sich regelmäßiger Beförderungen erfreuen durften, die schließlich mit einem Kapitänskommando als gerechtem Lohn gekrönt wurden.

Doch so war es durchaus nicht. Kein einziger Offizier der *Titanic* bekam je ein eigenes Kommando, ganz egal, wie tapfer oder loyal er sich auch gezeigt hatte. Die White Star Line war fest entschlossen, keinerlei Schritte zu unternehmen, die das reisende Publikum an ihre dunkelste Stunde hätte erinnern können.

Der Fünfte Offizier Lowe wurde zum Dritten Offizier auf der *Medic* ernannt, einem kleineren Schiff auf der Australienroute – fraglos ein Job ohne Aufstiegschancen. Im Ersten Weltkrieg diente er in der Königlichen Marine, dann zog er sich in seine Heimat Wales zurück. Der Vierte Offizier Boxhall war auch noch zur Zeit der Fusion von White Star und Cunard dabei, doch in den dreißiger Jahren waren Beförderungen dünn gesät. Er ging schließlich als Leitender Offizier des kleinen Cunardschiffs *Ausonia* in Pension. Der Dritte Offizier Pitman meinte, seine Augen seien nicht gut genug für einen Decksoffizier. Er wechselte in die Abteilung der Zahlmeister über und verbrachte den Rest seiner Tage auf See mit dem Hin- und Herschieben von Formularen.

Der Zweite Offizier Lightoller diente ebenfalls während des Ersten Weltkriegs in der Königlichen Marine. Nach dem Waffenstillstand kehrte er zu White Star zurück und wurde Leitender Offizier auf der schwerfälligen *Celtic*. Eine Zeitlang hoffte er, auf das Eliteschiff *Olympic* versetzt zu werden, doch man überging ihn. Anfang der Zwanziger Jahre kehrte er der See den Rücken und versuchte sich – nicht besonders erfolgreich – an allem möglichen, vom Journalismus bis zur Hühnerzucht.

Doch die See lag ihm noch im Blut. Er entwarf eine Jacht privat für sich, die er *Sundowner* nannte, und im Jahr 1940 setzte er sich zum letztenmal einer großen Gefahr aus. Er segelte die *Sundowner* inmitten der großartigen Flotte der ›kleinen Boote‹ über den Kanal nach Dünkirchen und rettete 131 britische Soldaten nach England hinüber. Lightoller lief stets zu Höchstform auf, wenn es gefährlich wurde, und so schrieb er seinem Schwager einige Tage später denn auch einen aufmunternden Brief: »Wir halten die Ohren steif und lassen uns nicht unterkriegen. Den Krieg gewinnen wir, egal wann oder wie.«

17. Kapitel

Das Meer gibt sein Geheimnis preis

›Sie ist weg. Es ist aus mit ihr,‹ seufzte jemand in Boot 13, als die See sich über dem Flaggenstock auf dem Heck der *Titanic* schloß. Tatsächlich war es keineswegs aus mit ihr. Im übertragenen Sinne sollte sie immer weiter obenauf schwimmen und noch jahrelang die Phantasie der Welt beschäftigen. Und 73 Jahre später sollte sie auch ganz konkret wieder zu sehen sein, was einem Wunder der modernen Technik zu verdanken ist.

Schon von Anfang an gab es Männer, die davon träumten, die *Titanic* finden und heben zu können. Im März 1914 – keine zwei Jahre nach der Katastrophe – veröffentlichte ein Architekt aus Denver namens Charles Smith einen Plan, der auf der Verwendung von Elektromagneten basierte. Diese sollten an einem speziell dafür konstruierten U-Boot befestigt werden, das an der über Funk übermittelten Position der *Titanic* von 41° 46'N, 50° 14'W tauchen sollte. Der stählerne Schiffskörper des Dampfers würde sogleich die Magneten anziehen, so daß das U-Boot an der Seitenwand des gesunkenen Schiffs festmachen könnte. Damit würde exakte Position des Schiffs feststehen, so daß es möglich wäre, weitere Elektromagneten nach unten zu bringen und direkt am Rumpf zu befestigen. Von diesen Magneten würden Kabel zu einer Gruppe von Lastkähnen führen, die oberhalb des Wracks stationiert wären. Auf ein Signal hin würden sich sämtliche Winschen dieser Lastkähne zugleich drehen und auf diese Weise die *Titanic* an die Oberfläche ziehen.

Mr. Smiths Plan war von einer Präzision, die etwas sehr Verlockendes hatte. Ein Erfinder mußte seine Hausaufgaben schon gut gemacht haben, um zu erklären, daß er genau 152 Mann benötigte – nicht mehr und nicht weniger. Aber Smith erklärte auch, daß er 1,5 Millionen Dollar brauche, und an diesem Punkt erlebte sein Plan dasselbe Schicksal wie viele andere, die noch folgen sollten: Niemand wollte soviel Geld auf den Tisch legen.

Elektromagnetismus genoß in jener primitiven Vorzeit vor »High-Tech« große Popularität. Bei einem anderen Plan, der es allerdings wohl nie über die Sonntagsbeilagen hinausbrachte, sollten Magneten an der gesunkenen *Titanic* befestigt und durch Kabel mit leeren Pontons verbunden werden, die kurz oberhalb des Schiffskörpers liegen sollten wie eine Traube von Luftballons. Wären genügend Pontons angeschlossen, so würde das Schiff, wie man annahm, einfach nach oben schießen.

Zwei Weltkriege, die sorglosen zwanziger und die von der Wirtschaftskrise gezeichneten dreißiger Jahre bereiteten derartigen Überlegungen vorläufig ein Ende. Niemand hatte Zeit oder Lust, nach der *Titanic* zu tauchen. Es war auch noch nicht soviel Zeit vergangen, daß eine Legendenbildung großen Stils hätte einsetzen können und daß von einem angeblichen Schatz an Bord des Schiffs (manche sprachen von Diamanten, andere von Gold) die Rede gewesen wäre. Und was vielleicht am wichtigsten war – der ›Faszinationsfaktor‹ war noch klein. Eines Tages sollte das Aufspüren der *Titanic* zur gleichen Herausforderung werden wie die Besteigung des Mount Everest – nur aufgrund der Tatsache, daß es sie gab –, aber noch war es nicht soweit.

In den fünfziger Jahren flackerte das Interesse zum erstenmal wieder auf. Im Juli 1953 schlich sich das britische Hebeschiff *Help*, von der Admiralität an die Bergungsfirma Risdon Beazley Ltd. verchartert, klammheimlich aus dem Hafen von Southampton und nahm Kurs auf die Position der *Titanic*. Dort begann die *Help*, Unterwasserexplosionen mit schweren Sprengstoffladungen auszulösen. Auch wenn niemand bereit war zu erklären, was damit beabsichtigt wurde, stand jedenfalls fest, daß sie mit tiefseetauglichen Videokameras und ferngesteuerten Greifarmen ausgerüstet war. Wahrscheinlich hatten die Unternehmer die Hoffnung, den Rumpf der *Titanic* aufzusprengen, um dann nach dem vermeintlichen Schatz suchen zu können.

Man fand nichts – nicht die kleinste Spur von dem Schiff –, aber im nächsten Sommer kam die *Help* noch einmal zurück, um einen weiteren Versuch zu machen. Wieder blieb das Unternehmen ergebnislos, und nun hatte die Risdon Beazley Ltd. genug von der Sache und verabschiedet sich damit aus dieser Geschichte.

Die sechziger Jahre brachen einen dramatischen Anstieg der Aktivitäten mit sich. Es war eine Zeit großer technischer Fortschritte. Die Menschen eroberten den Weltraum – sie flogen sogar zum Mond –, und parallel dazu fand auch in der Ozeanographie und bei den Möglichkeiten zur Erforschung der Unterwasserwelt ein großer, wenn auch weniger spektakulärer Sprung nach vorn statt. Der gleichzeitige Triumph des Düsenflugzeugs als übliches Beförderungsmittel über den Atlantik brachte es mit sich, daß man sich wieder für die Ozeandampfer interessierte, die plötzlich einer aussterbenden Rasse anzugehören schienen – und dabei rückte die *Titanic* natürlich wieder in den Blickpunkt. Selbst das politische und gesellschaftliche Klima schien etwas dazu beizutragen. Es war eine Zeit, in der die geltenden Wertvorstellungen in Frage gestellt wurden, und was konnte da faszinierender sein, als aus nächster Nähe die Symbole einer Zeit zu betrachten, während der noch jeder Mensch zu wissen schien, wo sein Platz im Leben war. Die *Titanic* wurde zu einem faszinierenden Artefakt der kleinen, selbstgefällig in sich ruhenden Welt der edwardianischen Zeit.

Nichts davon war besonders überraschend. Doch überraschend war, welches Individuum sich an die Spitze der Bewegung setzte. Douglas Woolley hatte keine Ahnung von Ozeanographie. Er war ein braver englischer Arbeiter, der in einer Strumpfwarenfabrik Nylonstrümpfe färbte. Er hatte keine wissenschaftliche Ausbildung, keine Erfahrung im Bergungsgeschäft, keinen Collegeabschluß, kein Vermögen. Aber er war von der *Titanic* besessen. In seiner vollgestopften Einzimmerwohnung in der kleinen englischen Stadt Baldock saß er und träumte stundenlang davon, das verlorene Schiff zu finden und zu heben. Aber er hatte auch ein bemerkenswertes Talent dafür, seine Pläne in den Zeitungen zu lancieren. Es muß wohl an einer Art intuitivem Einfühungsvermögen in die Mentalität von Zeitungsredakteuren gelegen haben, um zu erreichen, daß regelmäßig darüber berichtet wurde. Jeder hochbezahlte Public-Relations-Berater hätte im Hinblick darauf neidisch werden können.

Erstmals im Jahr 1966 und dann in jedem der folgenden Jahre verkündete Woolley seine Pläne zur Hebung der *Titanic*, und jedesmal griff die Presse seine Ideen wieder auf und präsentierte sie, als wären sie etwas völlig Neues. Anfangs schaffte Woolley es nur, in die Lokalzeitungen zu kommen, aber 1968 erschien die Geschichte selbst in der hehren *Times*.

Den Zeitungsberichten zufolge plante Woolley ursprünglich, die Titanic mittels eines »Bathyskaphs« aufzuspüren und sie dann mit Hilfe von Nylonballons, die an ihrem Rumpf befestigt würden, zu heben. Die Ballons sollten mit Luft gefüllt werden, so daß das Schiff »sanft an die Oberfläche« steigen könne. Wie er sich das Aufpumpen der Ballons in einer Tiefe von fast 4000 Metern vorstellte, blieb unklar.

Eine Zeitlang schien es so, als ob tatsächlich etwas aus Woolleys Träumen werden könnte. Zwei ungarische Erfinder erschienen mit einem Plan auf der Bildfläche, der sich – zumindest auf dem Papier – beeindruckend wissenschaftlich anhörte. Eine zugegebenermaßen zwielichtige Gruppe von westdeutschen Investoren (manche sprachen von drei, andere von zehn Mann) erklärte sich bereit, das nötige Kapitel zu beschaffen. Ein Londoner Buchhalter ließ das Projekt als »*Titanic* Salvage Company«, Gesellschaft zur Bergung der *Titanic*, eintragen. Und schließlich wurde sogar ein Schiff angeschafft, daß sich nach Woolleys Meinung in ein brauchbares Bergungsschiff umbauen ließ.

Dann zerschlug sich eine Sache nach der anderen. So waren im Plan der Ungarn mit Wasserstoff gefüllte Plastikbeutel vorgesehen, wobei der Wasserstoff mittels Elektrolyse aus Seewasser gewonnen werden sollte. Man hatte nur eine Woche eingeplant, um die rund 77700 Kubikmeter Wasserstoff zu erzeugen, die theoretisch nötig waren, um die *Titanic* zu bewegen. Doch ein amerikanischer Chemieprofessor wies in einem wissenschaftlichen Aufsatz nach, daß dies nicht eine Woche, sondern womöglich zehn Jahre dauern würde. Zweitens brachten die westdeutschen Investoren nie genug Geld auf; drittens blieb die ›*Titanic* Salvage Company‹ wenig mehr als ein Firmenname, und viertens stellte sich selbst das Schiff als Niete heraus. Es lag in Newlyn in Cornwall und war so alt und verrostet, daß die dortigen Fischer prophezeiten, es würde niemals auch nur aus dem Hafen herauskommen. Allmählich löste sich das gesamte Projekt in Wohlgefallen auf.

Doch Douglas Woolley hatte zumindest eins erreicht:

Er brachte eine Menge Leute dazu, selbst darüber nachzudenken, wie man die *Titanic* finden könnte. In den siebziger Jahren hatten mindestens acht verschiedene Gruppen die Absicht, das Schiff zu erforschen. Einige wollten es nur finden und filmen, während andere sich Hoffnung machten, es heben zu können; der diesbezügliche Erfindungsreichtum war schier grenzenlos. Bei einem Plan sollten 180000 Tonnen geschmolzenes Wachs in das Schiff gepumpt werden. Sobald dieses hart geworden war, würde es nach oben schwimmen und die *Titanic* dabei mit an die Oberfläche haben. Ein anderer Plan nach dem gleichen Schema sah statt dessen Vaseline vor.

Nach einem anderen Plan sollte das Schiff mittels Tausender von in den Schiffskörper eingebrachter Pingpongbälle Auftrieb bekommen. Der nächste Plan sah vor, daß gigantische Winschen das Schiff nach oben zogen. Nach einem weiteren Plan sollte es in Eis eingeschlossen werden. Das Eis würde dann, wie ein normaler Eiswürfel im Glas, ganz von allein an die Oberfläche steigen und so die *Titanic* mitbringen.

Einmal abgesehen von der Praktikabilität hatten alle Pläne denselben Fehler: Sie waren zu teuer. So benötigte man für ein Vorhaben hochfeste Glasauftriebskörper – doch es stellte sich heraus, daß die nötige Anzahl davon 238214265 Dollar kosten würde.

Allein die Ausrüstung der Expedition sollte mehr kosten als die meisten Leute riskieren wollten. Ein wirklich brauchbares Schiff – und davon gab es nur wenige – würde bis zu 10000 Dollar am Tag verschlingen. Dazu kamen noch die Kosten der nötigen Ausrüstungsgegenstände, eine Liste, die sich so anhörte, als sei sei auf einem anderen Stern aufgestellt worden: ein panoramabilderzeugendes Sonargerät zum Nachschleppen, ein dreiachsiges Magnetometer, ein Untergrund-Profilograph, ein Tiefenscherbrett/Tiefendrachen sowie eine Reihe von akustischen Markierungsgebern – dazu noch Mengen von Angestellten, vom Ozeanographen bis zu einem anständigen Koch. Alles in allem konnten die Auslagen leicht auf über eine Million Dollar kommen.

Und dann war noch keineswegs sicher, daß etwas dabei herauskam. Die genaue Position der *Titanic* war weiterhin ungewiß, und die Suche erforderte eine ruhige See, ausgerechnet in einem der rauhesten Meeresgebiete der Welt. Kein Wunder, daß in den Wettbüros die Chancen, das Schiff zu finden, bei weniger als 50 bis 60 Prozent angesetzt wurden.

So eine Chance war allerdings für Jack Grimm gut genug, einen reichen texanischen Ölspekulanten, der 1980 auf der Bildfläche erschien. Er hatte bereits andere Expeditionen gesponsert, zum Beispiel nach der Arche Noah, dem Ungeheuer von Loch Ness und dem legendären Big Foot. Als ihm ein hauptberuflicher Expeditionsleiter namens Mike Harris als neues Projekt die *Titanic* vorschlug, war Grimm schnell interessiert. Schließlich hatte er 25 vergebliche Probebohrungen machen müssen, bevor er mit der ersten Springquelle fündig geworden war; verglichen mit der Ölsuche schienen die Chancen, die *Titanic* zu finden, also geradezu günstig. Außerdem waren da noch die Nebeneffekte: Ruhm, Publicity, Abenteuer.

Jack Grimm setzte sich voll ein. Er pries das Projekt im Petroleum-Club in seiner Heimatstadt Abilene an und brachte einige seiner Poker-Kumpel dazu, sich zu beteiligen. Zur Vermarktung der Fernseh-, Film- und Serienrechte engagierte er die William Morris Agentur. Er veranlaßte sogar, daß ein Buch geschrieben wurde und überredete Orson Welles, den Kommentar eines Dokumentarfilms zu sprechen.

Aber vor allem gewann er Respektabilität, denn er machte einen Deal mit der Columbia Universität: Grimm gab dem Lamont-Doherty Geological Observatory 330000 Dollar zur Anschaffung eines panoramabilderzeugenden Sonars und durfte im Gegenzug fünf Jahre lang das Gerät sowie die Dienste des zur Betreibung notwendigen technischen Personals exklusiv nutzen. Die Aussichten verlockten auch zwei namhafte Ozeanographen zum Mitmachen, Dr. William Ryan von der Columbia Universität und Dr. Fred Spiess von der Scripps Institution in Kalifornien.

Am 17. Juli 1980 lief die Expedition mit dem Forschungsschiff *H. J. W. Fay* aus dem Hafen von Port Everglades, Florida, aus. Das Suchgebiet wurde am 29. erreicht, und in den nächsten drei Wochen stampfte das Schiff mühsam hin und her, ohne Ergebnisse zu erzielen, die berechtigten Anlaß zu konkreten Hoffnungen gegeben hätten. Schließlich war die Zeit um, und man kehrte wieder heim.

Am 29. Juni 1981 machten sich die Expeditionsteilnehmer nochmals auf den Weg, diesmal mit dem Forschungsschiff *Gyre*. Nachdem sie das Suchgebiet erreicht hatten, verbrachten sie neun Tage damit, den Hinweisen nachzugehen, die das Sonar im vorhergehenden Sommer erbracht hatte, sowie weitere, weniger wahrscheinliche Gebiete zu überprüfen. Wieder gab es nichts Eindeutiges, auch wenn Grimm überzeugt war, daß sie einen Schiffspropeller lokalisiert hatten.

Im Juli 1983 waren sie wieder vor Ort, um es noch einmal zu versuchen, nun mit dem Forschungsschiff *Robert Conrad*. Diesmal funktionierten die Kameras nicht richtig, und außerdem wurden sie durch hohen Seegang behindert. Nach zwei Wochen kehrten sie mit leeren Händen zurück. Ein Optimist in der Bordgemeinschaft meinte, das Sonar habe ein für die *Titanic* charakteristisches Profil aufgespürt, doch alle anderen blieben unbeeindruckt. So äußerte ein Skeptiker, es habe eher ausgesehen wie »der Computer-Code auf einer Dose mit grünen Bohnen«.

Die Presse, die diese fruchtlosen Bemühungen mitbekommen hatte, nahm kaum Notiz davon, daß sich im Sommer 1985 eine neue Gruppe aufwachte, um die *Titanic* zu suchen. Der Sponsor war diesmal die Woods Hole Oceanographic Institution; das Forschungsschiff, die etwa 150 Meter lange *Knorr*, gehörte dem Institut, und der Expeditionsleiter war Dr. Robert D. Ballard, ein sympathischer 42jähriger Geologe, der dem Tieftauchlabor des Instituts vorstand. Für den oberflächlichen Betrachter unterschied sich diese Expedition nicht von den vorhergehenden – es handelte sich wieder um ein plumpes Schiff mit einer mysteriösen technischen Ausrüstung an Bord.

Als erstes machte die *Knorr* Halt an den Azoren; dort stießen Bob Ballard und ein Großteil seines Teams hinzu. An Bord befanden sich nun insgesamt 49 Personen – 24 Wissenschaftler und 25, die zur Crew gehörten. Sie verließen Ponta Delgada am 15. August und gingen als erstes nicht auf Nordwestkurs, Richtung *Titanic*, sondern nach Südost, zu der Position des amerikanischen Atom-U-Boots *Scorpion*, das 1968 auf mysteriöse Weise mit Mann und Maus untergegangen war. Den 17. verbrachten sie damit, Bilder von dem gesunkenen U-Boot zu machen, und falls diese Photos neues Licht auf dessen Schicksal werfen, könnte dies wohl das wichtigste Ergebnis der ganzen Expedition gewesen sein. Damals blieben die Photos so gut wie unbeachtet.

Dann ging es weiter zum Suchgebiet, einem 241 Quadratkilometer großen Meeresabschnitt, der auf der letzten Positionsmeldung basierte, die die *Titanic* abgegeben hatte. Etwa 80 Prozent des Gebiets war in diesem Sommer bereits von einem Forschungsschiff der französischen Regierung namens *Le Suroit* durchkämmt worden. Die Franzosen hatten zwar nichts entdeckt, doch seine Anwesenheit unterstrich die Tatsache, daß es sich bei dieser Expedition um ein französisch-amerikanisches Joint Venture handelte, an dem Wissenschaftler beider Länder beteiligt waren. Der wichtigste Beitrag der Amerikaner war ein einzigartiges Videokamerasystem, das in ein geschlepptes Tiefseefahrzeug namens *Argo* eingebaut war, während die Franzosen ein revolutionäres Sidescanning-Sonar, genannt SAR beisteuerten, das mit seinen Schallwellen den Meeresboden in Streifen von knapp einem Kilometer Breite abtasten konnte – das ging weit über alles hinaus, was bis dahin erfunden worden war.

Wie es das Partnerschaftskonzept vorsah, hatte Bob Ballard den Juli auf der *Le Suroit* verbracht und mit ihrem Wissenschaftlerteam zusammengearbeitet. Sie hatten sechs Wochen lang »den Rasen gemäht«, wie die Ozeanographen es nennen, bis die Zeit der *Le Suroit* abgelaufen war und sie nach Haus zurückkehren mußte. Nun arbeitete Jean Jarry, der Leiter des französischen Unternehmens, sowie zwei seiner Mitarbeiter auf der *Knorr*.

Die *Knorr* erreichte am 22. August ihre Position und machte dort weiter, wo die *Le Suroit* aufgehört hatte. Sie schleppte die *Argo* hinter sich her, die sich in fast 4000 Meter Tiefe befand. Dieses Gerät – ein Stahlschlitten etwa von der Größe eines Autos – führte das kürzlich erfundene Videosystem mit sich. Nicht weniger als fünf Kameras, nach vorn, unten und zu den Seiten ausgerichtet, drängten sich in dem Gehäuse neben anderen Einrichtungen wie Sonar, Sensoren, computergestützte Synchronisation und mehreren starken Stroboskopen. Im Grunde genommen war Argo ein Roboter, der von den mehrere Kilometer darüber befindlichen Wissenschaftlern gesteuert wurde, während sie in dem relativ komfortablen Kontrollraum der *Knorr* saßen.

Aber selbst die *Argo* schien die *Titanic* nicht herbeizaubern zu können. Die Tage vergingen, und die Männer, die die Bildschirme im Kontrollraum beobachteten, sahen immer nur denselben leeren Meeresboden. Gelegentlich schwamm ein langgeschwänzter Fisch kurz ins Bild, doch die meiste Zeit waren nur kilometerlange Schlammflächen und Sanddünen zu sehen.

Die Nacht vom 31. August auf den 1. September begann wie alle anderen Nächte. Die *Knorr* schlich langam auf dem Kurs des Suchrasters dahin und schleppte wie immer *Argo* in der Tiefe hinter sich her. Im Kontrollraum beobachtete eine sieben Mann starke Wache unter Bob Ballards Leitung pflichtschuldig die Videoschirme, aber es gab nichts Interessantes zu sehen – nur Schlamm, kilometerweit. Um Mitternacht ließ sich Ballards Gruppe von der nächsten Wache ablösen, die von Jean-Louis Michel, dem Leiter der französischen Wissenschaftler, geleitet wurde. Ballard ging nach unten, um zu duschen und sich auszuruhen.

Kurz vor 1 Uhr wurden die ersten kleinen Metalltrümmer auf den Bildschirm sichtbar. Es war nicht zu erkennen, was es für Teile waren, doch gehörten sie mit Sicherheit nicht zu der natürlichen Umwelt am Meeresboden.

»Sagen Sie Bob Bescheid, daß er herkommen soll«, ordnete Michel an, doch die Leute im Kontrollraum rührten sich nicht von ihren Plätzen und starrten fasziniert auf die immer größer werdende Trümmerspur. Schließlich konnte jemand den Koch überreden, Ballard zu holen. Der kam um 1 Uhr 05 gerade rechtzeitig hinzu, um einen großen Metallzylinder auf dem Videoschirm zu sehen.

Es war eindeutig ein Dampfkessel. Und was noch schöner war, er stammte zweifellos von der *Titanic*. Bei nichts sonst konnte es diese spezielle Anordnung von drei Feuerungsöffnungen auf einer Seite geben oder die spezielle Verteilung der Nieten. Ballards Team hatte monatelang Photos dieser Kessel studiert und kannte sie in- und auswendig. Und nun hatten sie einen von ihnen gefunden!

Doch dies war erst der Anfang. Die Wissenschaftler schätzten, daß die Trümmerspur fast 600 Meter lang war – und an ihrem Ende befand sich ein riesiges, dunkles, kompaktes Objekt. An diesem Tag fanden sie nicht mehr heraus, um was es sich dabei handelte. Zwanzig Minuten waren vergangen, seit die ersten Trümmer gefilmt worden waren, und mittlerweile türmten sich die Teile so hoch auf, daß Ballard befürchtete, die *Argo* könne sich in einem Materialteil verfangen und beschädigt werden oder womöglich verloren gehen. Um nichts zu riskieren, ordnete er an, das Gerät solange nach oben zu holen, bis der Meeresboden gründlich mit dem Sonar untersucht worden war.

Um 1 Uhr 40 wies jemand darauf hin, daß man sich jetzt kurz vor der Uhrzeit befinde, zu der die *Titanic* untergegangen war. Diese Bemerkung brachte Ballard auf eine Idee. Er war sich seit jeher der gewaltigen Tragödie zutiefst bewußt gewesen, die den Hintergrund dieser Expedition bildete; jetzt lud er die Anwesenden ein, sich mit ihm auf dem Heck zu einem kurzen Gedenkgottesdienst zu versammeln.

Am nächsten Morgen ergab die Sonar-Übersicht, daß es für *Argo* ungefährlich war, die Arbeit wieder aufzunehmen, und schon bald war klar, daß das riesige düstere Objekt am Ende der Trümmerspur das Vorschiff der *Titanic* war. Dem äußeren Eindruck nach war das Wrack in erstaunlich guter Verfassung. Als man das Schiff in jener Aprilnacht im Jahr 1912 zum letzten Mal gesehen hatte, war es in Begriff gewesen, mit dem Bug voran fast senkrecht abzutauchen, aber jetzt lag es aufgerichtet da, nur mit einer leichten Schlagseite nach Backbord. Das Vordeck war nicht eingedrückt, und selbst die Ankerketten waren sauber ausgelegt, wie in Erwartung eines der sonntäglichen Inspektionsgänge von Kapitän Smith.

Der Fockmast lehnte zwar an der Brücke, doch das Krähennest war intakt und sah genauso aus wie damals, als Ausguck Fleet seine berühmte Warnung: »Eisberg direkt voraus« durchgegeben hatte. Die ersten Aufnahmen hinter der Brücke waren nicht sehr aufschlußreich. Zwei klaffende Löcher zeigten, wo sich der vordere Schornstein und die Glaskuppel über dem großen Treppenaufgang befunden hatten. Dahinter war es zu dunkel.

Am erstaunlichsten war es, daß die *Titanic* ihr ursprüngliches Aussehen bewahrt hatte. Es war nur wenig von dem Bewuchs zu bemerken, der sich sonst auf gesunkenen Schiffen überall ausbreitet, doch ist es in fast 4000 Meter Tiefe eben so dunkel und kalt, daß nicht viel wachsen kann. Nur dünner Schlick überzog das Schiff – so dünn, daß man leicht jede Niete zählen und die Umrisse jeder Decksplanke verfolgen konnte.

Das Wasser war so klar, daß sich in den Trümmern seitlich des Schiffs Dutzende von Gegenständen identifizieren ließen – Kohlebrocken, Gepäckstücke, Betten, Weinflaschen, die wunderbarerweise heil geblieben waren, eine silberne Servierplatte, ein Nachttopf. Durch die Schärfe der Details bekam die Katastrophe eine Unmittelbarkeit, die sogar die freudige Erregung über die Entdeckung dämpfte.

In den nächsten fünf Tagen kreuzte die *Knorr* über dem Grab der *Titanic* hin und her, wobei sie *Argo* in der Tiefe hinter sich herschleppte. *Argo* nahm das Wrack auf Video auf, und später machte ein anderer tiefgeschleppter Roboter namens *Angus* eine Reihe von kurzen Fahrten, bei denen Kameras mit 35-Millimeter-Farbfilm zum Einsatz kamen. Die Reichweite war recht eingeschränkt: Nahaufnahmen gefährdeten die Ausrüstung, und Fernaufnahmen waren mit den Beleuchtungsmöglichkeiten nicht machbar. Trotzdem erfaßten die Aufnahmen den größten Teil des Vorderschiffs und reichten weit genug nach hinten, um festzustellen, daß das Heck fehlte. Auf Bildern, die *Angus* am fünften Tag schoß, konnte man Trümmer des fehlenden Teils erkennen, die mehrere hundert Meter hinter dem Rest des Wracks lagen. Der erste und die beiden letzten Schornsteine waren nicht zu sichten, und *Argo* wäre beinahe verunglückt, als es bei einer Wende mit Wrackteilen zusammenstieß.

Vielleicht war dies der Anlaß, warum Ballard meinte, nun habe er sein Glück genügend strapaziert. Alles weitere könne warten, bis er im nächsten Jahr wiederkäme.

Wie auch immer, jedenfalls wurde am 5. September zum letzten Mal gefilmt. Dann nahm die *Knorr* Kurs auf Woods Hole, wo man sie geräuschvoll mit Hupen und Signalhörnern empfing.

Am 9. Juli 1986 lief Bob Ballard wieder aus. Diesmal waren die Franzosen nicht mehr dabei – wegen Geldmangel –, und die Leute von Woods Hole hatten die *Titanic* ganz für sich allein. Auch die *Knorr* war nicht mehr dabei, sie wurde durch die *Atlantis II* ersetzt, die ein erstaunliches Drei-Mann-Tauchboot namens *Alvin* aufnehmen und leiten konnte. Die *Alvin* war 1964 für die amerikanische Marine gebaut und ursprünglich nur für eine maximale Tauchtiefe von 2440 Meter konstruiert worden, dann hatte man sie aber für 4000 Meter nachgerüstet. Das ermöglichte es dem Tauchboot, in die Nähe der *Titanic* zu gelangen, und so brauchte Ballard sich nicht mehr auf Roboter und Videobilder zu verlassen, sondern konnte selbst tauchen und alles mit eigenen Augen beobachten.

Noch bemerkenswerter war, daß die *Alvin* ihren eigenen Roboter dabei hatte – er hieß *Jason Jr.*, kurz »J. J.« genannt, hatte die Größe eines Motorrasenmähers und wurde von einem Mann gesteuert, der sich in der *Alvin* befand. *Jason Jr.* war mit dem Tauchboot durch eine 60 Meter lange Leine verbunden und konnte auf dem Meeresgrund herumstreifen und Stellen observieren, die für *Alvin* selbst zu schmal oder zu gefährlich waren.

Diese kuriose Armada erreichte die Position der *Titanic* am Abend des 12. Juli, wo ein Rettungs-U-Boot der amerikanischen Marine, die *USS Ortolan,* dazustieß. Sollte ein Unfall geschehen, konnten die Dienste der *Ortolan* möglicherweise lebenswichtig sein; ansonsten sollte sie sich bei der Abwehr unwillkommener Besucher nützlich machen. Ballard war nämlich weiterhin fest entschlossen, den genauen Standort der *Titanic* geheimzuhalten.

Am 13. Juli gegen 8 Uhr 30 zwängte er sich zusammen

mit Ralph Hollis und Dudley Foster, seinen beiden erfahrensten Tauchbootpiloten, in die *Alvin*. Dann begannen sie den langen Abstieg zum Meeresboden. Um Energie zu sparen, überließen sie sich dem Wirken der Schwerkraft, und so dauerte der freie Fall zweieinhalb Stunden; der Aufstieg sollte später genauso lange dauern. Diese »Pendlerfahren« wurden im Lauf der Zeit zur täglichen Routine – beim Abstieg kam klassische Musik vom Band, beim Aufstieg leichte Rockmusik –, aber an diesem ersten Morgen war es noch nicht soweit. Das Sonar funktionierte nicht, und die Batterien leckten plötzlich. Als das Trio sich schließlich zur *Titanic* vorgetastet hatte, war es auch schon wieder Zeit zum Auftauchen, doch bekam Ballard wenigstens für einen Augenblick eine hoch aufragende Wand aus Stahl zu Gesicht und war damit derjenige, der das untergegangene Schiff nach 74 Jahren als erster wiedersah.

In den nächsten elf Tagen setzten Ballard und sein Team die Tauchgänge fort, wobei sie das jeweilige Ziel auf Grund der zahlreichen Photos, die sie im letzten Sommer aufgenommen hatten, auswählten. Am 14. Juli machten sie eine fünfstündige Inspektion des vorderen Schiffsteils – und mußten sogleich feststellen, daß das Wrack doch in weit schlechterem Zustand war, als sie bisher angenommen hatten. Bei den Bildern, die *Argo* und *Angus* 1985 aus mittlerer Entfernung aufgenommen hatten, konnte man meinen, der Bug befinde sich noch im ursprünglichen Zustand. Jetzt sahen sie von nahem, daß der stählerne Rumpf von Rost durchzogen war und daß Mollusken so gut wie alle Holzbestandteile des Schiffs gefressen hatten. Was auf den Photos der Roboter wie Deckplanken ausgesehen hatte, entpuppte sich bei näherer Betrachtung nur als die Abdichtung der Ritzen, die anscheinend nicht nach dem Geschmack der Weichtiere gewesen war.

Am 15. Juli schickte Ballard *Jason Jr.* die große Treppe

hinunter, in der Hoffnung, daß wenigstens das Innere des Schiffs von den Meeresbewohnern verschont geblieben wäre. Aber nein, sie waren auch hier tätig gewesen. Es gab keine Spur mehr von der prachtvollen Täfelung oder der reichverzierten Wanduhr, die symbolisch die Krönung der Zeit durch die Personifizierungen von Ruhm und Ehre dargestellt hatte.

Allerdings zeigte sich nicht alles nur feindlich gesinnt. Dieselbe starke Strömung, die dafür gesorgt hatte, daß sich die Weichtiere im gesamten Schiffskörper ausbreiteten, hatte die nicht eisenhaltigen Metallgegenstände des Schiffs regelrecht poliert. Die Messing-Einfassungen der Bullaugen, die Kupfertöpfe aus der Küche, der bronzene Säulenfuß des Steuerrads – alle glänzten so hell wie am Tag, als sie eingebaut waren.

Jeden Tag wurde ein neues Ziel ausgesucht, und *Alvin* setzte seine Sondierung fort. Am 16. Juli war der Bug dran (leider war vom Schiffsnamen nichts mehr zu sehen), am 17. Juli die ›Zerreißzone‹, wo der vordere Teil der *Titanic* in der Nähe des dritten Schornsteins abgebrochen war, am 18. Juli das Trümmerfeld hinter dem Bruch – eine Ansammlung von Wrackteilen, die etwa die Ausmaße eines Straßenblocks in einer Großstadt hatte.

Am 20. Juli entdeckte man schließlich das Achterschiff – ein separates, etwa 75 Meter langes Stück des Schiffskörpers, das etwa 600 Meter vom Bug entfernt lag. Es war um 180 Grad gedreht, so daß es jetzt in die entgegengesetzte Richtung zeigte wie der Rest des Dampfers.

Am nächsten Tag untersuchte Ballard den neuen Fund genauer. Im Gegensatz zum Bug war das Achterschiff grauenvoll zerschmettert. Es war so hart auf den Meeresboden aufgeschlagen, daß alle Decks wie Pfannkuchen zusammengequetscht worden. Die Trümmer sahen aus wie ein surrealistischer Flohmarkt – Decksmaschinerie, ein Puppenkopf aus Porzellan, ein Spucknapf, elektrische Heizöfen, Champagnerflaschen, Metallbeschläge von den

Holzbänken, die einst die Poop, das erhöhte Achterdeck, geziert hatten, ein Abendschuh aus Lackleder ...

Am 22. Juli ging es zurück zum vorderen Schiffsteil, um nach dem berühmten 90 Meter langen klaffenden Riß zu suchen, den der Eisberg angeblich verursacht hatte. Die Suche blieb erfolglos, was die Vermutungen vieler der ans Festland gefesselten »Kenner« bestätigte. Was der Eisberg wirklich bei der *Titanic* anrichtete, wird man wahrscheinlich nie wissen. Zu große Teile des Bugs und der Unterseite sind jetzt im Schlamm vergraben. Aber es hat den Anschein, als ob die durch den ersten Aufprall aufgesprungenen Nähte in der Bordwand ebensoviel Schaden anrichteten wie eventuelle weitere Risse, die der Eisberg selbst verursachte.

Das große Finale kam am 24. Juli, und für Ballard – den ewigen Perfektionisten – war dies der beste Tauchgang von allen. *Alvin* befand sich wieder in vertrautem Gebiet, ganz in der Nähe der Brücke, und *Jason Jr.* arbeitete fehlerlos. »J. J.« hatte sich zwischendurch manchmal auch weniger gut betragen, und es war ein besonders befriedigendes Erlebnis, daß sich der kleine Roboter jetzt seiner Aufgabe gewachsen zeigte. Ballard seinerseits war bei diesem letzten Tauchgang bereit, Risiken einzugehen, die er bisher vermieden hatte. Er schickte »J. J.« sogar durch eines der Fenster auf dem vorderen Promenadendeck, um einen Blick ins Innere des Schiffs zu werfen. Dabei kam zwar nichts besonders Interessantes zutage, aber in technischer Hinsicht war es eine Meisterleistung.

Seltsamerweise machte Ballard keinen besonders hochgestimmten Eindruck. Normalerweise unbekümmert, manchmal sogar draufgängerisch, wirkte er jetzt eher gedämpft. Vielleicht war er einfach nur erschöpft, weil er an acht von elf erfolgreichen Tauchgängen teilgenommen hatte; ein Drei-Mann-Tauchboot ist schließlich kein sehr guter Aufenthaltsort für einen langgliedrigen Mann von über 1,80 Meter Größe. Wahrscheinlich hatten aber seine beiden Begleiter recht, die meinten, daß er jetzt die Ernüchterung spürte, die sich einstellt, wenn man weiß, daß ein großes Abenteuer zu Ende geht.

Am Abend dieses Tages holte die Crew die Transponder, die akustischen Positionierer, wieder ein, verstaute ihre Ausrüstung und ging auf Heimatkurs. Am frühen Morgen des 28. Juli erreichte das Schiff Woods Hole und wurde auch diesmal mit einem Salut von Hupen und Hörnern begrüßt. Sie hatten es zum zweitenmal geschafft.

Einige Geheimnisse bleiben ungelöst. Wo sind die Schornsteine? Sie fehlen allesamt. Da sie die ersten Teile waren, die abbrachen, und aus vergleichsweise leichtem Metall bestanden, taumelten sie wahrscheinlich jeder für sich zum Meeresboden, wo sie sich dann irgendwo in der Nähe des Wracks eingruben. Wo sind die Dampfkessel? Nur fünf oder sechs sind in den Trümmern gefunden worden. Ich meine, daß die übrigen 23 oder 24 Stück sich auch ablösten, als das Schiff endgültig untertauchte, und nun im Schlamm liegen, möglicherweise unter dem Vorschiff. Und wo sind die Toten? Glücklicherweise hat man keine Spur von ihnen gefunden. Die beste Erklärung dafür ist, daß der Chemikaliengehalt des Salzwassers in dieser großen Tiefe sie im Laufe der Jahre völlig aufgelöst hat.

Trotz der verbleibenden Fragezeichen zählt das gesamte Unternehmen zu den großen technischen Leistungen unserer Zeit. Und warum hatte dieses Unternehmen Erfolg, wo alle anderen scheiterten? In erster Linie lag es an der Ausrüstung. Nicht, daß die anderen Expeditionen es sich leicht gemacht hätten, doch die technische Entwicklung schritt so schnell voran, daß Ballard einen Vorteil gegenüber den anderen gewann. Zum Beispiel konnte das Sidescanning-Sonar von Argo dasselbe Gebiet in zwanzig Tagen abdecken, wofür man vorher zwölf Jahre gebraucht hätte.

Das Geld war ein weiterer Grund. Selbst ein reicher Texaner konnte es nicht mit den kombinierten Mitteln der französischen Regierung, der amerikanischen Marine, der National Science Foundation und der National Geographic Society aufnehmen. Das Office of Naval Research steckte allein in die Entwicklung der *Argo* 2,8 Millionen Dollar. Die reine Unterhaltung der *Atlantis II* verschlang bereits 20000 Dollar am Tag. Alles in allem schätzt man, daß jeder der beiden Expedition sechs Millionen Dollar kostete, wobei es möglicherweise 15 Millionen insgesamt wären, wenn man bestimmte zusätzliche Ausrüstungsgegenstände hinzuzählt.

Ein weiterer Vorteil war Ballards Assistenten-Team. Die meisten waren »alte Hasen«. Der Photograph Emory Kristof, von der Redaktion des *National Geographic* Magazins, der auf der ersten Reise dabei war, hatte schon jahrelang mit Ballard zusammengearbeitet. An der zweiten Reise nahmen Männer wie Ralph Hollis und Dudley Foster teil, die über langjährige Erfahrung mit *Alvin* verfügten.

Und schließlich war da noch Ballard selbst. Er besaß nicht nur einen Doktortitel in Meeresgeologie und Geophysik sowie eine Handvoll wissenschaftlicher Auszeichnungen, sondern hatte auch als Taucher viele praktische Erfahrungen in Tiefsee-Tauchbooten gesammelt. Und er war seit vielen Jahren von der *Titanic* fasziniert. Bereits 1976 war er, wie einem in jenem Jahr erschienenen Artikel in der *Washington Post* zu entnehmen ist, Präsident der Seaonics International Ltd., einer Firma, »die mit dem ausdrücklichen Ziel, die *Titanic* zu finden« gegründet worden war. Sein fast schon als Leidenschaft zu bezeichnendes Interesse läßt die Berichte in der *New York Times* und anderen Publikationen etwas seltsam aussehen, in denen so getan wird, als sei die Entdeckung der *Titanic* eine überraschende Dreingabe bei der Erprobung neuer Geräte zur Tiefseeforschung gewesen.

Zu diesen Vorzügen Ballards muß man noch Charme,

Draufgängertum, das Talent, sich in Szene zu setzen und die Intuition hinzurechnen, die anscheinend die Schritte erfolgreicher Erfinder und Forscher lenkt. Oder, wie ein Kollege es ausdrückte: »Bob hat eine außerordentliche Fähigkeit, interessante Dinge zu finden, die auf dem Boden liegen.«

Aber seine auffälligste Eigenschaft war eine Sensibilität, die schon an Frömmigkeit grenzte. Sie zeigte sich in der Nacht, als die *Titanic* entdeckt wurde und er den kurzen Gottesdienst auf dem Heck der *Knorr* abhielt. Sie zeigte sich in seinen häufigen Anspielungen auf die »verlorenen Seelen« in der Tiefe. Und sie zeigte sich bei der Pressekonferenz in Washington nach der Rückkehr der *Knorr*. Selbst die härtesten Burschen waren von den letzten Sätzen seines formellen Statements gerührt:

> Die *Titanic* selbst liegt 3900 Meter tief im Meer in einer sanft gewellten Gebirgslandschaft, mit Aussicht auf einen kleinen Cañon.
> Ihr Bug zeigt nach Norden, und sie ruht aufrecht auf dem Meeresboden. Ihre mächtigen Schlote zeigen nach oben.
> In diese große Tiefe dringt kein Lichtstrahl, und es gibt nur wenig Leben.
> Hier herrscht Stille und Frieden; damit ist dies ein angemessener Ruheplatz für alles, was übrigblieb von dieser gewaltigsten aller Tragödien auf dem Meer.
> Möge es ewig so bleiben, und möge Gott den wiedergefundenen Seelen seinen Segen geben.

Zugegeben, die Erwähnung der »mächtigen Schlote« war eine kleine Übertreibung, denn sie waren allesamt nicht mehr da. Doch Ballards Ehrfurcht vor dem Schiff und allem, wofür es stand, war sehr real. Seine Gefühle wurden anläßlich eines kleinen Vorfalls deutlich, der sich während der zweiten Expedition ereignete. Als *Angus*, der für

Standphotos benutzt wurde, solange *Alvin* pausierte, von einem Tauchgang an die Oberfläche kam, hatte er ein Stück verheddertes Stahlkabel im Schlepptau. Es war eindeutig ein Test der *Titanic*. Wenn man es in kleine Stücke sägte und an Sammler verkaufte, war es ein Vermögen wert. Die Neugierigen drängelten sich an der Reling, doch Ballard bereitete einem möglichen Goldrausch ein für allemal ein Ende. Die *Titanic* sollte für immer eine unbefleckte Gedenkstätte bleiben. Er warf das Kabel zurück ins Meer.

Es war ein nobler Gedanke, doch »für immer« ist eine sehr lange Zeit. Pompeji, einst der Schauplatz einer gewaltigen menschlichen Tragödie, ist heute ein faszinierender Ausgrabungsort. Die Gruft des Pharaos Tut-ench-Amun war einst ein heiliges Grab, heute ist es eine Touristenattraktion. Ein ähnliches Los wird unweigerlich einst auch der *Titanic* zuteil werden ..., aber wer soll die Stelle inzwischen bewachen? Eine vom amerikanischen Repräsentantenhaus verabschiedete Resolution drängt darauf, das Wrack zu einer maritimen Gedenkstätte zu ernennen, die durch ein internationales Abkommen geschützt wird, doch das Meer gehört niemandem, und es gibt kaum Gelder, um ein Fleckchen Ozean zu schützen.

Das Gefährliche ist nicht die Habgier des Menschen, sondern seine Neugier. Inzwischen weiß fast jeder, daß sich in der *Titanic* kein heimlich verstauter Schatz befindet. Es gibt keinerlei Beweise für das Vorhandensein eines riesigen Vermögens, sei es in Form von Diamanten oder Gold. Im Frachtverzeichnis sind ganz normale Güter eingetragen, die zusammen weniger als 500000 Dollar wert sind; der Schmuck der Passagiere war zwar imposant, aber nicht sensationell. Mrs. Wideners märchenhafte Perlen wurden sowieso gerettet. Es besteht praktisch also keine Chance, daß die *Titanic* aus kommerziellen Gründen gehoben wird.

Doch der verlockende Reiz des Schiffs bleibt bestehen,

und sei es nur deswegen, »weil es nun mal da ist«. Nun ja, so wie eben der Mount Everest. Neue technische Errungenschaften machen die *Titanic* immer leichter erreichbar, und deshalb kann nur eins sie schützen: das Gefühl für Abstand. Eine Resolution des Kongresses, die das Wrack zur »maritimen Gedenkstätte« ernennt, genügt da nicht.

Vielleicht spielt es auch gar keine Rolle. Wer einmal der Faszination jener berühmten Unglücksnacht verfallen ist, wird immer irgendein bestimmtes Detail als besondere Erinnerung in seinem Gedächtnis bewahren – vielleicht die Bordkapelle oder das Ehepaar Straus oder die acht Goodwins, die sich aneinander festhielten. Und immer wird der Anblick im Gedächtnis bleiben, den die *Titanic* kurz vor ihrem endgültigen Untergang im Jahre 1912 bot: Das steil aufgerichtete Heck, eine schwarze Silhouette, die wie ein anklagender Finger auf die Sterne deutete, und dann das langsame Gleiten in die Tiefe, bis nichts mehr von ihr übrig war als eine Handvoll Rettungsboote, allein auf leerer See.

Nachlese der Zeugenaussagen

Man kann unmöglich ein Kenner der Geschichte der *Titanic* werden, ohne die offiziellen Protokolle der amerikanischen und der britischen Untersuchung gründlich zu studieren. Dies ist allerdings keine leichte Aufgabe, denn es gibt 181 Zeugen und 2111 Seiten mit Zeugenaussagen. Manche davon sind verschwommen, in sich widersprüchlich oder sogar völlig unvereinbar miteinander.

Im Folgenden wurde versucht, die Stellungnahmen verschiedener Zeugen zu einer Reihe von stärker umstrittenen Punkten zu sichten. Hinter dem Namen des jeweiligen Zeugen ist die Quelle vermerkt – sowie die Seitenzahl bei der Anhörung vor dem Senat (US) und die Nummer der Frage bei den britischen Akten (Br). Diese Nachlese könnte sich als nützlich erweisen, und sei es nur, weil sie sichtbar macht, wie schwierig es ist, die Wahrheit, dieses scheue Wild, in die Enge zu treiben.

Das Wetter zur Zeit der Kollision

»Völlig klar ... man konnte fast die Sterne untergehen sehen.« (Boxhall, US 224, 231, 256) »Völlig klar.« (Boxhall, Br 15338–15340)

»Sehr klar ... Wir konnten die Sterne untergehen sehen.« (Lightoller, US 68). »Völlig klar und schön.« (Lightoller, Br 13523, 13528, 14194, 14196).

»Schöne Nacht.« (Rowe, Br 17602)

»Direkt vor uns lag ein feiner Dunst ... ein Dunstschleier auf dem Wasser.« (Lee, Br 2401–2408)

Dunst ... war unerheblich.« (Fleet, Br 17253, 17266–17268, 17271, 17253, 17390, 17393)

»Klare, nur von den Sternen beleuchtete Nacht.« (Hitchens, Br 1191)

»Man hätte sich kein besseres Wetter wünschen können.« (Lucas, Br 1405)

»Großartig.« (Poingdestre, Br 2780)

»Dunst.« (Shivers, Br 4700)

»Eine sehr klare Nacht.« (Symons, Br 11984)

»Eine wunderschöne Nacht ... eine dunkle Nacht, aber sternhell.« (Peuchen, US 350)

Der Eisberg

»Rund, hatte eine große Spitze, die auf der einen Seiten herausragte, etwa 30 Meter hoch.« (Osman, US 539)

»Als er gesichtet wurde, sah er etwa so groß wie zwei zusammengestellte Tische aus, aber er wurde immer größer, je näher das Schiff herankam. Als er längsseits war, war er ein bißchen höher als die Back, aber nicht so hoch wie das Krähennest.« (Fleet, Br 17277, 17304–14)

»Eisberg etwa 30 Meter hoch.« (Rowe, US 521)

»Sah aus wie der Fels von Gibraltar vom Europe Point aus ..., nur viel kleiner.« (Scarrott, Br 361–362)

»Sah wie etwas großes Schwarzes aus ... viel höher als das B-Deck.« (Crawford, US 842–843)

»Berg etwa so hoch wie das Bootsdeck; wenn überhaupt, dann nur ein bißchen höher. Der Gipfel lief spitz zu.« (Olliver, US 527)

»Höher als die Back.« (Lee, Br 2439)

Die Bewegungen des Schiffs nach der Kollision

- Im Maschinenraum. Direkt nach dem Zusammenstoß signalisierte der Maschinentelegraf »STOP« ... 10–15 Minuten, dann »langsam voraus« ... 10 Minuten, dann »STOP« ... 4–5 Minuten, dann »langsam zurück« ... 5 Minuten, dann »STOP«. »Ich glaube nicht, daß sich der Telegraf danach noch bewegte.« (Scott, Br 5609–5626, 5607–5809, 5836)
- Als er gleich nach der Kollision auf die Brücke kam, hörte er Befehl, das Ruder hart Backbord zu legen. Inzwischen war der Eisberg achteraus. Kurz danach stellte der Kapitän den Maschinentelegraf auf halbe Kraft voraus. Er weiß nicht, ob Maschine in diesem Augenblick gestoppt war oder rückwärts lief, aber Schiff »stoppte fest«, als er es tat. (Olliver, US 527–528, 532–532)
- Auf der Brücke, Murdoch zu Smith direkt nach der Kollision: »Ich legte hart Steuerbord und ließ die Maschine volle Kraft zurück laufen, aber er war zu nah, das Schiff hat ihn gerammt ... Ich hatte vor, ihn an Backbord zu lassen, aber das Schiff rammte ihn, bevor ich noch irgend etwas tun konnte.« Als er gleich nach dem Zusammenprall auf die Brücke kommt, bemerkt er, daß die Maschinentelegrafen »Volle Kraft rückwärts« anzeigen. (Boxhall, US 229–230; Br 15346–15355, 15505)
- Auf dem Deck direkt nach der Kollision. Eisberg etwas achterlicher als quer an Steuerbord, weniger als eine Schiffslänge entfernt. Schiff schien unter Back-

bordruder zu sein, Heck drehte sich weg vom Eisberg und ging nun steuerbords um ihn herum. (Scarrott, Br 351–356)

- Im Kesselraum 6. Direkt nach dem Zusammenstoß ging Telegraf auf »STOP«. Befehle gegeben: »Schieber schließen.« Dann fielen die wasserdichten Schotte herunter. Sie schlossen sich in »weniger als fünf Minuten«, nachdem die Brücke signalisierte, die Maschinen zu stoppen. (Beauchamp, Br 664–669A)
- Auf der Brücke. Kurz bevor das Schiff kollidierte, Befehl bekommen, das Ruder »hart Steuerbord« zu legen. Drehte das Rad, und das Schiff hatte sich etwa zwei Strich gedreht, als es aufprallte. Zur gleichen Zeit, als der Befehl hart Steuerbord gegeben wurde, signalisiert Murdoch dem Maschinenraum, wahrscheinlich »STOP. Volle Kraft zurück.« Schiff war nie unter Backbordruder. (Hitchens, Br 948–993, 1314–1316) Befehl bekommen, Ruder »hart Steuerbord« zu legen. Tat es sofort, der Zusammenstoß passiert fast gleichzeitig. Das war der einzige Befehl, der vor der Kollision gegeben wurde. (Hitchens, US 450, 456)
- Erster-Klasse-Kabine. Plötzlicher Stoß. Dann stoppen die Maschinen. Zwei bis drei Minuten, dann starten sie wieder, aber kaum spürbar. (Stengel, US 974–975)
- In der Elektrikerwerkstatt, E-Deck. Fühlt einen leichten Stoß ..., zwei Minuten später sieht er sich um und bemerkt, daß die Turbine gestoppt hat. (Ranger, Br 3997–4002)
- Im Kesselraum 6. Signallampe leuchtete rot, was Stop bedeutete. Ruft, daß die Schieber geschlossen werden sollen. Dann Zusammenstoß, noch bevor alle Schieber geschlossen sind. (Barrett, Br 1860–1867)
- Im Maschinenraum. Telegraf läutete kurz vor dem Zusammenstoß – vielleicht zwei Sekunden davor – dann Zusammenstoß und etwa eineinhalb Minuten später stoppten die Maschinen. Nach einer weiteren

halben Minute gehen die Maschinen langsam zurück. Langsam zurück etwa zwei Minuten, dann wieder Stop. Dann etwa zwei Minuten voraus, dann endgültiger Stop. Wasserdichte Schotte schlossen sich etwa drei Minuten nach der Kollision. (Dillon, Br 3715–3729, 3736)

- Stewardkammer. Wach geworden durch Stoppen der Maschinen. Spürte vorher keinen Stoß. Dann gefühlt, daß die Maschinen volle Kraft rückwärts liefen und zugleich die Warnglocke für die wasserdichten Schotte gehört. (Rule, Br 9752–9760)

Licht, das von der Titanic *aus gesehen wurde*

»Keines gesichtet vom Krähennest vor der Kollision.« (Lee, Br 2419–2420; Fleet, US 328, 358)

Es bewegte sich. Zuerst kurz nach der Kollision gesichtet, gerade als die Männer anfingen, die Boote auszuschwenken. Ging zur Brücke und sah es sich an, bevor er mit der Position zum Funkraum ging. Sah »einen Viermastdampfer« fast direkt voraus, fünf oder sechs Meilen. Schien näherzukommen; sah die Topplichter, dann rotes Seitenlicht. Schien später ›hr, sehr langsam‹ zu drehen und wegzufahren. (Boxhall, US 235–236, 909–910; Br 15385–15409)

Zum erstenmal gesichtet, »als wir die Boote ausschwenkten«. (Buley, US 612)

Sah nur ein Licht, und zwar während die Boote ausgebracht wurden, zwei Strich Backbord voraus. (Lightoller, US 448–449) p. 218
Lag in nördlicher Richtung, und *Titanic* zeigte nach Osten zu der Zeit, als Boot 6 herabgelassen wurde. (Peuchen US 346)

Ein einzelnes Licht, an Backbord, während die Boote bemannt wurden. Glaubt, es könnten sechs Meilen gewesen sein. (Gracie, US 990)

Im Norden. (Hart, Br 10268)

Anscheinend im Norden. Heck der *Titanic* schwang nach Süden, so daß der Bug nach Norden zeigte, und das Licht war einen halben Strich an Backbord, etwa fünf Meilen entfernt. (Rowe, Br 17669–17674)

Anscheinend im Norden – Nr. 8 mußte »umkehren« um zur *Carpathia* zurückzufahren (Crawford, US 827; Br 18002, 18087; Jones, US 570) … Das gleiche tat auch Nr. 11 (Wheelton, US 544) … Das gleiche galt für Nr. 16 (Archer, US 648) … Das gleiche galt für Klappboot C (Rowe, US 520)

Zwei Toplichter peilten Nord an Steuerbord voraus. (Hart, Br 10264–74)

Sah schwache rote Seitenlampe und Topplicht querab Steuerbordseite des Schiffs – acht bis neun Meilen entfernt, »direkt am Horizont«. Sah es aber erst, nachdem Klappboot D zu Wasser gelassen war. »Licht war jedesmal weiter weg, wenn wir danach Ausschau hielten.« (Lucas, Br 1566–1585, 1800–1806)

Immer an der gleichen Stelle. (Rowe, US 524; Pitman, US 295, 307; Crawford, US 827, 828; Buley, US 611, 612; Fleet US 358–359; Lightoller, Br 14149)

War die ganze Nacht da. Von Boot 3 aus gesehen. (Moore, US 565) … Von Boot 6 (Fleet, US 359) … Von Boot 8 (Jones, US 570; Crawford, US 114, 827, 828; Br 17854, 17856, 17867–69, 17997, 18001–02, 18010, 18017, 18069) …

Aus Boot 11 (Wheelton, US 544) ... Aus Boot 16 (Archer, US 648) ... Aus Klappboot C (Rowe, US 520, 524; Ismay, Br 18577–98)

Behauptete, daß das von ihm gesehene Licht eventuell nicht dasselbe Licht war, das andere an Backbord sahen. (Ismay, Br 18577–98)

Schien stets etwa gleich weit entfernt. (Rowe, Br 17666)

Nr. 11 ruderte »etwa zwei Stunden« auf das Licht zu. (Mackay, Br 10809) ... pullte zum Licht bis Tagesanbruch. (Wheelton, US 544)

Klappboot C, ruderte zum Licht bis »gegen Tagesanbruch« Wind aufkam. (Rowe, US 524)

Nr. 3. »Ruderten immer weiter drauf zu, bis es hell wurde.« (Moore, US 565)

»Sah es etwa zwanzig Minuten lang an Backbord, in acht bis zehn Meilen Entfernung.« (Johnson, Br 3482–3486)

Es bewegte sich. Während des Bemannens von Nr. 6 sah er Licht zwei Strich an Backbord, etwa fünf Meilen entfernt. »Schätzte, es sei ein Dampfschiff.« Befahl, darauf loszusteuern, aber konnte nicht näherkommen. »Licht bewegte sich, verschwand allmählich.« (Hitchens, Br 1161–1184, 1338–1339). Bei der amerikanischen Untersuchung gab er an, daß er es für einen Fischdampfer hielt. (Hitchins, Br 1338)

Sah weißes Licht an Steuerbord etwa zu der Zeit, als Nr. 6 heruntergelassen wurde. Definitiv ein Schiff, doch konnte er nicht unterscheiden, ob Segler oder Dampfschiff. (Fleet, Br 17428–35, 17453–56)

Es bewegte sich. Boot 2 sah das Licht etwa eine Stunde lang. Hielt es für einen Fischer aus Cape Cod, der wegsegelte. (Osman, US 538)

Sah wie ein Segelschiff aus. (Bright, US 536)

Einzelnes weißes Licht anderthalb Strich an Backbord voraus, fünf bis zehn Meilen entfernt – konnte nicht erkennen, was es war – nur, daß es ein Schiff war – dachte später, es sei ein Dorschkutter oder ein Fischerboot. (Symons, Br 11468–78)

Während er Nr. 1 fertigmacht, hört er, daß ein Schiff an Backbord gesichtet wurde, blickt kurz hinüber, sieht zwei Masttopps und das rote Licht eines Dampfschiffes. (Lowe, Br 15825–26)

Bevor Nr. 1 heruntergelassen wurde, sah er helles Licht »fünf oder sechs Meilen vor uns«. Sah es nicht mehr, nachdem das Boot weggefiert war. (Hendrickson, Br 11072–11076)

Nr. 9. Sah rotes Licht, dann rotes und weißes, dann verschwindet das rote, und nur das weiße bleibt zu sehen. Hält es für das Backbordlicht eines Dampfers in sieben bis acht Meilen Entfernung. Beide Lichter verschwinden, aber zehn bis 15 Minuten später sieht er wieder ein weißes Licht in derselben Richtung. (Wynn, Br 13336–51)

Raketen

- Raketen im allgemeinen: »Vorschriften zur Vermeidung von Kollisionen auf See.« Artikel 31, Nr. 3, definiert Notsignale in der Nacht folgendermaßen: »Raketen oder Feuerwerkskörper, die Sterne jeder Farbe und Art auswerfen ...« (Hitchens, Br 1199)

- Beschreibung der Raketen der *Titanic*. (Wilding, Br 20575–20577; Boshall, Br 15394–15400; Lightoller, Br 14150–14155; 14168–14172)
- Unmißverständlich Notsignale; überhaupt nicht wie Reedereisignale. (Lightoller, Br 14150-14155; 14168-14172)
- Erörterung des Geräuschs. (Pitman, US 294; Lightoller, Br 14155)
- Gegen 0 Uhr 25 befahlen Rowe und Bright, man solle Zündkapseln zur Brücke bringen, um Notsignale abzufeuern. (Rowe, US 519; Bright, US 832)
- Half beim Abfeuern der Raketen von 0 Uhr 45 bis etwa 1 Uhr 25. (Rowe, Br 17684)
- Half Raketen abfeuern bis etwa 1 Uhr 25, dann von Kapitän Smith beordert, damit zu stoppen und beim Bemannen von Klappboot C zu helfen. (Rowe, US 519)
- Boot 7 und 5 waren bereits ausgesetzt, bevor die ersten Raketen gezündet wurden. (Pitman, US 289, 293, 307)
- Wurden zum erstenmal zwischen dem Bemannen der Boote 5 und 3 abgefeuert. (Lowe, US 401)
- Feuern der Raketen begann, als Nr. 3 herabgelassen wurde. (Duff, Gordon, Br 12469) ... Die erste Rakete ging hoch, während Nr. 3 bemannt wurde. (Lowe, US 401)
- Beobachtete sie von Nr. 5 aus. (Pitman, Br 15066; Crosby, US 1145)
- Gingen hoch, bevor Nr. 6 wegfuhr und noch eine halbe Stunde, nachdem das Boot das Schiff verlassen hatte. (Hitchens, Br 1195-1197, 1201, 1207)
- Gingen immer noch hoch, nachdem Boot 6 ausgesetzt worden war. (Fleet, US 328)
- Wurden aus Boot 6 beobachtet. (Hitchens, Br 1195–1208
- Sah sie hochgehen, nachdem Nr. 8 weggerudert war, ebenso Morselampe. (Crawford, Br 17972)

- Gingen hoch, während Nr. 1 klargemacht und zum Herunterlassen vorbereitet wurde. (Hendrickson, Br 4997, 5006; Boxhall, US 239)
- Gingen immer noch hoch, während Nr. 1 bemannt und herabgelassen wurde. Zündete eine, nachdem Nr. 1 herabgelassen war. (Boxhall, US 239)
- Während des Bemannes von Nr. 1: »Gingen unaufhörlich hoch ..., ich wurde fast taub davon.« (Lowe, US 401)
- Gingen schon hoch, bevor Boot 13 heruntergelassen wurde. Beobachtete sie vom Boot 13, nachdem es flott war. (Lee, Br 2582–2583, 2680)
- Gingen hoch, als Nr. 15 sich entfernte. (Hart, Br 10103)
- Wurden von Boot 12 aus beobachtet. (Poingdestre, Br 3099–3100)
- Machte weiter mit dem Abfeuern, bis er ins Boot 2 beordert wurde. (Boxhall, US 237)
- Glaubte, daß sie von der *Californian* gesehen wurden. (Ismay, Br 18943–18946)
- Hörte die Raketen der *Carpathia* nicht und glaubte nicht, daß er nah genug war, um sie zu hören, als er sie vom Klappboot B aus sah. (Lightoller, Br 14856)

Zustand des Schiffs

Als Boot 5 wegruderte, beobachtete er, daß das Schiff am Bug 5 bis 7 Meter tiefer lag. (Olliver, US 533)

Als Nr. 1 wegruderte, waren die Bullaugen unter ihrem Namen gerade eben im Wasser. (Symons, Br 11490–11493)

Als Nr. 10 wegfuhr, war das Wasser noch etwa drei Meter vom Backbord-›Buglicht‹ entfernt (Evans, US 753) ... Backbord Buglicht unter Wasser, als Nr. 10 herabgelassen wurde. (Buley, US 606)

Als Nr. 13 herabgelassen wurde, war die Back noch nicht unter Wasser. (Barrett, Br 2140–2142; Lee, Br 2541–2542)

Als Nr. 2 wegruderte, war es »bis zur Brücke« unter Wasser. (Johnson, Br 3556)

Um 1 Uhr 50 war die Back eben über Wasser. (Jewell, Br 167)

Als Klappboot C wegfuhr, war das Welldeck überflutet, aber die Back war noch nicht unter Wasser. (Rowe, Br 17687–17688)

Als Nr. 4 heruntergelassen wurde, war das A-Deck »nur sechs Meter über Wasser«. Konnte sehen, wie das Wasser in die offenen Bullaugen schwappte. (Mrs. Ryerson, US 1107)

Als »D« heruntergelassen wurde, verschwand die Back gerade unter Wasser – »das wäre in etwa sechs Meter unterhalb der Brücke«. (Bright, US 839)

Als Klappboot D heruntergelassen wurde, reichte das Wasser bis an die Brücke. (Lucas, Br 1518, 1528, 1534, 1548)

Als »D« heruntergelassen wurde, war das Bootsdeck nur drei Meter vom Meeresspiegel entfernt. Das Wasser stand auf dem A-Deck. (Lightoller, Br 1420, 14023)

Als Boot D herabgelassen wurde, spülte Wasser über das A-Deck an Backbord bis ganz nach vorn. (Woolner, US 887)

Endgültiger Untergang

Von Boot 1 aus gesehen: Sie legte sich schwer auf die Seite, Bug nach unten, Heck völlig aus dem Wasser. Dann, während sie sank, richtet sich ihr Heck noch einmal in normale Lage auf, und er dachte: »Das Heck wird wieder flott«. Aber zwei oder drei Minuten später richtete sich das Heck »so steil es nur geht« auf, dann »gab es ein Donnergepolter, und bald darauf war nichts mehr von ihr zu sehen.« ... »Heck richtete sich wieder auf, ohne das Vorschiff; nach meiner Berechnung muß sie mitten durchgebrochen sein ... etwa querab vom Achterschornstein.« (Symons, Br 11512–11525, 11722)

Boot 2: »Nachdem sie einen bestimmten Winkel erreicht hatte, explodierte sie, brach in zwei Hälften, und es kam mir so vor, als ob all ihre Maschinen und alles, was im Achterschiff war, in das Vorschiff rutschte, und das Achterschiff kam noch einmal richtig wieder runter, und kaum hatte es sich aufgereichtet, da sank es im nächsten Augenblick schon wieder ab nach unten.« (Osman, US 541)

Boot 3: Sah den vorderen Teil untergehen, dann sah es aus, als sei sie mitten durchgebrochen, und dann ging das Achterschiff unter. (Moore, US 563)

Boot 4: Der vordere Teil schien abzubrechen, das Achterschiff kam wieder auf ebenen Kiel, dann stellte es sich wieder steil auf und ging in gleichmäßigem Tempo unter. (Ranger, Br 4094–4102, 4114, 4166, 4174)

Boot 4: Begann durchzubrechen ... Heck stand in der Luft. Der hintere Teil kommt kurze Zeit wieder in Normallage. (Scott, Br 5673–5681)

Boot 4: »Sehr nah.« Sieht plötzlich, wie die *Titanic* schnell sinkt. Sie stürzt mit dem Bug nach unten, dann scheinen die zwei vorderen Schornsteine schiefzustehen, dann scheint sie durchzubrechen, als würde sie mit einem Messer durchgeschnitten, und als der Bug versinkt, gehen die Lichter aus. »Das Heck ragte noch einige Minuten in die Höhe, dann stürzt es auch in die Tiefe.« (Ryerson, US 1108)

Boot 5: »Sie brach vorn ab, und dann richtete sich der hintere Teil wieder auf und tauchte noch einmal nach vorn ab und ging glatt unter.« (Olliver, US 530-531)

Boot 5: Kein Durchbrechen – ging direkt unter. (Pitman, US 280; Br 15078–819)

Boot 5: Das Schiff hebt sich, als wenn es einen gewaltigen Kopfsprung machen will, dann senkt es sich wieder; dann hebt sich das Heck, und sie geht unter. (Etches, US 818)

Boot 6: Ging in einem Stück unter, brach nicht durch. (Peuchen, US 339)

Boot 10: Brach zwischen dem dritten und vierten Schornstein durch. Achterteil fällt in die Horizontale zurück, dann kippt es vornüber und geht unter. (Evans, US 753)

Boot 10: »Sie versank bis zum Achterschornstein, und dann gab es ein kurzes donnerndes Getöse, als ob die Maschinen nach vorn gerauscht wären, und sie zerbrach in zwei Teile, und der vordere Teil ging unter, und der hintere Teil kam noch mal hoch und blieb fünf Minuten oben, bevor er unterging.« (Buley, US 609–610)

Boot 12: Brach beim ersten Schornstein durch. Der hintere Teil richtete sich dann wieder auf, nachdem der vordere verschwunden war. (Poingdestre, Br 3108, 3111, 3117)

Boot 14: Sie stand fest senkrecht in der Luft ... und plötzlich brach sie glatt mittendurch, wahrscheinlich bei zwei Drittel der Schiffslänge. Das hintere Drittel – hinter dem Achterschornstein – kam wieder in die Waagerechte und schwamm noch oben. Dann gab es eine Explosion, und der hintere Teil stellte sich auf ein Ende und sank. (Crowe, US 620)

Klappboot A: Schien so, als sei der Bug abgebrochen. (Brown, Br 10553, 10557)

Klappboot B: Bug war im Wasser, das Heck nach oben. Dann explodierte sie und hob dabei das Heck aus dem Wasser. Das Heck schwamm noch wenigstens eine Minute lang, die Lichter waren aus. Dann »kippte sie wieder vornüber, und abwärts ging's.« (Collins, US 630-631)

Klappboot B: Schiff brach nicht durch. (Lightoller, Br 14075; US 69)

Klappboot B: Fast senkrecht, dann glitt sie einfach in die Tiefe. (Joughin, Br 6251-6266)

Klappboot D: Brach durch. Heckteil kam kurze Zeit wieder in normale Lage, dann ging er unter. (Bright, US 839, 841)

Beobachter stand auf dem Heck: Sie taucht nach unten ab und richtet sich dann wieder auf. Dann, als sie wieder absacken will, scheint der Achterschornstein sich schräg zu legen und nach achtern zum Welldeck zu fallen. (Dillon, Br 3858–3869, 3883–3885)

Danksagung und ausgewählte Quellen

Sie weilen fast alle nicht mehr unter uns. Von den über sechzig Überlebenden der *Titanic*, die so viel zu meinem Buch »Die *Titanic*-Katastrophe« beigetragen haben, sind nur noch wenige am Leben. So bereitet glücklicherweise Eva Hart in Chadwell Heath immer noch den besten Tee zu, und Frank Aks auf der anderen Seite des Atlantiks in Norfolk, Virginia, ist so munter wie eh und je.

Nicht mehr unter uns sind auch die meisten derjenigen Überlebenden, die aufzuspüren ich vor dreißig Jahren leider nicht das Glück hatte, die ich aber zu meiner größten Freude in der Zwischenzeit kennenlernen konnte, wie zum Beispiel Ruth Blanchard aus Santa Barbara, Kalifornien, und Marshall Drew aus Westerly, Rhode Island.

Trotz der Verluste, die die Zeit mit sich bringt, gibt es immer noch übergenug hilfreiche Menschen mit neuen Informationen über die *Titanic*. In einigen Fällen haben sich Familienangehörige von Überlebenden mit Briefen und Schilderungen bei mir gemeldet, die aus langer Zeit in Vergessenheit geratenen Papieren stammten. R. de Roussy de Sales stellte mir einen faszinierenden Brief seines Onkels George Rheims zur Verfügung, der die letzten Minuten des untergegangenen Schiffs eindringlich beleuchtet. Mary C. Barker gab mir ein mit vielen Details ausgeschmücktes Manuskript ihrer lebenssprühenden Großmutter Helen Churchill Candee, Sally Behr Pettit hat mir zwei Schilderungen ihres Vaters Karl Behr zur Verfügung gestellt. Robert Maguire war zwar kein Verwandter von Laura Mabel Francatelli, aber er schickte mir freundlicherweise aus seiner Sammlung das Typoskript eines 19 Seiten langen Briefs, den diese kurze nach der Ankunft der *Carpathia* in New York schrieb. Austin M. Fox ließ mich großzügig an seinem umfassenden Wissen über den Architekten Edward A. Kent aus Buffalo, der mit dem Schiff unterging, teilhaben.

Einige meiner ergiebigsten Informanten hatten überhaupt keine direkte Verbindung zur *Titanic*, sondern waren Leute, die im Laufe der Jahre sehr viel Material angesammelt hatten, das sie mir dann zur freien Verfügung überließen. Mein besonderer Dank gilt Rustie Brown, Edward de Groot, Roland Hauser, Ken Marschall, Alasdair McCrimmon, Patrick Stenson und Tim Trower.

Die engagierten Vorstandsmitglieder der »*Titanic* Historical Society« haben einen Absatz für sich allein verdient – Charlie Haas, der Präsident, Ed Kamuda, der Schriftführer, und Jack Eaton, der Historiker der Gesellschaft. Selbst noch dem schlichtesten Heizer scheint Mr. Eaton freudig einen Platz in seinem Archiv eingeräumt zu haben.

Andere Menschen waren mir bei bestimmten Aspekten der Geschichte behilflich. Ihr Fachwissen bildet zusammen mit dem schriftlichen Material, das ich zusammentragen konnte, die Hauptstütze meiner eigenen Recherchen. Der verstorbene David Watson zum Beispiel steuerte ein mit Bleistift geschriebenes Tagebuch bei, das ein lebhaftes Bild von Harland & Wolff zur Zeit des Baus der *Titanic* zeichnet. Er war offensichtlich der Meinung, daß die Beplattung des Schiffs zu dünn sei. Doch am meisten habe ich mich in Bezug auf die Konstruktionsmängel der *Titanic* auf J. Bernard Walkers Buch *An Unsinkable Titanic* (Dodd, Mead, 1912) gestützt. Darüber, wie der Bau des Schiffs wirklich vor sich ging, informiert ein Bericht in einer Sondernummer der Zeitschrift *Shipbuilder* im Mittsommer 1911 (Nachdruck bei Patrick Stephens, Ltd., 1983). Der Stapellauf wurde in der zeitgenössischen Presse von Belfast beschrieben sowie in »The Story of Harland & Wolff« von George Lavery und Alan Hedgley in der Herbst-Ausgabe des *Titanic Commutator*, der lebendigen Vierteljahrsschrift der *Titanic* Historical Society.

Hinsichtlich der Qualifikationen von Kapitän Smith habe ich sehr intensiv von den ausgedehnten Gesprächen profitiert, die ich mit dem Marinehistoriker John Maxtone-Graham führte, insbesondere im Hinblick auf die Kollision der *Olympic* mit der *Hawke* und der Beinahe-Kollision der *Titanic* mit dem Linienschiff *New York*. Die Einzelheiten der Begegnung der *Olympic* mit dem Schlepper *O. L. Hallenbeck* verdanke ich Thomas Thacher, der das Gerichtsprotokoll aus einer lange verschollenen Akte in Hoboken, New Jersey, zutage brachte. Die Oberflächlichkeit, mit der die Prozesse der *Titanic* geführt wurden, wird aus Zeugenaussagen bei der britischen Untersuchung deutlich. Auch Jack Eaton von der *Titanic* Historical Society hat mir nützliches Material hinsichtlich der Prozesse überlassen.

Details der Jungfernfahrt der *Titanic* bis zum Augenblick der Kollision verdanke ich verschiedenen Verwandten und Freunden von Überlebenden, die ich bereits erwähnt habe. Was die Aktivitäten »unseres kleinen Kreises« angeht, so habe ich mich auch auf Mrs. Candees unvergeßliche Schilderung im *Collier's* Magazin vom 4. Mai 1912 gestützt. Die Spieler an Bord bildeten eine Welt für sich, und es paßt dazu, daß sie einen freundlichen Chronisten haben, der sich diesem Thema gewidmet hat. Lesen Sie dazu George M. Behes zweiteiligen Artikel »Fate Deals a Hand« (Das Schicksal teilt die Karten aus) im *Commutator*, Herbst und Winter 1982.

Es ist niemand mehr am Leben, den man fragen könnte, wie man auf der Brücke mit den verschiedenen telegraphischen Eiswarnungen umging, doch die Zeugenaussagen bei den Anhörungen liefern ein deprimierendes Bild extremer Nonchalance. Dann gab es noch die geheimnisumwitterte Warnung, die angeblich per Signallampe von dem Dampfschiff *Rappahannock* in jener letzten Nacht übermittelt wurde. Niemand auf der *Titanic* hat jemals einen derartigen Vorfall erwähnt. Anscheinend ist das Geheimnis inzwischen durch eine Geschichte in *The New York Times* vom 27. April 1912 aufgeklärt worden. Das Ganze geschah nämlich am 13. und nicht am 14. April.

Was den Ablauf der Kollision angeht und den Versuch des Ersten Offiziers Murdoch, sie in letzter Minute noch abzuwenden, so habe ich sehr viel Nutzen aus einem Gespräch mit Fred. M. Walker, dem Kurator für Schiffsarchitektur und Schiffbau am National Maritime Museum in England, gezogen. In bezug auf die Schäden, die die *Titanic* dabei erlitt, und das sich daraus ergebende Fluten des Schiffs, bin ich Alasdair McCrimmon aus Toronto, Kanada, besonders dankbar. Bestimmt kannte sich kein Mitglied der »schwarzen Gang« der *Titanic* besser in den Windungen des Schiffsbauchs aus als Mr. McCrimmon heute.

Die unzureichende Anzahl von Rettungsbooten war ein integraler Bestandteil der Tragödie. Vor kurzem diente diese Tatsache als Grundlage für eine größere Fernsehdokumentation mit dem Titel *Titanic – a Question of Murder* (*Titanic* – ein Fall von Mord?), produziert von Peter Williams. Ich bin zwar der Ansicht, daß Mr. Williams' Schlußfolgerungen von dem vorhandenen Beweismaterial keineswegs gestützt werden, doch empfinde ich höchste Bewunderung für die großzügige Art, mit der er mir seine Quellen zur Verfügung stellte, so daß ich meine eigenen Schlüsse ziehen konnte. Er hat damit ein perfektes Beispiel für kollegiale Höflichkeit gegeben.

In diesem Zusammenhang möchte ich mich bei Dr. Alan Scarth vom Merseyside Maritime Museum in Liverpool für die genaue Reproduktion eines von Mr. Williams aufgestellten Plans bedanken, in dem 16 zusätzliche Rettungsboote vorgeschlagen wurden. Unglücklicherweise ist der Plan nicht datiert, und es gibt auch keinen Anhaltspunkt dafür, wie energisch diese Idee vertreten wurde.

Beim Zusammenstückeln der Geschichte von Frederick Goodwins Familie wurde ich großzügig unterstützt von

Reverend David Shacklock aus Fulham, London. Weitere Informationen dazu stammen aus zeitgenössischen Zeitungen aus Niagara Falls, New York. Bezüglich der Namen und Altersangaben der verschiedenen Familienmitglieder besteht eine gewisse Konfusion. Ich habe mich an die Akten des Handelsministeriums im Public Record Office in London gehalten.

Die Bordkapelle der *Titanic* fasziniert noch immer die Menschen, die sich mit der Katastrophe beschäftigen, und ich bin den Hymnologen besonders dankbar, die mich meiner Meinung nach im Hinblick auf mindestens einen Teil der Geschichte berichtigt haben. Dazu zählen Roland Hind, Jessica M. Kerr, Merrill Knapp und David Shacklock. Die nützlichste Information findet sich in einer Reihe von Briefen, die ich 1957 von Fred G. Vallance erhielt. Mr. Vallance leitet zur Zeit des Unglücks die Kapelle auf der *Laconia* der Cunard Line. Er kannte mehrere der Musiker der *Titanic* persönlich und wußte besser als jeder andere, was sie wohl unter solchen Umständen gespielt haben würden. Colonel Gracies Bemerkung darüber, wie lange die Kapelle spielte, fiel in einem Vortrag, den er im University Club in Washington hielt. Seltsamerweise hat er diese Information in seinem bekannten Buch *The Truth About the Titanic* weggelassen.

Die Schwierigkeiten, mit denen sich die Angehörigen der Musiker auf der *Titanic* nach dem Unglück herumschlagen mußten, sind in vielen 1912 erschienenen Ausgaben des Magazins *Musicians' Report and Journal* nachzulesen. Ich danke der Musikergewerkschaft dafür, daß ich ihre Unterlagen über dieses Magazin benutzen durfte. Und schließlich schulde ich Patrick Stenson Dank, daß er Erkundigungen über die Agenten einzog, die zu jener Zeit die Musiker des Schiffs vertraten.

Was die *Californian* angeht, so habe ich sehr von einem Interview und einem Briefwechsel mit dem verstorbenen Kapitän Charles Victor Groves profitiert, dem Dritten Offizier auf jenem Schiff; ebenso von einem Briefwechsel mit Sir Ivan Thompson, dem früheren Commodore der Cunard Line, der mehrere der Betroffenen persönlich kannte; von Interviews mit Jac Weller, einem anerkannten Gerichtssachverständigen für Ballistik, sowie von einem langen, interessanten Brief von A. Brian Mainwaring, der während der zwanziger Jahre als Navigationsoffizier bei der White Star Line diente und ebenfalls einige der betroffenen Personen kannte. Ich habe außerdem viel Nutzen aus einem fesselnden Manuskript gezogen, das von Leslie Reade verfaßt wurde, der sich jahrelang der Erforschung der *Californian* widmete. Wenn ein ungedrucktes Buch eine Glanzleistung sein kann, dann dieses.

Der Brief von Gerard J. G. Jensen an den Präsidenten des Handelsministeriums, der die *Californian*-Affäre erst richtig in Gang brachte, ist in den sechs mit Material zu der Katastrophe gefüllten Kisten des Handelsministeriums im Public Record Office in London zu finden (MT 9/920, Item No. M12148). Kapitän Lords Brief, in dem er das Vorhandensein »einer gewissen Trägheit« an Bord des Schiffs zugibt, findet sich in derselben Akte (Item No. M31921).

Doch so wertvoll diese Quellen auch sind, das wichtigste Beweismaterial ist für jedermann leicht zugänglich – es sind die Zeugenaussagen, die bei der britischen Untersuchung von den fünf Männern gemacht wurden, die sich in jener Nacht auf der Brücke der *Californian* aufhielten.

Auch die Verteidiger der *Californian* haben einen Anspruch, gehört zu werden; sie haben sich endlos über das Thema verbreitet. Zu einer repräsentativen Auswahl ihrer Werke könnten vielleicht folgende gehören: Peter Padfield: *The Titanic and the Californian* (Hodder and Stoughton, 1965); John C. Carrother »Lord of the Californian«, United States Naval Institute Proceedings, März 1968; Leslie Harrison: »The *Californian* Incident«, *Merchant Navy Journal*, März 1962; im Februar 1965 und März 1968 gestellte Anträge der Mercantile Marine Service Association an das Handelsministerium; und schließlich fast jeder Artikel über dieses Schiff im *Titanic Commutator*.

Es wird niemanden wundern, daß die juristischen Streitigkeiten wegen der *Titanic* jahrelang dauerten. Ich danke dem gegenwärtigen Lord Mersey, daß er mir Gelegenheit gab, einen Tag in Bignor Park zu verbringen, um die Unterlagen seines Urgroßvaters zur *Titanic* zu studieren. Zum Hintergrund der Untersuchung des amerikanischen Senats stützte ich mich vor allem auf Wyn Craig Wades gelungenes Buch *The Titanic: the End of a Dream* (Rawon Wade, 1979). Über die Ansprüche der Passagiere berichtete die *New York Times* von 1912–1913 ausführlich, und die Gerichtsurteile, die beim Weg durch die Instanzen gefällt wurden, sind alle vom Supreme Court zusammengefaßt im Urteil *Oceanic Steam Navigation Company v. Mellor*, 233 US 718. Der britische Parallelfall ist *Ryan v. Oceanic Steam Navigation Company*, 3 K. B. 731, bestätigt durch den Court of Appeals, am 9. Februar 1914. Als Führer durch das ganze Labyrinth der »beschränkten Haftung« schulde ich Eliot Lombard Dank, der nicht nur Anwalt ist, sondern einst auch Dritter Offizier auf dem Linienschiff *Oriente* war.

Einzelheiten über das spätere Leben verschiedener Überlebender der *Titanic* stammen aus einer Vielzahl von Quellen, inklusive persönlicher Freundschaften. Bruce Ismays zerquältes Leben wird in zahlreichen Nachrufen beschrieben sowie in Wilton J. Oldhams *The Ismay Line* (Journal of Commerce, 1961). Das Gedicht von Ben Hecht erschien ursprünglich im *Chicago Daily Journal* vom 17. April 1912. Craganours Disqualifikation wird in Sidney Galtreys Buch *Memoirs of a Racing Journalist* (Hutchinson, 1934) gründlich behandelt. Die Scheidung der Carters wurde in der Presse von Philadelphia ausführlich an die Öffentlichkeit gezerrt. Was William T. Sloper durchzumachen hatte, wird in Slopers privat veröffentlichter Biographie seines Vaters behandelt und wurde im Frühjahr 1984 in *Ship to Shore*, der Zeitschrift der Oceanic Navigation Research Society, veröffentlicht.

Die Duff Gordons wurden am 15. April 1934 in einem Porträt in der *New York Sunday News* erschöpfend behandelt. Einzelheiten über die Rückkehr des Trickbetrügers George Brayton zu seinem angestammten Gewerbe wurden durch die Überlebende Edith Russell berichtet, die man zu Unrecht als seine Komplizin anklagte.

Die Behandlung der überlebenden Offiziere der *Titanic* durch die White Star Line wird in dem Buch *Maiden Voyage* von Geoffrey Marcus (Paperbackausgabe bei Woodhill Press, 1977) angesprochen. Commander Lightollers Heldentum in Dünkirchen beschreibt Patrick Stenson in seinem Buch *The Odyssey of C. H. Lightoller* (Norton 1984). Der dazu zitierte Brief wurde mir freundlicherweise von Sharon Rutman und Sylvia Sue Steell zur Verfügung gestellt.

Die Entdeckung der *Titanic* war eines der größten Nachrichtenthemen im Jahr 1985. Ich bedanke mich bei Cathy Offinger (damals noch Scheer), die als Navigationsoffizier an der Expedition teilnahm, weil sie mir viele Punkte, die ich nicht ganz verstand, erläuterte. Ich habe auch von informellen Gesprächen mit Bob Ballard, dem Leiter der Expedition, profitiert. Bei den schriftlichen Berichten über die Entdeckung beziehe ich mir vor allem auf die Zeitschriften *National Geographic* (Dezember 1985), *Oceanus* (Winter 1985) und *Titanic* Commutator (Herbst 1985). Über den kurzen Abstecher der *Knorr* zum Fotografieren des U-Boots *Scorpion* wird in der *Navy Times* vom 23. September 1985 berichtet.

Für Informationen über Ballards Expedition von 1986 stütze ich mich hauptsächlich auf im Anschluß daran erschienene Artikel in den Zeitschriften *National Geographic*, *Oceanus* und *Titanic Commutator*. Ich danke auch Charles Pellegrino für nicht publizierte Interviews zu dieser Expedition.

Während der gesamten Recherche waren die Bibliothekarinnen, wie immer, jederzeit bereit, mir zu helfen. Eine Extraverbeugung vor der Earl W. Brydges Public Library in Niagara Falls, New York; vor der New York Society Library, vor der Newberry Library in Chicago, vor den Southhampton Public Libraries und vor der Temple University Library.

Wenn man sich mit der *Titanic* beschäftigt, hat man so viel nachzulesen, daß es einem manchmal so vorkommt, als bliebe einem keine Zeit mehr, darüber zu schreiben. Glücklicherweise half mir bei der Recherche eine kleine Schar von treuen Mitarbeitern: Preston Brooks, Evelyn Guss, Tom Longstreth und in London Caroline Larken. Dann gab es noch andere Helfer, die bei Detailfragen einsprangen. Ich denke dabei vor allem an Elizabeth Hawn, Bob Meech, Steve Randolph und Evan Thomas III.

Andere haben ihr berufliches Können beigesteuert. Paul Pugliese fertigte die ausgezeichnete Karte und die Tabelle an. Ich danke ihm.

Zum Schluß geht ein besonderes Dankeschön an die beiden »Felsen in der Brandung«, die von Anbeginn am Projekt beteiligt waren, nämlich an meinen Lektor Howard Cady und an die stets langmütige Dorothy Hefferline, die das Manuskript fertigstellte und die gesamte Korrespondenz erledigte. Im Gegensatz zur *Titanic* sind die beiden wirklich unsinkbar.

Allen hier von mir erwähnten Personen gebührt ein großer Teil der Anerkennung für alles, was eventuell ein neues Licht auf die *Titanic* wirft; Fehler und Mängel dagegen sind ausschließlich mir zuzuschreiben. Wie ich bereits vor 31 Jahren in *Die Titanic-Katastrophe* sagte: Es wäre wirklich sehr unbesonnen, wollte sich jemand zur letzten Instanz aufschwingen über alles, was in jener unglaublichen Nacht geschah, als die *Titanic* unterging.

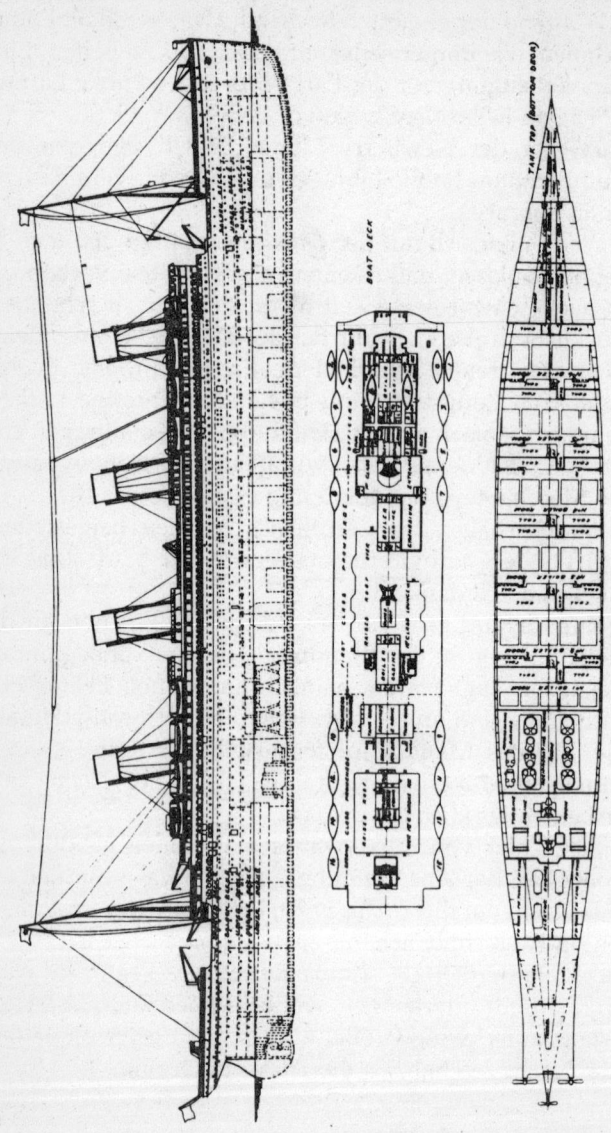

Alistair MacLean

Todesmutige Männer unterwegs in gefährlicher Mission.

Action und Spannung von der ersten bis zur letzten Seite.

Eine Auswahl:

Souvenirs
01/5148

Dem Sieger eine Handvoll Erde
01/5245

Die Insel
01/5280

Golden Gate
01/5454

Partisanen
01/6592

Die Erpressung
01/6731

Einsame See
01/6772

Das Geheimnis der San Andreas
01/6916

Tobendes Meer
01/7690

Der Santorin-Schock
01/7754

Die Kanonen von Navarone
01/7983

Geheimkommando Zenica
01/8406

Nevada Paß
01/8732

Agenten sterben einsam
01/8828

Simon Gandolfi
Alistair MacLean's Golden Girl
01/9687

Simon Gandolfi
Alistair MacLean's Goldenes Netz
01/9854

Simon Gandolfi
Alistair MacLean's Goldene Rache
01/10027

Heyne-Taschenbücher

Tom Clancy

»*Tom Clancy hat eine natürliche erzählerische Begabung und einen außergewöhnlichen Sinn für unwiderstehliche, fesselnde Geschichten.*«

THE NEW YORK TIMES

Tom Clancy
Gnadenlos
01/9863

Tom Clancy
Ehrenschuld
01/10337

Tom Clancy
Steve Pieczenik
Tom Clancy's OP-Center
01/9718

Tom Clancy
Steve Pieczenik
Tom Clancy's OP-Center Spiegelbild
01/10003

01/10337

Heyne-Taschenbücher